我国高等教育职能与发展绩效研究

杨国梁 等　著

科学出版社

北　京

内 容 简 介

本书系统梳理了现代高校三大职能——人才培养、科学研究、社会服务的源起与发展。全面论述了我国高校三大职能的发展现状，并与国际科技发达国家的代表性高校进行对比分析。从投入产出效率及全要素生产率的角度，研究了高校发展绩效的测度及相关问题。本书聚焦高等教育职能与发展绩效的整体性研究，旨在从一定程度上反映我国高校的发展特征，为我国高校更好地履行职能和提高投入产出效率提出思考和建议。

本书可供从事高等教育工作的相关专业人员教学和科研参考。

图书在版编目(CIP)数据

我国高等教育职能与发展绩效研究 / 杨国梁等著 . —北京：科学出版社，2023.8

ISBN 978-7-03-075736-4

Ⅰ.①我…　Ⅱ.①杨…　Ⅲ.①高等教育–教育职能–研究–中国　Ⅳ.①G649.2

中国国家版本馆 CIP 数据核字（2023）第 104402 号

责任编辑：杨逢渤 / 责任校对：王晓茜

责任印制：吴兆东 / 封面设计：无极书装

科 学 出 版 社 出版

北京东黄城根北街 16 号

邮政编码：100717

http://www.sciencep.com

北京厚诚则铭印刷科技有限公司 印刷

科学出版社发行　各地新华书店经销

*

2023 年 8 月第 一 版　开本：787×1092　1/16

2023 年 8 月第一次印刷　印张：15

字数：350 000

定价：168.00 元

（如有印装质量问题，我社负责调换）

《我国高等教育职能与发展绩效研究》
撰写组

组长　杨国梁

成员　曹建　　崔媛　　姜琛　　何西杰

黄依迪　刘慧晖　刘开迪　刘肖肖

裴瑞敏　任宪同　宋瑶瑶　王微

赵腾宇　朱闲庭　Tommaso Agasisti

Hirofumi Fukuyama　Carolyn-Thi Thanh Dung Tran

知识产权事务顾问　王一帆

推 荐 语

在我国大力发展高等教育、培养创新人才的背景下,《我国高等教育职能与发展绩效研究》从人才培养体系、科学研究管理体系和科技成果转化体系三方面系统地梳理了现代高校三大职能的发展及现状,并与美国、英国、德国、日本四国高校加以比较,发现高校卓越发展的共通因素,总结先进经验。此外,对我国教育部直属高校及欧洲精英大学投入产出效率进行科学测算,为我国高校提升科研效率提出政策建议,对相关教育政策制定具有重要的参考价值及应用价值。

——赵路(财政部科教和文化司原司长,中国科学院科技
战略咨询研究院特聘研究员)

由杨国梁研究员等撰写的《我国高等教育职能与发展绩效研究》一书简明扼要地阐述了美国、英国、德国、日本四国的人才培养体系、科学研究管理体系(课程设置、教学组织与管理、教学评价等)、科技成果转化体系的各自特色和共性,同时对我国高等教育相关领域的理论与实践的发展成效进行了分析比较。该书框架结构明晰,在方法论上做到了宏观与微观结合,定性研究与定量研究结合,具有较强的战略谋划视野,可为高等教育管理人员和研究人员提供有价值的参考。

——周满生(国家教育发展研究中心原副主任、研究员,
中国教育发展战略学会副会长兼学术委员会常务副主任)

《我国高等教育职能与发展绩效研究》一书聚焦现代高校职能,践行高等教育初心使命,运用一手翔实资料,实证分析了我国高等教育职能与发展绩效的现状;辅以名校案例,对比研究了国内外高校的人才培养体系、科学研究管

理体系和科技成果转化体系的异同；借助数据包络分析，统计梳理了我国高校科研投入产出和欧洲精英大学的绩效。该书特色鲜明：一是系统整体和对比分析相结合的研究视角，逻辑严密，内容丰富；二是定性与定量相结合的研究方法，晓之有理，论之有据；三是经验启示与政策建议相结合，注重实践、服务决策。作为杨国梁研究团队理论与实践俱佳的又一力作，该书是关于我国高等教育职能和发展绩效的系统性研究，将为我国高校更好发挥相应职能及提高发展效率提供重要借鉴，在建设中国特色世界一流大学的积极探索中，具有独到参考价值。

——李剑萍（全国政协委员，天津市教育科学研究院副院长、教授）

《我国高等教育职能与发展绩效研究》一书从高校的三大职能出发，从人才培养体系、科学研究管理体系、科技成果转化体系、综合量化分析等角度，定性定量相结合地探讨了高等教育的职能和发展绩效问题，并对国内外高等教育、人才培养以及科研绩效进行了分析。该书站在教育、人才和科研联动的视角，为"双一流"大学建设，以及科技自立自强中高校主体功能的提升提供启示，也为相关的研究者和政策制定者提供有益参考。

——郑永和（北京师范大学科学教育研究院院长、教授）

作为教育财政研究学者，我个人以为我国高等教育财政研究存在着多方面的不足，其中最突出的就是研究视域主要局限于高校的教学功能，对高校的科研功能及其财政相关现象研究非常有限，将教学功能和科研功能结合起来的研究就更为缺乏。《我国高等教育职能与发展绩效研究》由具有深厚的科技政策研究经验的杨国梁团队撰写，组织了多国的研究者参与，历时八年之久，对教育领域的学者具有独特的参考价值。

——王蓉（北京大学中国教育财政科学研究所所长、教授）

高等教育在经济社会发展中有重要作用，在新的发展阶段，高校需要有新使命、新功能。《我国高等教育职能与发展绩效研究》一书应运而生，该书以高等教育三大职能为基点，凝炼出高等教育人才培养、科学研究管理和科技成果转化三大体系，结合国内外高校发展的实践，总结了高等教育的科学研究管理体系，明确了我国高校发展的重点和方向，构建了高等教育发展的绩效体系。该书的研究成果对政府部门、高校管理者、研究人员都将有很好的参考价值。

——韩凤芹（中国财政科学研究院二级研究员、教科文研究中心主任）

高等教育的人才培养、科学研究与社会服务等职能在国家经济社会发展过程中越来越发挥着重要的作用。《我国高等教育职能与发展绩效研究》从高等教育的三大职能入手，进行系统论述；同时，将国内外高校的职能发挥情况和发展绩效问题进行对比分析，并对我国高校更好发挥职能和提高发展绩效提出了思考和建议。尤其有特色的是，该书从科技创新的视角，对高校科技管理、科研成果转化、科研绩效评价以及整体绩效评价等方面进行了较为深入的研究，对于进一步研究和促进高校科技创新具有较好的参考价值。

——蔡三发（同济大学高等教育研究所所长、研究员）

《我国高等教育职能与发展绩效研究》一书选取中国、英国、德国、美国、日本等国，对多国大学的职能进行了跨国比较分析。在此基础上，作者基于大规模数据，运用实证研究方法，分析了中国研究型大学的科研绩效，并与欧洲精英大学进行比较分析。研究证实了中国"双一流"大学所取得的快速进步，也指明了未来的改革方向。在"双一流"建设和国际竞争加剧的背景下，该书的分析具有很强的政策意涵，对教育政策制定者、高等教育管理者和高等教育研究者具有重要参考价值。

——沈文钦（北京大学教育学院）

序

党的二十大报告强调："教育、科技、人才是全面建设社会主义现代化国家的基础性、战略性支撑""加快建设教育强国、科技强国、人才强国"。这是以习近平同志为核心的党中央从全面推进中国式现代化建设的战略全局出发，对坚持教育优先发展、科技自立自强、人才引领驱动进行的科学系统部署，体现了我们党对科教事业前所未有的高度重视和长远谋划。教育在一个国家的发展进程中发挥着独特且重大的作用。教育的质量，关乎一个民族的未来。当今世界各国综合国力的竞争归根结底是人才的竞争，而人才的培养离不开教育。

在现代社会中，高校是一个具有多个崇高而明确目标和理念的社会组织和文化机构，通过多种职能对人类社会、经济、文化及国际交流等发挥着重要作用。《大学之理念》一书指出"大学是由学者和学生组成的追求真理的社团"。早期的高校形成于中世纪的欧洲大学，以意大利博洛尼亚大学、法国巴黎大学、英国牛津大学和剑桥大学为代表。这些大学被人视为拥有学术自由、追求真理的学术团体。

依据《现代汉语词典》（第七版），职能是指"人、事物、机构应有的作用；功能"。简言之，职能一般指主体应该发挥的作用。当主体是机构时，职能指的是机构职权或发挥的作用等。在社会科学领域，某一机构的职能是指其因社会分工所应发挥的社会作用。高校的职能即为"在社会分工中特有的专门职责"，是高校在社会分工中所应发挥的作用。由此观之，高校诞生之初主要发挥的是传授知识、培养专门人才的作用，其主要职能为人才培养。随着高校形态的演变和社会的发展，高校的职能也不断扩展和规范化，在人才培养之外，高校相继产生了科学研究和社会服务职能。高校职能的演进大体经过三个阶段：单一的人才培养职能阶段、人才培养与科学研究职能结合阶段、社会服务职能产生阶段。作为高度自治的学术机构，中世纪的大学独立于社会之外，人才培养理所当然成为其重要且唯一职能。受宗教改革运动和文艺复兴影响，宗教神学对大学的影响逐渐减弱，大学逐渐过渡到近代大学形态，加之近代自然科学领域取得革命性突破性进展，科学研究开始与人才培养并行，成为大学职能。德国大学最早引入科学研究职能，德国人威廉·冯·洪堡创办柏林大学，遵循"教学与科研相结合"的原则，科学研究同人才培养一起成为近代大学的两项重要职能。19 世纪中叶，美国南北战争结束后，农业和工业进入新的发展时期，对懂技术的实用型人才需求迫切。为了回应经济社会发展的迫切需求，1862 年美国颁布的《莫雷尔法案》要求联邦政府在每个州至少资助一所从事农业和机械技术教育的学院。当时，联邦政府选择以捐赠土地的方式支持高等教育的发展，得到资助的学院称为赠地学院。赠地学院为美国培养了大量实用型人才，极大推动了当时美国经济社会发展，开启了美国高校承担社会服务职能的先河。到了 20 世纪初，威斯康星大学校长查尔斯·理查德·范海斯提出，除了人才培养和科学研究之外，大学也要为社会服务，以满足地区的政治、经济、社会发展需求。其后，威斯康星大学不遗余力践行这一理念，并取得了巨大成功，高校的社会服务职能也得以正式确立。

高校职能演化是内外因素共同驱动的结果。高校自身不断的发展，社会发展需求、社会形态的变化，以及科学技术的发展都是高校职能演变的影响因素。随着高校与社会的关系逐渐紧密，高校职能不断地融合发展，最终形成了人才培养、科学研究、社会服务三大职能并行的局面。从高校发展史可以看出，后发职能——科学研究和社会服务是高校回应经济社会发展需求的必然结果，人才培养职能则是高校的基础职能。在高校当前的发展阶段，三大职能不可偏废。但是随着人类社会的发展，高校在履行职能的过程中也会产生一些新情况、新需求、新问题。关于高校当前的三大职能及其关系，以及高校履行这三大职能的优先次序一直存在广泛讨论和研究。

历史证明，一个国家高等教育的质量水平对其经济社会发展水平的影响极为重大。从柏林大学到威斯康星大学，这些有着开创鼎新精神的高校，无疑为当时相关国家发展进步提供了重大助力。当前阶段，"培养什么人、怎样培养人、为谁培养人是教育的根本问题"。高校的科学研究职能也正受到普遍关注，对高校地位和作用的彰显发挥重要的影响作用。高校社会服务职能的重要性同样日益凸显，成为很多现代高校使命的重要内涵。

综观全球，美国、英国、德国、日本等国家是当今世界的科技和教育强国，高校在这些国家的经济科技发展和强国之路中发挥了巨大的作用。虽然由于种种现实原因，这些国家的高等教育发展路径各不相同，但其高校在三大职能方面的发展也确实存在某些共通因素和可供借鉴的实践经验。该书选取美国、英国、德国和日本四个国家的高校作为典型案例进行调研梳理，对其人才培养、科学研究和社会服务三大职能的履责情况进行概括提炼，并尝试围绕这三大职能开展量化比较研究，历时八年之久，终成此著。

对我国高校三大职能和发展绩效进行研究，提出高校如何能够更好地围绕自身使命定位，恪职履责、开创鼎新、提升创新能力、提高发展效能，无疑将会对我国教育和科技进步以及经济发展起到很好的促进作用。该书从高等教育的三大职能入手，进行系统论述，将国内外高校的职能发挥情况和发展绩效进行对比分析，并对我国高校高质量发展提出思考和建议，或将为我国未来教育发展和教育规划的制定提供一定参考，为深入推进我国高校"双一流"建设贡献一份力量。

潘教峰

中国科学院科技战略咨询研究院院长

中国科学院大学公共政策与管理学院院长

2023 年 3 月 9 日

前　言

现代高校自诞生以来，就在促进国家经济社会发展中起着重要的作用，并随着社会的发展逐渐调整自己的职能和定位，既保持独立同时又为社会发展服务。在长期的调整过程中，人才培养、科学研究和社会服务成为现代高校的三大职能。当前，我国把创新摆在国家发展全局的核心位置，对高校科技工作提出了更高的要求。高校能够更好地履行三大职能并提高发展绩效（本书中的绩效主要从投入产出效率及全要素生产率的角度来描述）无疑会对我国科技进步和经济发展起到很好的促进作用。

"教育兴则国家兴，教育强则国家强。"党的十八大以来，以习近平同志为核心的党中央高度重视教育问题，习近平总书记在不同场合多次强调发展教育的重要意义，为教育强国的建设指明了方向。2015 年 8 月，中央全面深化改革领导小组第十五次会议审议通过了《统筹推进世界一流大学和一流学科建设总体方案》。"双一流"建设是中国高等教育领域继"211 工程""985 工程"之后的又一重大决策。2021 年 12 月 17 日，习近平主持召开中央全面深化改革委员会第二十三次会议强调，"要突出培养一流人才、服务国家战略需求、争创世界一流的导向，深化体制机制改革，统筹推进、分类建设一流大学和一流学科。""办好世界一流大学和一流学科，必须扎根中国大地，办出中国特色。要坚持社会主义办学方向，坚持中国特色社会主义教育发展道路，贯彻党的教育方针，落实立德树人根本任务。要牢牢抓住人才培养这个关键，坚持为党育人、为国育才，坚持服务国家战略需求，瞄准科技前沿和关键领域，优化学科专业和人才培养布局，打造高水平师资队伍，深化科教融合育人，为加快建设世界重要人才中心和创新高地提供有力支撑。"2022 年 4 月 25 日，习近平总书记在中国人民大学考察时强调，"'为谁培养人、培养什么人、怎样培养人'始终是教育的根本问题。要坚持党的领导，坚持马克思主义指导地位，坚持为党和人民事业服务，落实立德树人根本任务，传承红色基因，扎根中国大地办大学，走出一条建设中国特色、世界一流大学的新路"。

"双一流"建设从提出到后来的不断推进，都离不开政府的财政支持，但我国的财政性教育经费投入相较于世界平均水平也仅仅达到了及格线水平，而与我们同处亚洲文化圈的东京大学和新加坡国立大学的成功建设很大程度上是政府大力支持的结果。因此，政府要承担起"双一流"建设的总体规划、路径设计、资金和制度保障的责任，利用我国的制度优势，集中力量推进高校的"双一流"建设，发挥我国的制度特色，建设中国特色、世界一流大学，最终实现教育强国的建设目标。

本书选取美国、英国、德国、日本四个科技发达国家的高校作为调研对象，对其高校的人才培养、科学研究和社会服务三大职能的实现情况进行总结概括。这些国家大多为当今世界的科技强国，高等教育发达，高校在这些国家的经济和科技发展中均贡献了重要的力量。由于历史和现实的原因，这四个国家的高等教育发展路径各不相同，但调研发现，这四个国家的高校在人才培养、科学研究和社会服务方面存在共通之处。本书力图找出这几个国家高校卓越发展的共同因素，并以教育部直属高校为例，进行投入产出效率和生产率定量测算，以期为我国高校更好地履行自身职能并进一步提升投入效能提供参考，为教育规划的制定提供某种程度的借鉴和支撑。

在本书的写作过程中，笔者得到了教育规划与政策、科技规划与政策领域的多位专家的指导和鼓励，主要包括王颖、杨鹏、宋大伟、赵路、樊春良、穆荣平等。在此对以上专家致以崇高的敬意和由衷的感谢！

本书稿从 2015 年起开始酝酿和撰写，至今历时近 8 年方始完成，但囿于精力与能力，难免存在疏漏和不足。但笔者仍尽力搜集资料，力争全面述及高校三大职能的主要内容，旨在抛砖引玉，愿为中国教育事业的发展和完善、教育强国建设目标的实现略尽绵薄之力。笔者参与了教育部"推进产学研协同培养研究生研究"等多项相关研究任务，这一经历对本书的完善也大有裨益。本书得到国家高端智库理事会、中国科学院前沿科学与教育局部署项目和中国科学院科技战略咨询研究院部署项目的资助和支持，在此表示衷心感谢！

杨国梁，中国科学院科技战略咨询研究院，研究员

2022 年 9 月

目　　录

第1章 绪 论

1.1 研究背景与研究意义

高校在现代社会通过其职能的实现在人类社会、经济、文化和国际交往中发挥着重要作用。Jaspers（1965）指出：大学是由学者和学生组成的追求真理的社团。在建立之初，高校的职能比较单一，主要是传授知识和培养专门人才。随着社会的发展，高校的职能得到了拓展和规范，人才培养、科学研究和社会服务成为现代高校的三大职能。如今，这三大职能已成为世界高等教育体系的共识。培养学生创新思维、提升学生综合能力对高校乃至全社会发展都具有重要意义；高校的科学研究水平很大程度上决定了高校服务社会的质量，也对高校人才培养水平有着很大的影响；随着时代的发展，高校社会服务职能的重要性日益凸显，现代高校使命的最终落脚点还是服务社会，为社会发展做出贡献。

关于我国高等教育职能和发展绩效，尚未有最新的系统性研究。本书从我国高校的三大职能入手，致力于从系统全面的角度反映我国高等教育的职能及发展绩效现状，并从中外对比的角度，提出相关政策建议，以期在实践层面为我国高校更好地发挥相应职能及提高发展效率提供借鉴，对相关决策者制定教育规划及其他政策具有一定的参考价值和借鉴意义。

1.2 主要研究问题、方法及相关说明

本书从系统全面整体的视角，总结论述我国高校三大职能——人才培养、科学研究、社会服务的发展现状，并通过与国际高校进行对比，提出相关的发

展政策建议。为统一比较视角，本书所涉及高校人才培养职能论述主要关注本科人才培养方面。鉴于目前科技成果转化是高校社会服务职能实现的主要途径，从内容聚焦和便于比较的角度出发，本书所涉及高校社会服务职能论述将主要聚焦在对高校科技成果转化上。此外，高校是取得科技成果的重要机构，在中国尤其如此。从 1978 年改革开放以来，国家重视教育和科技创新，提高对大学教育的财政支出，大学的数量大幅度增加。这使得更多的人才参与到科研活动中，创造了越来越多的科技成果。因此，随着中国高校科研水平的不断发展，对科研绩效水平的研究显得更加重要。鉴于以上背景信息，加之限于数据的可获得性，对高校发展绩效的研究主要集中在对科研绩效的研究。需要特别说明的是，本书中的绩效主要从投入产出效率及全要素生产率（Total Factor Productivity，TFP）的角度来描述，希望以此为代表，从一定程度上反映我国高校的发展特征。

本书主要采用定性与定量相结合的研究方法，具体包括文献及网络调研方法、案例分析方法、对比分析方法，以及数据包络分析（Data Envelopment Analysis，DEA）方法。其中，文献及网络调研方法主要用于第 2 章，对高校的三大职能进行梳理和总结。案例分析方法主要用于第 3～5 章，分别选取在三种职能领域发挥出色的高校进行介绍。对比分析方法主要用于第 3～5 章，分别讨论中国和国外高校的三大职能履行情况。DEA 方法主要用于第 6～8 章，对高校的发展绩效进行研究。

1.3　主要研究框架

本书主要围绕高校的三大职能与发展绩效研究展开论述。第 1 章对本书主要研究内容及研究框架进行简要介绍。第 2 章归纳介绍现代高校的三大职能。第 3～5 章主要围绕高校职能展开进一步讨论，分别针对高校的人才培养、科学研究、社会服务职能（聚焦于科技成果转化体系）展开详细论述。通过对比国内外高校的人才培养体系、科学研究管理体系和科技成果转化体系，同时辅以案例分析，对我国高校三种职能的更好发挥提出政策建议。第 6～7 章主要围绕高校发展绩效展开讨论，如前所述，在综合考虑研究可行性、数据可获得性、评价代表性等方面的因素之后，分别对中国教育部直属高校的科研绩效、基于两阶段 DEA 模型的中国教育部直属高校科研绩效、中国教育部直属高校和欧洲精英大学的发展绩效进行分析研究。

具体而言，本书第 2 章对现代高校三大职能的历史和目前实现情况加以简要介绍。接下来本书的主体可以分为四大部分，前三部分（第 3～5 章）主要是按照三大职能分别对高校的人才培养体系、科学研究管理体系和科技成果转化体系进行介绍。在高校人才培养体系部分，分别从人才培养理念或目标、课程体系设置、教学组织与管理、教学评价等方面对美国、英国、德国、日本 4 个国家的高校的情况加以介绍，找出其中的共同点，辅以案例分析，结合我国实际发展情况，对中国高校的人才培养工作提出建议。在高校科学研究管理体系部分，分别从科学研究的主要特点、经费管理和科学研究评估三个方面总结概括美国、英国、德国、日本 4 个国家高校的科学研究管理情况，附加案例分析，并依据调研结果提出我国高校在科学研究管理工作中可借鉴哪些先进经验。在高校科技成果转化体系部分，分别对美国、英国、德国和日本高校的科技成果转化的保障机制、中介机构、转化方式和评价与激励措施加以总结，并提供案例分析，同时介绍我国高校科技成果转化的情况，并对进一步发展提出建议。

第四大部分（第 6～8 章）主要是对我国高校科研投入产出效率和全要素生产率进行分析，同时也与欧洲精英大学进行绩效对比。在第 6 章，以 31 所教育部直属"双一流"高校为例，将 DEA 模型引入 2013～2017 年高校科研绩效的研究中，分析 5 年间 31 所高校的静态效率；而后运用核密度估计法以及 Malmquist 指数法研究跨年份动态效率分布；最后根据实证结果分析，为"双一流"背景下我国高校如何提升科研绩效提出政策建议。在第 7 章，采用两阶段 DEA 模型，利用 2009～2013 年 64 所教育部直属的研究型大学的面板数据，测度了这些大学的效率和生产率的变化。在第 8 章，使用元前沿 Malmquist 指数，在总体和分组框架内分别衡量 2011～2015 年中国和欧洲精英大学的绩效并进行对比分析。依据所得实证结果，为相关教育政策的制定提出初步建议。

第 2 章　现代高校的三大职能

在现代社会中，高校是一个具有多个崇高而明确的目标和理念，通过多种职能的实现，对人类社会、经济、文化及国际交流等都发挥着重要作用的社会组织和文化机构，是一个统一的有机体（王剑和王洪斌，2009）。早期的高校形成于中世纪的欧洲，以意大利博洛尼亚大学、法国巴黎大学、英国牛津大学和剑桥大学为代表，这些大学被视为拥有学术自由、追求真理的学术团体。Jaspers（1965）在《大学之理念》一书中阐述，"大学是由学者和学生组成的追求真理的社团"。

根据《现代汉语词典》（第七版）的释义，职能是指"人、事物或机构应有的作用；功能"。简言之，职能一般指主体应该发挥的作用。当主体是机构时，职能指的是机构所承担的任务（职权）或发挥的作用等。在社会科学领域，某一机构的职能是指其由于社会分工所应发挥的社会作用（吴玲等，2014）。高校的职能即为"在社会分工中特有的专门职责"（陈桂生，2000），是高校在社会分工中所应发挥的作用。由此观之，高校诞生之初主要发挥的是传授知识、培养专门人才的作用，主要职能为人才培养。随着高校形态的演变和社会的发展，高校的职能也不断扩展和规范化，在人才培养之外，高校相继产生了科学研究和社会服务职能。时至今日，高校具有这三种职能已经基本成为共识。

一般认为，高校职能的演进随着高校状态的变化经过了 3 个阶段：单一的人才培养职能阶段、人才培养与科学研究职能结合阶段、社会服务职能产生阶段。由于中世纪的大学作为高度自治的学术机构，独立于社会之外，人才培养理所当然成为其重要且唯一的职能。受文艺复兴和宗教改革运动的影响，宗教神学对大学的影响逐渐减弱，大学逐渐过渡到近代大学形态（王爱民，2015），加之近代自然科学领域取得了突破性的进展，科学研究加入进来，与人才培养并行成为大学职能。近代大学形态最早发端于德国，与之相应，德国的大学也是最早引入科学研究职能的，直至德国人威廉·冯·洪堡（Wilhelm von Humboldt）创办柏林大学（现柏林洪堡大学），遵循"教学与科研相结合"的原则，科学研究便和人才培养一起，成为近代大学的两项重要职能。19 世纪中叶，美国南北战争结束，工农业进入新的发展时期，对懂技术的实用型人才有着特别迫切的需求。作为对上述经济社会发展需求的回应，美国于 1862 年通过了《莫雷尔法案》（Morrill Land-Grant Act）。法案要求联邦政府在每个州至少资助一所从事农业和机械技术教育的学院（李栋，2006）。当时，联邦政府选择以捐赠土地的方式支持高等教育的发展，得到资助的学院称为"赠地学院"（贺国庆，1998）。"赠地学院"为美国培养了大量实用型人才，极大地推动了当时美国经济社会的发展。美国的高校开启了承担社会服务职能的先河。20 世纪初，时任威斯康星大学校长的查尔斯·理查德·范海斯（Charles Richard van Hise）明确提出，除了人才培养和科学研究以外，大学也要为社会服务，以满足地区的政治、经济、社会发展需求。其后，威斯康星大学不遗余力地践行这一理念，并取得了巨大成功。至此，高校的社会服务职能得以正式确立。

从高校职能的演变进程来看，其变化是内外因素共同驱动的结果，包括高校自身不断的发展，社会发展需求、社会形态的变化，以及科学技术的发展。3 种职能的形成过程是高校与社会的关系逐渐紧密的过程。人才培养、科学研究、社会服务 3 种职能依次出现，后一种职能的出现并非取代前一种职能。威廉·冯·洪堡在提倡高校加入科学研究职能的同时，非常重视高校的人才培养职能。查尔斯·理查德·范海斯在倡导高校社会服务职能的同时，提出人才培养和科学研究职能是高校服务社会的基础和必要支撑（汤建，2017）。高校职能不断融合发展，最终形成了 3 种职能并行的局面。从高校的发展历史可以看出，后发职能——科学研究和社会服务职能是高校回应社会发展需求的必然结果，人才培养职能则是高校的基础职能。在当前的发展阶段，3 种职能不可偏废。但是随着人类社会的发展，高校在履行 3 种职能的过程中也会产生一些问题。高校当前的 3 种职能及其相互关系，以及高校在实践中履行这 3 种职能的优先次序一直引发着人们的讨论和研究。相信随着社会的发展，高校本身面貌

Investigation on the functions and development performance of higher education institutions in China

及其职能都会有更多变化，更具创新性的理论研究和实践探索也将出现。

2.1　高校的人才培养职能

人才培养是高校的根本职能，是高校成为高校的原因所在。人才培养在很长的一段时期内作为高校的唯一职能存在。随着国家对高校的重视程度日益加强，单纯的"学术社团"理念受到冲击，现代高校的职能得到扩展。在高校陆续增加了新的职能后，人才培养依然作为高校的根本职能存在。英国教育家约翰·亨利·纽曼（John Henry Newman）秉持这样的观点，他认为大学是一个传授普遍知识的地方，其重要职能是人才培养，也就是教学（纽曼，2001）。曾任哈佛大学哈佛学院院长的哈里·刘易斯（Harry R. Lewis）也曾表示，忽视人才培养职能，而只重视科学研究上的成就，是在追求一种"失去灵魂的卓越"（崔金贵，2014）。我国也有研究者认为，人才培养职能的地位远高于科学研究和社会服务，是"大学存在之本"（吴康宁，2017）。还有研究者提出，大学应回归人才培养本位，"作为教育机构，大学最根本的任务在于培养人才。人才培养是大学传承知识、创新知识、服务社会的首要使命，也是这一过程的必然归宿"（李晓红，2016）。

尽管人才培养作为高校根本职能的地位一直没有改变，但是人才培养职能的具体体现，比如人才培养方向、目标、规模、方式等却随着社会的发展以及高校形态的改变而不断演变。世界第一所大学诞生的主要目的就是存储、传递并创造知识，是知识传播的中心。因此，培养人才几乎是其唯一的职能。早期的大学授课科目较为单一，有更强的专业性，比如博洛尼亚大学是在一所专门教授法律的学校的基础上建立起来的，巴黎大学最初主要教授神学。届时，巴黎大学和西班牙的部分大学在一段时期内曾是传播亚里士多德哲学和伊斯兰文明的中心（傅维利和刘靖华，2014）。经过扩展后，早期大学基本的学科设置一般都包括神学、医学、文学和法学等，主要目的是让学生学会这些知识，陶冶性情并能够进行理性的思考。那时候科学研究还并不属于大学的工作范围，大学所传授的知识在国家的运转甚至是生活中并没有起到多大的作用。到了工业时代，高校人才培养的主要目标在于传授学生专业知识，提高其识别和解决实际问题的能力。在新时期，尤其是被称作知识经济时代的 21 世纪，高校的人才培养职能被赋予新的内涵。培养更能适应社会加速发展步伐的创新型人才成为很多高校的目标。现代高校沿袭了大学成立之初的人才培养职能，但在培养观念和培养模式上发生了很大的变化，与最初的以培养专业性人才为主的目标相比，现代高校更加注重学生的综合素质培养。与之相对应，现代高校的学科设置在更加精细化的同时也更加全面，中国的很多高校都开始朝着综合性的方向发展。现代高校更加崇尚科学理念，为培养创新型人才创造有利的环境，并且提供更多学生与社会接触的机会。高校不仅培养自己的学生，还通过举办培训讲座、开放课程资源等方式向社会传播知识，成为社会终身教育的场所，在更大范围内承担人才培养的职责。

2.2　高校的科学研究职能

高校的科学研究职能，是指高校内科研人员在人类社会已有知识水平的基础上，担负起探索科学领域中模糊或未知领域的职责。随着人类社会的发展，大学不再满足于传播和教授已有知识，还要探索新的知识。科学研究由此成为高校的主要职能之一，并受到越来越多的重视，可以说是目前高校继人才培养之后最主要的职能。

高校的科学研究职能随着科学技术的发展需求而不断发生演进。文艺复兴时期，近代科学开始进入快速发展阶段，观察和试验方法被应用于自然科学研究。但此时，大学并没有和科学研究发生密切关联。大学从诞生之初直到 19 世纪，主要职能都是人才培养，科学研究在大学中还仅限于少数人出于兴趣而进行的活动。19 世纪初，西方兴起工业革命，科学也进入快速发展时期，德国为了在工业发展上赶超英国、法国等国家，开始将大学作为技术革新的重要力量。德国柏林大学的威廉·冯·洪堡等人主张"必须振兴文化以弥补物质方面的损失"，并获得学校支持。这项改革使得德国高校在一定程度上摆脱中世纪大学的理念，突破人才培养的单一职能，不仅保存和传递知识，同时还要创造知识（方艳，2014）。至此，科学研究成为高校的主要职能之一。Jaspers 继承并发展了威廉·冯·洪堡的思想，进一步指出，教学与科研统一是大学的首

· Investigation on the functions and development performance of higher education institutions in China

要原则（陈伟等，2017）。威廉·冯·洪堡把发展科学作为大学的重要职能，他指出"一旦人们停止对科学进行真正的探索，或者认为，科学不需要从精神的深处创造出来，而是通过收集把它广泛罗列出来，则一切都是无可挽回的，且将永远丧失殆尽"（贝格拉，1994）。他提出了科研和教学两个中心的思想，并由此确立了大学"教学与科研相统一"的原则。德国高校凭借其科学研究职能，成为国家科学研究的中心，德国也继法国之后，成为19世纪世界科学和教育的中心（刘沛清，2011），这为德国整体实力的增强提供了有利的条件。

从19世纪中后期开始，欧美国家开始学习柏林大学模式，最典型的案例是美国于1876年建立的约翰斯·霍普金斯大学。约翰斯·霍普金斯大学借鉴了柏林大学重视科学研究的思想，将科学研究视为"大学的灵魂"（贺国庆等，2003）。但又在此基础上有所创新，形成了自己的特色。其一是将科学研究扩展到应用研究，科学研究主题更多地契合社会发展需求，解决实际问题。其二是开展专门的研究生教育，开创了研究生教育先河（陈明，2017）。在借鉴柏林大学经验的基础上，将研究生院与本科学院融为一体，做到研究生教育和高校学术知识的探索并重，形成了别具一格的霍普金斯模式（魏丹，2006）。其三是约翰斯·霍普金斯大学非常注重科研人员和教师的学术水平，在引进杰出科学家的同时，努力营造适于科学研究的良好环境。提倡学术自由，并采取多种措施鼓励教师开展学术研究，提高学术水平。多种措施相互作用，最终为约翰斯·霍普金斯大学赢得了良好的声誉，吸引了一大批优秀人才来到该校任教，同时也招收到了优秀的生源。高水准的科学研究使得约翰斯·霍普金斯大学保持了旺盛的活力，为美国现代大学制度的形成奠定了基础，同时其模式的影响也扩大到了世界范围，各国通过模仿、借鉴、吸收、创新，逐渐形成了各具特色的世界现代大学模式。

第二次世界大战以后，高校的科学研究活动展现出新的特征，规模和影响力都有所扩大，即"科学研究规模巨大，拥有高级技术设备，并对经济、政治、文化等产生重大影响作用"。同时，科研人员增加，涉及学科更加全面和多样，科研经费增加且项目周期变长（王文强，2017）。在后续的发展中，高校的科学研究活动越来越多地顾及社会发展需求，直至社会服务职能出现。

高校通过开展科学研究活动达到创造知识、促进知识技术创新的目的。当前，一方面，高校成为很多国家基础研究的主要力量；另一方面，各国的高校也很重视应用研究，积极与市场需求相结合，促进科技成果转化。现代高校的科学研究职能已经变得举足轻重，这也成为国内外教育界的共识。高校的科学研究水平甚至成为各种大学排名的主要依据。有研究者对高校科学研究职能的地位进行了探讨，美国高等教育学家预测，在高校的不断发展过程中，人才培养职能地位将下降，科学研究职能地位将提升（周海涛，1999）。有国内学者认为，科学研究应成为高校的立校之本，树立"研究第一"的思想（张应强，2001）。也有研究者认为，高校科学研究的功用主要是培养科研人才，助力基础研究进步，以及通过应用研究促进社会经济发展（胡建华，2006）。总的来看，高校科学研究职能可以说是上接人才培养，下启社会服务。因为高校的科学研究水平影响着人才培养的质量，同时也决定了其服务社会的水平，所以高校的科学研究职能发挥的程度直接关乎高校职能的整体发挥，对现代高校的发展尤为重要。

2.3 高校的社会服务职能

对高校而言，社会服务职能就是指高校发挥的直接为社会提供服务的职能。社会服务职能是现代高校三大职能当中最晚出现的，但却是发展最快的一项职能。

高校的社会服务职能最先在欧洲萌芽，却是在美国发展成熟的。1596 年，英国格雷沙姆学院开始"向学者、绅士、商人、海员、造船人、零售商、工匠和其他人提供咨询服务"。这可以视作高校提供社会服务的雏形（奥尔德里奇，1987）。1862 年，美国通过《莫雷尔法案》，此法案为美国高校确立社会服务职能奠定了法律基础。法案规定，国会对那些创办农业工学院的人予以鼓励，赠予土地，使"赠地学院"得到快速发展。高校加入社会服务职能，解决了教学与应用脱节的问题，使高校的作用能够更加充分地发挥，得到更多来自社会的支持，也使得美国高校规模得到扩大。创建于 1865 年的康奈尔大学宣称直接服务于农业和其他生产行业（张新婷，2015）。之后，在高校不断发展的基础上，查尔斯·理查德·范海斯的专著《威斯康星理念》（*Wisconsin*

9

Idea）奠定了美国"威斯康星思想"出现的基础，该思想进一步强调高校要为社会服务，甚至要直接参与社会生产活动。自"威斯康星思想"产生并传播以后，威斯康星大学越来越重视高校在国家间竞争中的作用。高校的发展从此离不开国家的调控和评估。正如布鲁贝克（2001）所说："高等教育越卷入社会的事务中，就越有必要用政治观点来看待它。就像战争的意义太重大，不能完全交由将军们决定一样，高等教育也相当重要，不能完全留给教授们决定。"到了20世纪，在这一思想的指引下，美国的高校经历了飞跃式的发展，与社会的联系更加紧密。硅谷整个园区最早起源于斯坦福大学，现已成为高校与高科技园区互动、服务社会的成功典范。1951年，斯坦福大学通过出租土地和转让技术的方式建立起斯坦福工业园，吸引到一批创业公司到园区落户。园区逐步发展成为依托高校的高科技工业园区，开创了企业依托大学的产学合作新模式，使得高校科研成果得以快速转移到企业。同一时期的英国也认为高校社会服务职能能发挥的直接作用应该是"创造财富"（Venditti et al., 2011）。可见，直接为社会经济发展服务，也是这一阶段高校社会服务职能的主要体现。进入21世纪，高校社会服务职能开始由单向公共服务向双向公共参与转变（刘文杰，2019）。高校更多介入现实问题的解决，甚至将国家社会经济或其他方面发展的需求作为科学研究项目，更有针对性，更直接地参与公共事务。

在理论探讨方面，哈佛大学前校长德里克·博克（Derek Bok）认为大学的社会使命就是要走出"象牙塔"，加强高校与社会的联系。美国卡内基教学促进基金会前主席欧内斯特·博耶（Ernest L. Boyer）指出，高校需要加强与社会的联系，对社会需求做出回应（陈伟等，2017）。发展至今，在实践方面，现代高校已然认识到必须走出"象牙塔"，将人才培养、科学研究和社会服务三种职能集于一身，才可以发展成为"高水平大学"。几乎所有著名高校都将社会服务作为其核心职能之一。例如，在社会服务上走在前列的斯坦福大学提出要"立志创造有利于社会发展的知识"；麻省理工学院提出"学校要致力于发展知识，培养学生在科学、技术及其他方面的学识，更好地为国家、为世界服务"；剑桥大学的使命是"通过追求国际最高水平的、优秀的教育、知识和研究，为社会做出贡献"；牛津大学的目标是"通过大学的研究成果和毕业生的技能，使世界、国家和地方社会富饶起来"（邓桦，2006）。

尽管基本的理念已经达成一致，但是现代高校服务社会的方式却不尽相同。美国耶鲁大学前校长理查德·莱文（Richard Levin）认为，高校服务社会的方式主要有三种：一是基础研究，即为经济发展做出贡献，进而为社会带来福祉；二是人才培养，即提升全社会的学习能力；三是社区建设，即为所在地区发展提供必要的智力支持。其中，科技成果转移转化是高校社会服务职能实现的重要途径之一。高校通过承担项目等形式开展科学研究，所取得的成果通过中介机构转移给产业界或者通过校办企业以及员工创办企业等推向市场。在世界范围内，高校已经成为科技成果转移转化不可或缺的主体。尤其是在知识经济时代，高校与社会融合的程度日益加深，已然成为社会的重要组成部分。甚至可以说，现代高校的不断发展，正是得益于其社会服务职能的发挥。新时期，高校社会服务职能的具体内容也将随着社会需求的变化而不断发展。

2.4　本章小结

本章主要围绕现代高校的三大职能进行介绍，分别针对人才培养职能、科学研究职能、社会服务职能的地位、主要内涵、历史沿革等内容进行阐释。其中，人才培养是高校的根本职能；当高校不再满足于只是传播和教授已有知识时，科学研究逐渐成为高校的主要职能之一，并受到越来越多的重视；社会服务在现代高校三大职能中出现最晚，但是发展很快。高校职能一直在随着社会的发展不断演进，当前三大职能及其相互关系，以及高校在实践中履行这三大职能的顺序都会有更多变化，等待着学者和其他相关人士进行更具创新性的理论研究和实践探索。

第3章　高校人才培养体系

3.1　国际科技发达国家高校人才培养体系

人才培养是现代高等教育的首要任务，高校人才培养体系是在一定的教育理论与思想的指导下，按照特定的培养目标，形成相对稳定的教学内容、课程体系、管理制度和运行方式（董泽芳，2012）。随着科学技术的发展，社会学习观念的改变，以及教学手段的改进，各国高校不断调整各自的人才培养体系，以更好发挥其作为高校的职能。各国高校在不同的历史和现实条件下形成了各自的人才培养理念，在这一理念的指导下，制定人才培养的具体目标，围绕人才培养目标设置完整的课程体系，并在人才培养理念的指导下，进行教学组织与管理，对教学效果进行评价。在世界范围内，美国、英国、德国和日本等国的高等教育相对发展较好，其高校人才培养都取得了较好的成绩，以下就美国、英国、德国和日本 4 个国家的高校人才培养总体情况进行论述。

3.1.1　美国高校人才培养体系

3.1.1.1　美国高校人才培养理念或目标

美国的高等教育非常发达，高校数量很多。人才培养作为现代高校的第一职能，受到美国高校的高度重视。总的来讲，美国高校的人才培养理念是"以学生为本"，在这一理念的指导下，美国的研究型大学、教学型大学和社区学院并存发展、定位明确、互为补充，共同构成了特色鲜明的高校人才培养体系。美国高校非常重视应用型人才的培养，对其综合素质和社会实践能力的培养投入很大。在"以学生为本"的办学理念的指引下，美国高校对学生在学习中的主体地位予以充分尊重，在学业上给予学生很大的主动权，这些在很多高校的课程设置和学生管理中有所体现。例如，学生在专业选择上有很强的自主性，如果在学习的过程中，发现更适合自己的专业或者兴趣发生转移，可以选择调换专业。据统计，美国四年制大学中，换过专业的学生总数超过 50%。除了可以自主选择专业外，美国高校学生在选择课程方面也有很大的自由，学生可以根据自身的兴趣与长期发展目标制定学习计划并选修课程，一般来说，美国高校都设置了范围广泛并且数量很大的选修课程。此外，大部分的美国高校实行学分制，只要学分达到取得学历学位所需的最低要求即可毕业，没有年限限制，学生可以自由选择（窦效民，2014）。在给予学生充分自由的前提下，美国的高校还非常重视学生的品格培养，通过高等教育培养学生对美国价值观的认同感，增强其公民和国家意识；通过课堂引导和入学条件限制等方式培养学生的社会责任感，就道德争议进行辩论，引导学生参加社会活动等；在个人美德方面，美国高校教育的重点是学生个人诚信，尊重自己和他人，对自己的行为负责并遵守社会规则，懂得感恩等。美国高校实行非常严格的"本科生教育"与学术性强的"研究生教育"，无论是研究生还是本科生，其实践创新能力都是高校非常关注的，因而，课堂理论与校外实践相结合、普遍开展的通识教育以及鼓励学生参与科学研究项目都是美国高校常用的人才培养手段。

与"以学生为本"的人才培养理念相适应，美国高校的入学需要学生提交申请，要求学生提供证明自己学习能力的成绩以及参与活动和社会服务的相关资料，这是对学生综合素质的考量。高校在选择生源方面是完全自主的，高校要维护自己的声誉，一方面严格筛选学生，保证生源质量，另一方面又必须非常重视人才培养的成果，以吸引优秀学生，从而形成良性循环。事实上，美国高校的人才培养质量有目共睹，也因此吸引了国内外众多优秀学子前去求学。

3.1.1.2 美国高校课程体系设置

总体来讲，美国高校的课程体系围绕"以学生为本"的理念来设置，兼具综合性与时代性的特征，设置了多元开放的课程，强调能力的培养。此外，重视通识教育、重视课程设置的灵活性与多样性，以及强调课程设置的国际化，也是美国高校课程体系设置的特点。美国高校课程体系设置与其通识教育和专业教育的划分相匹配，大多数相对完善的课程体系包括基础课程、专业课程、研究方法课程、跨学科课程以及实践类课程等。一般高校都会设置大量的基础课，涉及的门类非常广泛。这样做的目的是让高校培养的人才能够建立起宽广的知识基础。因而，美国高校的专业划分也比较宽泛。大多数美国高校都会根据自己的教育理念，设置系统庞大的通识教育课程。在这些课程中，会有一组或多组被当作核心课程，要求本科学生必修或者限制性选修。例如，哈佛大学的核心课程包括外国文化、历史研究、文学与艺术、道德思维、数量思维、科学与社会分析等领域；斯坦福大学的核心课程包括人文概论计划、自然科学、应用科学、工程科学与数学等领域，人文与社会科学领域，以及世界文化、美国文化和性别研究等领域；耶鲁大学的核心课程包括艺术、历史、文学、写作、数学、哲学、自然科学、社会科学、神学、多元文化 10 个领域；麻省理工学院的核心课程包括核心科学课程、人文、艺术与社会科学课程、限制性理工选修课程和实验室工作①。

在专业课程的设置上，有很多跨专业的课程可供选择。跨专业复合课程由来自不同专业的教师联合开设，主要目的是拓展学生的视野和知识结构。此外，还开设了很多跨学科选修课程，这些选修课程没有学院或者学科的限制，供学生任意选择，学生可以共享全校的教学资源。跨学科的研究课程也是专业课程设置的一部分，通过设立"独立研究课程"，可以为学生提供与教授密切合作的机会，在教授的指导下完成研究项目。美国的高校还开设了很多关于其他国家和国际问题的课程，以此来拓展学生的国际视野。

美国的高等教育学者阿瑟·莱文（Arthur Levine）将美国高校本科课程设置的基本模式总结归纳为自由选修型、分布必修型、名著课程型、核心课程型（张凤娟，2011）。不同的高校根据自身的人才培养理念和特色会偏重某一课程设置模式，但这四种模式并不是完全界限分明的，有时可能出现交叉的情况。自由选修型课程设置模式，最能体现美国崇尚自由的精神，但目前应用这

---

① 张立彬. 美国高校有效提升人才培养质量的措施分析. http://www. docin. com/p-601271624. html［2015-10-10］.

类模式设置课程体系的美国高校并不是很多，其中也有比较有名的大学，比如作为常春藤联盟成员的布朗大学。在这样的课程体系下，高校本身没有设置特别严格的教学计划，学生可以自行决定学习计划（李曼丽，1999）。这种模式可以说是美国高校"以学生为本"的人才培养理念的直接体现，以布朗大学为例，该校没有设置必修课程，也没有核心课程，学生可以跨学科自由选课，涉猎不同的学术领域。分布必修型课程设置模式，在美国高校课程体系设置中最为普遍，有80%的高校都选择了这一模式。该模式规定了学生必须学习的学科领域的课程数量或者最低学分，包括分布必修课程、主修课程和辅修课程三个部分。分布必修课程主要是为了达到通识教育的目的，主修课程是学生所在学科领域必须学习的课程，辅修课程则是学生根据个人兴趣或者计划自由选择的课程。名著课程型课程设置模式是为学生设计了一套必读的名著教材，没有主修要求（张凤娟，2011）。它更接近于古希腊时期的贵族教育，是一种崇尚精神追求的课程设置模式。截至2013年，美国实行名著课程型课程设置模式的大学只有圣约翰学院，但是部分高校的课程体系中会包含此类课程。核心课程型课程设置模式包括一组独立于院系的专为全校学生接受通识教育而设置的核心课程、一组主修课程和选修课程（钱大军，2013）。该模式与分布必修型课程设置模式的区别是其更加强调培养学生学习知识的能力，所以课程多为以某一社会问题或者学科问题为基础、多学科交叉为组织形式的课程，重视加强有关道德、文化、艺术方面的内容（张凤娟，2011）。在美国，采用核心课程型课程设置模式的高校包括哈佛大学、哥伦比亚大学等著名高校。

随着时代的发展，美国高校的课程体系设置也发生了一些变化，总体而言，美国高校的课程体系设置朝着更加平衡的方向发展，以应对某些所谓的"冷门"专业受到排挤的状况。此外，美国高校现在的课程体系设置更加灵活，设置了不同类型、不同层次的课程以适应社会发展和学生需求的多样化趋势①。

---

① 王泉. 对美国大学人才培养模式的思考. 西安电子科技大学. http://info. xidian. edu. cn/info/1010/6564. htm [2015-11-12].

Investigation on the functions and development performance of higher education institutions in China

3.1.1.3　美国高校教学组织与管理

美国高校奉行以学生为主导的教学组织模式，以践行"以学生为本"的人才培养理念，注重学生思维方式和思考能力的培养，教师在教学中主要起到提示与引导的作用。一般教师会预先布置教学内容，给学生充分的时间来查找准备相关材料并了解即将学习的内容，提高学生学习的主动性。在课堂上，教师会为学生的思考能力训练创造条件，比如会设置提问和答疑环节，启发学生提出问题并思考解决问题的办法。课堂上通常会有小组讨论或案例分析环节，有助于学生创造性思维的培养。

美国高校在人才培养上非常重视理论与实践相结合，着重培养学生分析问题与解决问题的能力。高校通过践行产学研相结合的政策，为学生创造参与实践的机会。例如，斯坦福大学鼓励学生从低年级起就进入企业实习，将理论学习的成果应用到实际工作中，以更好地掌握和消化所学的知识。此外，在服务中学习，也是理论与实践相结合的教学组织方式之一，主要做法是鼓励学生参与学校或者社区服务，当然这些服务的内容是与课程相关的，使学生通过另外一种途径在实践中学习。

美国高校的教学管理仍然以学生为核心，立足于提供良好的服务。第一，美国高校通过良好的制度，建设高水平的教师队伍，从根本上保证人才培养的质量。基本上所有的高校都有着严格的选用教师标准，在聘任后，一般也有严格的考核机制和试用期限。美国的教授须经过一段时间的试用和考核后，才能被聘为"终身教授"，而助理教授则是"合同制"管理，试用期限更是长达6年。对于已聘任教师，美国高校也有着一套规范流程，定期对其教学和科学研究表现进行审核。第二，在对学习的管理方面，美国高校一般秉持给学生自由的理念。大多数高校实施弹性学习制度，在时间和专业选择等方面的管理均比较宽松，给学生很大的选择空间，但这并不意味着美国高校的学生毕业很"容易"，他们仍然需要拿到最低要求的学分，以及符合能够毕业的最低要求。第三，美国的很多高校设置了名目繁多的教育项目，以帮助学生顺利完成学业，包括入学教育项目、为每位学生配备导师、开设研讨课程、与企业和其他机构开展联合教育等。第四，为了更好地服务学生的学习和长远发展计划，美国高校建立了完善的学生服务体系。例如，明尼苏达大学规定了学生事务管理的工作原则，并设置多个专门为学生提供服务的机构。第五，美国高校还尽量为学生创造良好的校园环境和学习条件，很多高校环境优美，建筑美观，供学习和讨论用的房间、桌椅等设施齐备，为学生的学习成长提供了良好的外部环境（洪艺敏，2010）。

3.1.1.4　美国高校教学评价

教学评价是美国高校教师绩效评价的三个主要组成部分之一，除了教学评价以外，美国高校还对教师的科学研究和社会服务工作进行评价。美国高校对教师的教学评价并没有统一的标准，都是各州针对本州高校出台一套相对完整的评价标准。从来源看，教学评价大体可以分为四个方面，即自我评价、上级评价、同行评价和学生评价。自我评价的主要依据是教师对自身教学水平和成果的陈述以及判断，对材料的真实性要求很高。上级评价主要是指教师所属院系的系主任以及教务长的评价。同行评价主要来自高校聘请的外部专家，可以请同行专家听课或者审阅相关资料来进行评价。课程结束后，高校会给选课学生发放评价表，以无记名方式对教师授课情况进行评价，评价结果会成为其他同学选课的借鉴，并作为教师考核、晋升和奖惩的重要依据。从评价内容来看，选课学生的学习成绩是教学成果最直接的反映，因而也成为主要的评价依据。此外，教学大纲和考试的内容、选修课的普及情况、教学改进活动、参加各种讨论会、参加在职培训等也是美国高校教师教学评价的重要标准（李丹，2012）。

从评价阶段来看，一般美国高校的教师每年都要接受年度评价，在晋升之前和申请终身教授资格时也要接受评价。年度评价是基础评价，是调整教师的薪酬的基本依据。美国高校的助理教授和副教授在 6 年之内如果没有得到晋升，就需要执行"非升即走"的政策。因而，高校教师一般需要在 6 年之内接受晋升评价，教师需要向学校提交上一次晋升后或者近 10 年的教学课程评价结果。出于留住人才的考虑，美国高校对教授实行终身聘任制，已经获得终身教授资格的教师，除非其有极其特殊的原因，学校一般不能将其解聘。但学校对终身教授也有一套绩效评价标准，但这套标准主要起到督导教师的作用。

3.1.2 英国高校人才培养体系

3.1.2.1 英国高校人才培养理念或目标

英国高校历史悠久，千百年来孕育了独特的教育精神和文化，其人才培养的高质量也有目共睹，对世界高校的人才培养影响深远。当代英国高校的人才培养理念主要源自两个方面。其一，主要是从以牛津大学、剑桥大学等为代表的古典大学承袭而来的自由主义人才培养理念，主要是在学术自由的环境下，培养学生独立思考、自主学习的能力；其二，主要是应英国政府的要求，培养为社会经济发展服务的人才，形成了"经世致用"的人才培养理念。例如，爱丁堡大学致力于创造、传播和管理知识，人才培养理念多元、包容、开放，强调所培养的人才应该为社会做出贡献，让世界变得更加美好。在这两种相互联系的人才培养理念的指导下，英国高校形成了相应的人才培养模式，各高校会因自身定位的不同，对两种理念有所偏向，但基本都重视学生在校学习的体验，大学因"育人而存续"已经成为英国高校的普遍共识。总的来说，英国高校的人才培养理念是，以学生为中心、以师资为基础、以社会服务为使命。围绕这样的基本人才培养理念，英国高校积极调整各项激励措施，提供周到服务与多种技能培训，倡导学以致用、研以致用。

英国高校在人才培养方面取得了极大的成功，培养了众多诺贝尔奖得主，也走出过不计其数的国家元首及政要、世界级企业总裁等，在全球高等教育中占据显赫地位。但英国高等教育的人才培养理念也不是一蹴而就的，在始终没有摒弃传统的追求自由的理念下，不断改革以适应时代发展的需要。历史上，英国高等教育出现了几次比较重大的改革，包括《罗宾斯报告》的出台，报告中提出的"罗宾斯原则"指出，"应为所有在能力和成绩方面合格的、愿意接受高等教育的人提供高等教育课程"，这一规定促成了英国高校从精英教育向大众教育的变革，极大地推动了英国高等教育的普及。英国在随后颁布的《继续教育和高等教育法》中废除了英国高等教育双轨制，建立起单一的高等教育框架，让所有符合条件的多学科技术学院全部升格为大学，从而在英国建立了统一的高等教育体制（周媛媛，2012）。《学习化社会中的高等教育》报

Investigation on the functions and development performance of higher education institutions in China

告进一步强化了终身学习理念，致力于建设成学习型社会，肩负人才培养职能的高校自然责无旁贷。《高等教育：以学生为中心》白皮书强调学生在教育中的中心位置，使得英国高校以"学生为中心"的理念得以强化。英国要求高校提高服务学生的意识，创新办学模式，实现多样化办学，以及将更多投资吸引到高等教育市场①。到目前为止，英国高校整体形成了复合型人才培养目标与专才型人才培养目标并存的多元化格局，以满足社会发展对人才的多元化需求（蒋平，2020）。

3.1.2.2 英国高校课程体系设置

英国高校课程体系设置遵循英国高校的人才培养理念，设置以学生发展为中心的课程目标，着重培养开放、自主、个性化的思维方式。同时，为教育的实践目的服务，课程体系设置注重训练学生的思考能力（聂智，2011）。

依据英国的传统与法律要求，英国的大学享有很高的自治权，可以自由设置专业与课程。英国高校教师在课程的设置中拥有较大的权限，很多高校并没有统一的教材和课本，其由教师来决定。虽然没有统一的教材，但教师会给学生指定多种参考文献，让学生在学习过程中了解不同作者各自不同的观点并提早进行自主学习，此外，教师会尽量选择最新的、最有发展前景的、职业导向性强的研究成果作为课堂教学的内容（聂智，2011）。这样做既有利于教师根据经验培养学生的自主学习能力，又可以与时俱进，根据社会对人才的需求，更新和完善教学内容，契合人才培养的两个主要目标。虽然教师有权选择教授的内容，但是并不是随心所欲的。首先，任课教师需要就新开的课程提供申请材料，内容包括课程目标、主要内容、教学方法、已有的学习资源、考核办法、选修对象以及教师个人资格介绍等内容。材料提交给所在院系，由院系领导组织校内外专家展开评审并出具明确意见，评审通过后提交给学校，由学校教学质量保证管理相关部门最后审核（丁任重，2010）。尽管教师对教授内容有很大的自主权，但对课程的设置，英国高校会从顶层予以把握，综合考虑专业设置中的课程种类以及不同课程的地位和作用，与专业目标的关系、与其他

---

① 陆华. 英国高等教育的认识和启示. 雄楚师范学院. http://www.cxtc.edu.cn/data/2013/1209/article_7975.htm [2015-10-25].

课程的关系，以及学生的需求等方面。根据以上课程发展目标，一方面，英国高校的课程内容与社会生活紧密相关，英国各高校的课程普遍强调基础理论和基础知识的学习。另一方面，英国高校的课程突出职业化教育。学生所学的专业都与学生未来的职业挂钩，因此各个课程或课程模块的设计、展开紧紧围绕学生的未来职业能力的培养（贺佃奎，2008）。以爱丁堡大学的课程设置为例，其有两个鲜明的特征，一是课程内容的设置紧贴社会需求，课程计划根据社会发展情况以及最新科技发展形势设置，并随着国家发展规划做出动态调整；二是课程设置自由灵活，学生在课程选择和时间安排上享有很大的自主权，同时，课程种类丰富、内容宽泛、可选择性很强，充分体现了以学生为本的人才培养理念（王周秀等，2021）。

按照课程管理层次，一般来说，英国高校的课程主要由必修课模块和选修课模块构成。必修课模块主要包含专业基础课程；选修课模块可以细分为两个模块，必选模块和任选模块。其中，必选模块要求学生必须选修其中的一种或几种课程；任选模块则不是必须学习的，以修满学分为准（蒋平，2020）。对某一个特定专业而言，高校一般会设置几门专业选修课供学生依据自己的兴趣爱好与未来发展方向选择。英国很多高校还设有一门特色课程，叫作"三明治课程"，该课程采取"学习—工作—学习"的培养方式，学生先在学校学习两年相关课程，然后走出学校在相关领域工作，一般为期一年，也可以分成两个半年在不同的时间段完成。最后一年回到学校完成课程学习并取得相应学位（贺佃奎，2008）。

从课程实施情况来看，英国高校根据学生所处的不同年级有所侧重。入学前两年会安排课程辅导，主要是对高校的教学内容和方法的指导，以使学生适应高校的学习方式。三年级之后便取消课程辅导，主要采取授课方式，同时鼓励学生自学，培养其独立思考和持续学习的能力。

例如，爱丁堡大学本科阶段的课程可分为四大类：公共基础课程、专业基础课程、专业学科课程、项目实习与毕业设计。大学一年级主要涉及基础课程，包括公共基础课程与专业基础课程。大学二年级主要学习专业学科课程，学生可以根据自身兴趣选择主要的学习方向。到了高年级阶段，必修课程比例降低，选修课程比例提高。学生可以有更多自主的时间参与项目实习，以及在导师的指导下，完成毕业设计。

3.1.2.3　英国高校教学组织与管理

英国制定了完善的教学组织与管理制度，对学位授予的标准、专业设置、课程审批、学术发展规划、师资队伍建设规划、学生行为准则等都有明确的规定（张洪峰，2015）。一般由一位副校长专门负责这些制度的执行情况，院长或者系主任，负责从招生到课程到考核全过程的教学工作或者质量保证。

英国高校的学生可以自主地选择自己的专业与课程，在转换专业方面受到的限制也很小，这一点与美国高校较为相似。通常，英国高校允许学生自主制定学习计划，如基础较好的学生可以跨越初级阶段，直接选择学习更高级别的课程，同时也提供跨学科跨专业选修课程的机会。在英国高校本科学生撰写毕业论文的过程中，导师会提供指导，但不会过多参与撰写过程，从论文题目的确定到撰写完成，学生本人需要查阅大量资料独立完成。英国高校的学习组织一般较为松散，比较明显的特征是，很少设置班级和班长，不同专业的学生很有可能聚集在一起，学习共同选择的一门课程。一般而言，英国高校的课堂教学方式延续了英国高校一贯严谨的学风，教师的讲授比较规范，通常会涉及主题、关于该主题的各种观点以及自己的见解和研究成果等内容。虽然教师讲解的内容较多，但是英国高校的课堂仍然重视学生的参与度，以组织学生口头演讲、专题讨论等方式，让学生各抒己见。在英国高校课堂上，新颖的见解和独特的看法都会得到鼓励，教师与学生的地位比较平等，着重培养的是学生的自学能力、信息搜集能力、独立思考能力和分析与解决实际问题的能力（贺佃奎，2008）。

在学生的培养过程中，尽量将理论课程的学习与实践有机结合起来，学校会为学生提供大量的实习机会，以及其他与学业相关的培训项目，还会鼓励学生参与创建企业、服务工商业的活动。此外，校外也有多个机构为学生参加实践活动提供机会。近年来，英国的部分高校还引入了大量由企业资助的"工作体验式"课程，可以让学生在学习的过程中，更好地与工作实际接触，理解将来所要从事的职业内容，企业也可以根据"学习合同"及"学习成果"来选择将来要引进的人才（顾露雯和汪霞，2013）。

除了在课堂上，英国高校的课外教学服务也很到位，学校为每一位学生配备学术导师，学生在课堂以外遇到学习、生活上的问题都可以联系导师寻求帮助。英国高校大多建有良好的学习支持系统，学生支持中心就是这个系统中比较重要的组成部分，帮助学生解决学习上的问题和生活中的困难，比如学生在选课、查找资料、课外阅读、准备考试等方面有问题时都可以从中心获得咨询性或是建议性的帮助。为了更好地为学生服务（张洪峰，2015），英国很多高校都建立了学生反馈机制，主要通过网络，接受学生的意见和建议，有专人负责解决这些问题。

英国高校对学生学习成绩的评估也主要基于限时的考试评估和课业评估。在考试评估方面，英国高校的阅卷制度十分独特，试卷要有两位教师评判，部分试卷甚至还要交由校外教师再次审阅，以此来保证考试的严格和公正，激励学生刻苦努力。在课业评估方面，学生根据教师分配的学习"任务"，通过提交报告、完成论文、现场展示、参与项目研究或活动等形式完成任务，并将这些成果交由负责教师评估。教师依据课程开始之前设定的指标和要求对学生的学习成果做出评定，给出相应的等级，还会将评定结果反馈给学生。

爱丁堡大学将理论课程的学习与实践有机结合起来，校内外多个机构为学生参加实践活动提供机会。爱丁堡大学还将线上课程与线下课程有机结合起来。爱丁堡大学有专门的机构为教学活动提供服务与支持，设立专门的学习支持中心，为学生选课答疑解惑，并提供各种研讨会和在线课程资源，同时在线提供技术设备指导数字学习。

3.1.2.4 英国高校教学评价

长期以来，英国构建了一套适用于本土的高校教育评价体系。英国高校的评价工作主要由英国高等教育质量保证署（The Quality Assurance Agency for Higher Education，QAA）负责，其主导创设了一套以学科基准、学位资格框架、课程规格和实施规则为主的学术基本准则，以及一套保障高等教育学习产出的体系（齐运锋和景海燕，2015），为英国高校在教育质量方面提供建议、指导和支持（吕西欧，2014）。英国高校科学研究质量评价体系，采用研究卓越框架（Research Excellence Framework，REF）考察高校教师的科学研究情况。对教师的教学成果评价以专家评价为主，英国高校非常注重邀请校外专家来对其教学质量进行把控。除了在专业设置、课程大纲、考试等方面邀请校外专家提出意见和建议外，还会请他们对学生的学习效果、专业水平进行评价，作为教师教学成果评估的主要依据。校外专家介入评估的方式一般是审核教师向学校提交的资料、与学生座谈等，据此对教师的教学成果做出书面评价，出具意见和建议。此外，英国还非常重视学生在高校教育评价中的重要作用，选举优秀的学生代表加入大学董事会、评议会、教学委员会、质量保证委员会等机构，使其能够参与到高校教育质量保障决策的制定和实施过程中（彭奥和郭丽君，2016）。英国高校的学生咨询及反馈服务系统是为学生专门设置的维权和申诉系统，一般而言，学生的意见都可以得到高校或者教育部门的答复，如果对答复结果不满意，学生还可以向独立审裁官或监诉官提出申诉；甚至可以直接向英国高等教育质量保证署反馈（彭奥和郭丽君，2016）。

除了运用评估的手段保证达到基本的教学要求外，英国的很多高校还开展多项教学研究项目，通过进行科学研究，对教学方法加以改进。另外，很多高校还会设置优秀教学奖励，对教学中的创新改革予以鼓励，也借此提高教学在高校中的地位。

以爱丁堡大学为例，该校有着严格的教学评价体系，并设立专门的机构保证教学质量。爱丁堡大学参议院对教学质量进行总体控制。根据其对教学的监管和监督的职责，爱丁堡大学参议院就质量保证和提高教学水平做出安排。爱丁堡大学参议院下设参议院质量保证委员会（Senate Quality Assurance Committee，SQAC），该委员会负责执行爱丁堡大学的学术质量保证框架，以及监督学院和学生支持服务结果，并负责组织讨论保证学术质量的论坛。

学术标准和质量保证副校长负责监督有关学术奖项的公正性，以及督促教学质量计划的实施和持续改进。另有三个机构负责教学质量的常规监督。

大学每年还要向苏格兰基金委员会提交教学质量保证和提高方面的报告。该基金会负责审议报告，并提出相关建议。

3.1.3 德国高校人才培养体系

3.1.3.1 德国高校人才培养理念或目标

德国高等教育历史悠久，曾经是世界高等教育的中心，柏林大学开创的现代大学理念对很多国家的高等教育影响颇深[①]。尽管德国已不再是全球教育中心，但德国的高等教育依然处于世界领先的地位。德国高等教育继承了先前的优良传统，也在积极推行精英大学建设和卓越计划，在人才培养和科学研究方面取得的成就不容小觑。德国高校的人才培养理念可以概括为严谨的学术与职业训练的统一，不同定位的高校承担不同的培养任务，人才培养目标有不同的侧重，促进学生的个性发展，也是其人才培养理念的重要组成部分。

德国高校的人才培养理念主要源自两个方面：一方面是教育与科研的统一；另一方面是学术与职业并重。其中，对学术的重视源自德国高校对传统的"洪堡精神"的继承，传统的德国高等教育理念强调教学与科学研究的统一，大学要促进知识的创造、保存和传播，并保证人才培养过程中，教师和学生的学术自由（张帆，2008）。这种理念，曾经一度铸就了德国高等教育的辉煌，教学与科学研究统一以及学术自由的高等教育模式，被很多国家争相效仿。但是到了 20 世纪 60 年代末，随着工业化进程的加快，这种单纯重视学术研究的培养理念已经无法适应社会发展对应用型人才的需求，经济的发展带动了德国高校人才培养理念的转变。1976 年，德国政府颁布《高等学校总纲法》，把为学生提供职业预备性教育列为高等教育的主要目标，由此而产生的应用科技大学开始为德国社会培养应用型人才。至此，经过变革后的德国高校，正式形成了"学术与职业并重"的人才培养理念（张小桃，2011）。

按照不同的任务与性质，德国高校可以分为四类：实施学术教育和工程教育的综合性大学、实施应用技术教育的应用科技大学、培养中小学和幼儿教师及特殊教育教师的师范学院、培养具有独特技艺的专门人才的艺术学院（包括音乐学院、戏剧学院等）。其中，前两类是德国高校的主要组成部分。不同类

---

① 刘广明. 德国高等教育的基本情况与新趋势. https://blog. sciencenet. cn/blog-359436-726832. html[2021-07-19].

型的高校承担着不同的人才培养任务，因而也秉持不同的人才培养理念（李晓军，2009）。

德国的综合性大学主要指传统的多学科大学和工业大学，学科较多、专业齐全，具有学士、硕士、博士培养资格[①]。综合性大学的重要目标是从事基础理论研究以及应用研究和试验发展，其传授的知识比较系统化和理论化，着重培养学生的学术研究能力以及独立思考和工作的能力。应用技术大学具有教学和实际应用相结合的特点，旨在为德国社会的发展培养高级应用型和技术型人才，满足工业对职业培训机构的巨大需求。应用技术大学主要培养学士和硕士，不具备培养博士的资格。培养的目标是使学生有一定的理论基础，更重要的是能够应用所学知识解决现实问题，成为能够将理论与实践相结合的"桥梁式的人才"[①]。据统计，德国的应用技术大学培养了德国社会中几乎全部的社会工作者、三分之二的工程师以及将近一半的企业经济和技术人才（李学林和刘碧辉，2020）。

近年来，德国意识到本国高校与世界顶级高校的差距，开始推行新的改革，实施"精英大学计划"，重点支持的"精英大学"中，传统的重视学术研究的理念被进一步强化，以提升德国高校的科学研究水平。但是与此同时，应用科技大学的地位在德国整个高等教育体系中并没有下降，规模反而越来越大，与"精英大学"齐头并进，德国高校坚持"学术与职业并重"的教育理念，形成了独特而完善的高等教育体系（张小桃，2011）。

以柏林工业大学为例，该校是德国历史最悠久的理工大学，是德国最著名的理工类大学联盟 TU9 中的一所大学。在欧洲理工类高校中享有盛誉，其很多工程、技术类专业水平位居世界前列，人才培养经验丰富，长期以来，为德国培育了大量工程技术及其他方面的人才。柏林工业大学致力于培养应用型人才，其人才培养目标可以概括为培养有教养的工程师，即学生毕业后能够胜任工程师工作，独立解决在工作中遇到的问题，同时是一名有教养的、遵守伦理道德规范的公民（外国教育丛书编辑组，1979）。柏林工业大学以此为出发点，设置课程体系，重视通识教育与专业教育相结合，培养学生的公民意识和

① 刘广明．德国高等教育的基本情况与新趋势．https://blog.sciencenet.cn/blog-359436-726832.html[2021-07-19].

创新精神，同时，以培养学生的实践能力为核心，满足社会发展对工程技术人才的需求。

3.1.3.2 德国高校课程体系设置

由于德国高校分工较为明确，不同类型的学校人才培养理念有所侧重，因而，课程体系设置会遵从各自的理念而有所差别。德国的综合性大学在20世纪70年代初开始建立，其特点是多学科、专业齐全，特别强调系统理论知识，教学与科学研究并重。德国的综合性大学一般设有工科、理科、人文科学、法学、经济学、社会学、神学、医学、农业科学及林业科学等学科，学制为四到六年（张小桃，2011）。

德国综合性大学的课程设置强调学术知识在现实场景中的应用，因而课程的内容以解决实际问题为主，为了便于学生理解和运用所学的知识，课程形式丰富多样，包括讲座、练习课、研讨会、实验课、实习等。德国的综合性大学非常重视教学与科学研究的统一性。一方面，科学研究人员会将最新的科学研究成果直接融入教学当中。另一方面，学校也会引导学生在开始学位课程之后，尽早地参与到研究工作中，德国很多高校和校外科学研究机构［亥姆霍兹联合会、马克斯·普朗克科学促进学会（简称马普学会）、弗劳恩霍夫应用研究促进协会（简称弗劳思霍夫协会）等］都有着广泛而深入的合作关系。此外，德国高校还注重通过实践学习来提升学生的综合素质，德国高校基本上都会与一些知名企业有着紧密的科学研究、生产、教育和经济联系，这为科学研究成果尽快应用于高校的教学实践提供了外部保障。据统计，德国高校90%左右的理工科学研究生都是在企业实习时完成学位论文的。事实上，很多学生的课题也会带动企业创新，为其产品研发与生产贡献力量。德国综合性大学的研究生成为企业与大学开展协同创新的联系纽带，这种模式促进了高校和企业间的沟通与交流，最终实现了产学研的良好结合。总之，德国综合性大学的课程设置注重教学与科学研究、知识与实践的统一，形成了利于学生学习、思考、实践和创新的体系。1997年开始，德国许多高校设立了国际学位课程。根据学制长短可分别获得不同学位。学习3年，考试合格获学士学位；在此基础上再修读3~4个学期可获得硕士学位。获得硕士学位的学生，如果成绩优异，经教授（博士生导师）同意，可以继续攻读博士学位。攻读博士学位一般需要3~5年。全日制高校每年两个学期：本年10月至次年2月为冬季学期，4~7月为夏季学期（杨涛和陈敏，2001）。

德国应用技术大学的专业设置主要是在工程科学、经济学及社会科学领域。其典型的职业领域为机械制造业、电子工业、交通运输业、建筑工业、纺织、印刷、木材及造纸工业。其专业设置还涉及其他领域，如企业经济、农业及农业工程技术、社会教育学、社会工作等（李杰等，2008）。德国应用技术大学的课程体系设置注重技术的应用性，这也和其注重学生职业发展的人才培养目标一致。整个课程体系的设置可以分为理论学习、培训和基础教育三个部分。德国应用技术大学可以自行设定教学计划，但一般课程设置都遵循以职业为导向、专业为主线的原则。然后围绕专业进行课程的整体设置，即便是基础课程，也要和专业相关。基础课程和专业课程交叉设置，并不严格按照"先基础，后专业"的时间次序来区分（李杰等，2008）。总的来说，德国应用技术大学会围绕专业，以模块来设置课程体系，先明确该专业从业者需要掌握的能力和技能，然后以此为基础设计核心课程模块和符合就业需要的课程。首先，针对专业能力培养目标，构建基础课程模块；然后，再精细到专业课程模块，以提高学生的专业水平；最后，设置跨学科的综合课程模块，培养学生的综合能力（应梦姣，2014）。

以柏林工业大学为例，该校设置了人文、经济、社会科学、自然科学、技术等多个学院，形成了完备的技术课程体系，开设的各种课程超过50个（杨文斌，2012）。作为一所应用技术大学，柏林工业大学的课程设置紧密结合实践需求，以学生掌握实际技能为出发点，同时根据社会发展及时调整课程内容，不断对课程内容进行改进与更新。

以柏林工业大学劳动教师教育课程体系为例，该课程体系的三个主要方向为经济、职业发展和家政服务。本科阶段的课程主要分为三个模块，分别是专业基础课程模块、专业核心课程模块、论文与见习模块。其中，在专业基础课程模块，课程主要围绕学科教学理论、基础专业知识、教育科学与语言训练展开。专业核心课程模块主要提供深度课程，学生根据个人兴趣和未来职业规划选择相应的深度学习课程。在论文与见习模块，学生需要提交毕业论文，并参与为期大约一个半月的教学实习，以及为期大约两个月的企业实习（任平，2020）。

3.1.3.3 德国高校教学组织与管理

德国高校是采取"宽进严出"制度的典型代表，德国高校入学没有统一的考试，只需要得到入学资格认可，另外，除了极少数的热门或者需要特殊的教学条件的专业外，德国高校招生不受名额限制，因而在德国很多人都有进入高校学习的机会。在入学条件宽松的同时，德国高校的毕业条件相对严格，学生的淘汰率很高，这在一定程度上保证了德国高校的人才培养质量，使得其学位的含金量很高。

德国高校沿袭学术自由传统，在人才培养上体现尤为明显。无论是教师在教学上，还是学生在学习中，都有很大的自由。一般来说，德国高校的各专业并没有统一的教学计划，也通常没有固定的教材，只对一两门必修的基础课程有所要求。一般只有教授才有资格开设大课。学生可以根据自身兴趣爱好和未来发展规划自行选择课程。在课堂教学中，一般也会以学生为主体，教师非常重视学生的参与和互动，会采取讲座、讨论课等多种灵活的教学方式，课堂氛围相对轻松。此外，德国高校在课堂之外，给学生提供很多训练和实践的机会，对所有学生开放一般的实验室。

德国高校的考试形式也是灵活多样的，除了常见的笔试以外，讨论班的证书、家庭作业、课程设计和实验报告等都可以作为结课的证明材料。还有一部分课程选择口试，由学生和老师在约定时间完成，因而上百人的课程，只剩下几个人选择参加最后的笔试在德国高校里是比较常见的情况。德国高校的考试基本不会划定范围、难度也比较大，需要学生自己准备大量的材料，这也是其"严出"制度的表现之一（张小桃，2011）。

德国高校在人才培养方面，强调为学生学习服务的核心思想，很多高校设有相应机构为学生提供教学指导和咨询服务。咨询内容包括入学之初的专业选择、学习过程中的疑难解答，以及生活上的心理问题等，甚至还会安排高年级的学生一对一地为低年级学生提供个性化的学习支持。

柏林工业大学的课程模块有着标准化的结构和设计，同时不同的课程模块之间有相互贯通的关系。学生在老师和其他相关人员的指导下选择不同的模块学习。在具体的教学过程中，柏林工业大学的教师能够紧贴实践，时时不忘以培养学生的实际应用能力为宗旨。即便是在理论教学过程中，仍然能够不断补充真实数据，用真实数据验证理论模型（杨文斌，2012），采用多种教学形式，帮助学生理解消化所学知识，比如研讨班、主题辩论、项目设计、情景模拟等。学校与很多企业建立了合作关系，邀请企业到学校开展讲座等活动，了解企业对人才的需求，同时鼓励学生在学期间参与企业实习。学校设有专门的"创业中心"，为学生创业提供一定的资金支持，必要时也会选派教师进行创业指导（李培培和张晶，2017）。

3.1.3.4　德国高校教学评价

教学评价是德国高等教育评估的三个主要组成部分之一，另外两个分别是科学研究评价和教授资格评价。评估的对象主要是学科、院系等等。教学评价的内容主要涉及专业的教学条件、教学内容、教学管理、教学过程、师资队伍、就业机会及专业的优势、学校的特色等。具体的评价指标可能包括：实验室及计算机中心的装备、学生等候实验及学术考察等教学活动的平均时限、图书馆，专业课程数量、深造与进修课程的数量、课程的特色、课型类别，教学与科学研究、社会生产以及学生就业的联系、学习年限、每位教授辅导学生的平均数，与企业合作的类别与数量、在校生数量、毕业生数量，国际交流项目和学科内部对课程改革、教学评估及发展新课程所做的努力等（吴艳茹，2008）。

德国高校的教学评价一般每五年进行一次，一次完整的评估可以分为内部评估、外部评估、评估结果执行和后续评估。在具体执行上，可以分为学校自评、评估组进校评估、评估组提交结论报告、院系就报告开展讨论并提出书面意见、评估机构提交最终评估报告五个阶段（吴晶，2011）。内部评估主要在高校的院系内进行，需要被评估对象准备参与自评的材料，根据学校提供的评估指导方针撰写自评报告，并上交学院，最后由学院提交至校董会。在内部评估中，评估结果并非完全依照被评估单位提交的材料得出，一般学院在评估时，还会参考学生评估结果，做出对教学效果的评估结论。外部评估主要是由

Investigation on the functions and development performance of higher education institutions in China

专业机构来组织，由评估专业人士和同行专家出具评估意见。在外部评估的准备阶段，评估专家小组会审阅由学校提交的内部评估报告，据此制定后续评估的方法。在同行评议阶段，评估专家小组会来到待评估对象所在高校，主要通过访谈和实地考察的方式来确认评估内容。而后，评估专家小组会进入到讨论阶段，形成初步意见并与该校进行沟通。最后，依据前三个步骤得到的评估结果撰写最后的评估报告。高校的院系会根据最后的评估报告提出的意见与建议，制定具体的教学规划与改进措施，并将具体的规划与相关报告提交至学校。评估结束后的 5~8 年的时间里，学校还会针对改进情况组织后续评估（吴艳茹，2008）。

目前，德国已经成立了若干个地区性的评估机构，负责教学评估的实施（徐理勤，2008）。在内部，德国的很多高校各自设定教学质量管理目标，主要的负责人一般是主管教学的副校长，再由副校长确定具体的管理部门或负责人，学院一级的负责人通常是主管教学的副院长。校院两级共同管理监督教学的组织与实施。

在德国高校的教学评价中，评估对象一般为学科或者院系，很少针对整所高校或者个人。德国高校的教师自有一套晋升系统。根据德国《高等学校总纲法》，德国大学专职教师分为教授、助教、合作教师和特殊任务教师四个层级，并且等级森严，教授是一个学科领域（讲席）的组织者和执行者，是大学教师职业生涯的最高阶段[1]。教授负责决定开设何种课程，并且有权决定其所辖范围内的人员和资金的配备使用。因而，德国高校的教授聘任制度非常严格，最终任命权在州政府，一般只有在有空余席位时，高校才会根据专业需求来从校外聘任教授（孙淑芹，2000）。在正常情况下，要得到教授职位，必须经历多次严格的考试和筛选，必须在大学毕业后再获得博士学位和教授备选资格（蔡蕾，2016）。在德国高校中，助教一般已经具备独立从事科学研究的能力，并需要承担一定的教学任务，必须在 6 年的聘用期内通过评估获得教授备选资格，根据规定，他们只能被聘为除目前工作单位以外的高校的教授。合作教师是指在教学和科学研究领域与教授合作的人员。特殊任务教师是德国高校或研

---

① 刘广明. 世上最为严格的德国大学教师专业发展制度. https://blog. sciencenet. cn/blog-359436-733029. html [2021-07-19].

究所选聘的合同教师，他们一般具有丰富的实际工作经验或具有一定的专业特长，是某专业的专家[①]。针对这些教师，德国高校并没有特别明确统一的评估方案。

以柏林工业大学为例，该校教学评价以结果为导向。以劳动教师教育课程教学评价为例，其教学评价由三部分构成，分别是课程实施前评价、课程实施中评价和课程实施后评价。课程实施前评价，主要针对课程设置的合理性进行评价，包括预定目标、授课内容、授课方式、评估体系等。课程实施中评价主要针对教学效果进行监督。课程实施后评价主要通过不同的考核方式，通过学生的学习成果检验教学成果。

同其他德国高校一样，柏林工业大学的教学质量需经过德国高校专业认证与质量保障中心（Agentur für Qualitätssicherung durch Akkreditierung von Studiengängen，AQAS）的高等教育质量评价（任平，2020）。

3.1.4 日本高校人才培养体系

3.1.4.1 日本高校人才培养理念或目标

随着时代的发展，日本的高等教育和本国经济社会的发展阶段不断地进行着变革，高校的人才培养理念也随之进行过几次比较大的调整。第二次世界大战结束以后，随着20世纪60年代日本经济的急速恢复与发展，高等教育开始进入大众教育阶段。日本可以说是完全否定了之前的教育理念，转而模仿美国的教育制度，同时颁布了《教育基本法》和《学校教育法》，规定日本教育的目的是"以陶冶人格为目标，培养出和平国家和社会的建设者，爱好真理和正义，尊重个人价值，注重劳动与责任，充满独立自主精神的、身心健康的国民"，致力于培养尊重个人尊严、追求真理和希望和平的人才（刘春红，2008）。20世纪70~80年代，日本经济发展较快，由原来的"追赶型"经济发展模式调整为以"科技立国"为目标的经济发展模式。与此同时，为了适

---

① 刘广明. 世上最为严格的德国大学教师专业发展制度. https://blog.sciencenet.cn/blog-359436-733029.html [2021-07-19].

应新的经济发展目标，第三次教育改革也开始实施。此次改革提出，21 世纪日本新的教育目标是："培养心胸宽广、体魄强健、富有创造力的人，具有自由、自律和为公共利益服务精神的面向世界的日本人"（徐征，2006）。教育改革的原则为"重视个性的原则，向终生教育体系过渡，适应国际化、信息化等时代变化"（刘正发，2005）。在日本新的教育目标的大框架下，当前日本高校的人才培养理念是致力于培养在未来科技研发领域敢于挑战未知、富有开拓精神和创造力的研究学者和专业技术人才（张画眉和李成东，2009）。为了适应知识经济和信息时代的发展，日本高校注重培养学生的创新精神，也有很多高校的"职业需求导向"明显。具体说来，日本高校的人才培养理念可以分为三个层次，分别是培养创造型、解决问题型人才，培养高度专门化的职业人才和培养活跃于国际舞台的"国际人才"（张艳博，2011）。总之，日本高校的人才培养理念并不是一成不变的，而且不同时期提出的理念的共同特征均紧跟时代的发展，满足日本社会的需求。可以说，日本高校在调整人才培养理念方面，非常善于创新，并且能够注重实效。

以东京大学为例，该校创建于 19 世纪 70 年代，历史悠久。东京大学在 2021 年泰晤士高等教育世界大学排名中位列第 36 位，位列日本高校第 1 位，是日本的顶尖高校。东京大学学科门类齐全、规模庞大，为日本各界输送了大量人才。作为日本的"旗舰大学"，其人才培养理念和成果为世界高等教育提供了很好的案例（胡永红和罗先锋，2020）。

东京大学强调人才培养的目标是不断创新并传授知识，为促进社会发展培养优秀的人才。始终强调人才培养的高水平和高质量，致力于成为世界领先的综合性高校。东京大学始终贯彻学术自由、追求真理和创造知识的理念，稳中求进，力图在教授基础知识的同时，向学生传授最前沿的知识内容。

3.1.4.2 日本高校课程体系设置

按照资金来源、管理主体的不同，日本高校可以分为国立大学、公立大学和私立大学，这三类学校按照日本 1991 年颁布的《大学设置基准》，分别进行了不同程度的课程改革。2013 年 3 月日本文部科学省依据《学校教育法》对《大学设置基准》进行了再一次的修订。新的标准废除了日本高校的"二·二分段"的课程模式,建立起"四年一贯"的大学课程体系,并且不再把基础课程与专业课程截然分开,只规定了最基本的课程设置要求,即"大学应当开设为达到本大学、学部、学科或课程等的教育目的所必需的教学科目,系统地编制课程"(张晓鹏,2004)。因而,日本高校可以在国家最基本的课程设置标准范围内,自主地设置课程。尽管不同的高校根据自身的培养目标与定位确立了不同的课程体系,但是变革之后,日本高校的课程体系设置仍然存在某些一致性。多数高校的课程强调学生教养的养成,内容多样,紧密联系时代主题、社会实践和学生个人实际,注重学生主体性的发挥,其中的跨学科和综合性课程很受关注(张富生,2010)。

改革后,日本很多高校的综合课程大量增加,其课程体系主要包括公共基础课程、综合课程、专业课程、开放课程四大类。公共基础课程分为几大系列,每一个系列之下又分为若干个主题课程。例如,基本主题课程分为科学与信息、日本与现代社会、教育与健康三大系列。科学与信息系列又有信息与社会、环境与人、生命与信息等若干个主题课程。综合课程分为自然科学、人文科学、社会科学、复合课程和一般教育课程(张爱梅和刘卫萍,2004)。自然科学中包括数学、物理、化学、地理、天文、生物等;人文科学中有理论学、哲学、伦理学、教育学、语言学、宗教学、风俗学等;社会科学分为社会学、社会思想、社会福利、战争与和平等;复合课程中设立了漫步历史、从地理学出发、环境问题的思考、自然灾害与人间等。专业课程中增加了专业介绍、特点、发展史的课程,主要包括专业课程、相关专业课程、专业基础课程、基础课堂讨论等五类。开放课程是指各个专业开设的专业课程中允许其他专业学生选修的部分课程(张爱梅和刘卫萍,2004)。

在课程类型上,除了增加了许多跨学科、综合性课程外,日本的很多高校还开设了志愿服务课程、创业课程、教养课程以及特色课程。志愿服务课程已被一些高校纳入教学计划;创业课程为高校为支持学生创新创业而专门开设的课程;教养课程主要以培养学生的综合素质和实际操作能力为目标;此外,部分高校会加强本校优势专业的课程改革,如聘请专家讲授本领域最新科学研究成果或专业知识等,以此来凸显该校的特色(陈俊英,2004)。

日本高校在实施"四年一贯"的课程体系的过程中,一般采用如下课程

Investigation on the functions and development performance of higher education institutions in China

模式来安排课程：楔子型、对应组合型和主修辅修型。所谓的楔子型是指将普通教育与专业教育课程交替安排，基础课程逐步减少，专业课程逐渐增加；对应组合型是指将新开设的基础课程与专业课程分别与之前的课程进行组合，编制成不同类型和层次的教育科目（黄福涛，2001）。另外，为适应社会经济发展的需要和时代的要求，日本高校会不断增设新兴学科，比如在课程设置中增加了信息技术教育以及外语教育的比例。除了课堂上的内容外，很多高校安排了与课程相关的丰富多彩的课外活动，与课堂教学相得益彰。一些高校建立起不同学科领域的俱乐部，供学生交流，主要涉及学术领域、艺术和文化领域、体育领域等，还有一些高校虽未亲自建立俱乐部，但对学生自主建立的俱乐部予以指导和支持。除此以外，部分高校还开设司法考试、公认会计师考试、国家公务员考试等课外教育应试讲座，并以这些讲座为中心并行开设了其他多种课外讲座，以此配合和补充课堂教学内容（张艳博，2011）。值得一提的是，在教学内容的安排上，之前日本高校的学生刚入学时必须先在教养部学习一般教育课程，但一般教育课程的大班教学形式和教学内容与高中所学的内容有许多相同或相似之处，而与他们所学习的专业领域有较大的差距等问题，会影响到学生学习的积极性，甚至影响到学生在整个大学期间的学习（黄勇荣，2008）。针对以上问题，一般高校的做法是在课程设置时，将大学的课程与高中的学习内容结合起来，充分地考虑高中教育的多样化；或者是针对新生开设小班基础研讨课程等。

例如，东京大学的课程大类可以分为通识课程（教养课程）与专业课程。通识课程主要包括基础课程、扩展课程、综合课程、主题课程。基础课程分为文科和理科，各设三类课程，旨在让学生掌握基础知识，为后续专业学习做好准备；扩展课程在基础课程的基础上进一步加大课程内容学习深度，目标是让学生掌握一定的科学研究理念和方法；综合课程主要是提供现代共有知识框架内容，旨在培养学生的综合分析和理解能力；主题课程主要包括学术讲座、自由讨论、国际培训和其他课程（隋毅等，2019）。专业课程，主要是在接受通识教育之后，要学习的专业领域知识和技能课程，旨在培养具有一定专业水准的高质量毕业生。

日本几乎所有的高校都实行学分制，取得学位的要求是学生要在规定的年限修满最低学分并且通过毕业论文答辩。按照不同的课程要求，日本大多数高校的课程可以分为公共选修课、专业必修课、专业选修课和一般教养类选修课等。课程种类的设置比较充足，学校在制定某学科某专业的教学计划或培养方案时，会按照一定的比例，在必修课和选修课的课程科目中开出数量众多的课程，其中专业选修课程设置得更多，且主要集中在大学二年级和大学三年级阶段（刘正发，2005）。课程选择是开放式的，学生可以根据自身兴趣以及未来发展需求自行选择，其中，必修课的科目也是由学生自主选择的。为了方便学生选课，每学期开始之前，一般学校的教务处会给每位学生发放可供选择课程参考的指南，让学生从中了解本学期将要开设的课程、大致的教学内容、期末成绩的评价方式和任课教师情况等（魏淑丽，2009）。

3.1.4.3 日本高校教学组织与管理

新的《大学设置基准》实施后，日本国立高校对原来负责通识教育的教养部实施改组或撤销，改由学校统一管理，同时协调全校各学部共同参与通识教育的管理。对原来教养部进行改组的方式主要有以下四种：①取消教养部，将原来教养部的任务、功能划转到有关的学部；②将教养部与有关学部合并，成立新的学部，共同承担原来两个学部的任务；③保留教养部，但改革原教养部的功能；④独立设置新的学部，取代教养部，承担高校基础教育和新设学部专业教育的任务（江涌和冯志军，2005）。

除了课程体系设置，日本高校的教学组织与管理方式也有了比较大的变化，为提高教学质量，日本高校在授课方式上进行了改革。总的来说，日本高校的授课是以学生为教学的主体，充分尊重学生的学习自主性。日本高校的授课计划会提前向学生公开，并要求教师撰写教学大纲以及教学计划。部分高校还会据此编制学习指南，介绍课程的教学目标、教学内容、考核方式以及参考资料等信息，供学生在自主选课时参考。在正式选课之前，日本高校的学生还可以试听课程，任课教师一般会向学生阐述本课程设置的目的、大致的教学内容以及期末成绩的评价方式等，学生一般在一周内进行选择即可。

相比较而言，日本高校的教学氛围比较宽松自由，行政管理方面对高校的教师和学生的约束都比较少，只是为师生提供服务。日本高校的课堂教学方式非常灵活，重视动手、动口、自学和启发式教学。教师在课堂上讲授的时间比较少，与学生互动比较多（彭春丽，2008）。课程的教授内容和时间管理都是依靠教师的自主管理。从学生层面来看，除了可以在课堂上自由发问与讨论外，学生还可以在不打扰他人的情况下，自由出入课堂，教师对这方面的约束通常也不是非常严格。日本高校在对学生的生活管理方面更为宽松，日本是典型的实行高校后勤管理社会化制度的国家，高校并不会为学生提供统一的住宿，大多数学生都是自己租房居住，学校本着尊重学生隐私的原则，并不会过多干涉（刘正发，2005）。

在课堂教学之外，实习也是日本高校的教学组织常用的手段。学校教育的实习环节很注重实际效果，要求每一位学生必须到除本校以外的企业、科学研究院所或者事业单位从事实习活动，并在汇报会上报告实习情况，在实习结束时还要向学校提交实习报告材料，教师会据此给出学生实习成绩并进行现场提问考核（李丹，2013）。

总体上说，日本高校对学生学习成绩的评定更加重视学生的创造力和理解力。在期末考评时，以学生提交的课程论文及实验报告等为主，辅以开卷考查等。但是最后的考核也颇为严格，对学生成绩实施等级评价制度，导入 GPA[①]制，学科的评价标准由多个教师进行协商以达成一致。学习成绩按 5 个等级（A、B、C、D、E）评定，达到规定水平方予以毕业。对在一定期间内没有达到一定成绩基准的学生予以休学劝告、退学劝告的处理（袁本涛，2002）。为了确保学分认定的客观性和严格保证高校的教育成果，不少学校设定了学生每学期选修学分的上限以及学生在一年或一学期内可获取学分的上限，防止学生过多地选修课程（高有华和王银芬，2009）。还有一些日本高校开设了"自我实现"课程，该类课程并非由学校来授课，而是允许学生通过其他时间的学习，取得社会认可的成绩，像资格证书、获奖证书等，学校会根据这些证明材料来评定学生这门课的成绩。日本部分高校之间也会互相承认学生在其他高校修得的学分，1998 年，日本大学委员会发表了"二十一世纪转型期的大学：改革计划"，提议为学生到其他学校选课或者转到其他学校学习提供便利。部

[①] 平均学分绩点（Grade Point Average，GPA）。

分高校签署学分互换协定，使学生有更多的选择和学习机会，这种做法使得"一考定终身"的情况有所改善（张艳博，2011）。

以东京大学为例，在课程设置方面，东京大学的特点是，必修课程比例相对较小，学生可以跨年级、专业自由选课，自主权很大。东京大学本科生教育的两个鲜明特点是"专业推迟"和"早发现"（隋毅等，2019）。所谓的"专业推迟"，即本科学生入学后前两年为接受通识教育阶段。学生在二年级明确专业方向，三、四年级开启专业领域课程的学习阶段。"早发现"是指东京大学的本科生在接受通识教育阶段就可以通过主题课程的学习，也就是专题讲座等形式了解不同领域的学习内容和发展动态，为专业课程的选择打下基础。

东京大学的教学方式灵活多样，除了传统的老师讲、学生听的模式，还有以学生发言为主，老师最后做点评的"演习"模式，以及课程规模较小的讨论课模式。课程组织以调动学生的积极性、培养其自主学习能力为主。很多课程安排需要学生在课前查阅资料，做大量的准备工作，变被动学习为主动学习，更利于其创新思维和学术能力的培养（袁川，2017）。

3.1.4.4　日本高校教学评价

日本高校建立了多元化的课程评价体系，根据评价主体的不同，可以分为内部评价与外部评价。内部评价主要是指高校就自身的教育与管理情况实施自我评估。教师和学生都可以对课程设置、教学内容、授课方式、考试制度、教学设备与管理、人事制度等方面提出意见和建议，然后汇编、整理成每学期的"自我评估结果报告"，提供给学校，为学校制定策略、方案、规划、改进工作等措施提供参考（黄勇荣，2008）。日本的高校很重视学生对教师课堂教学的评价，许多高校采取问卷调查的形式组织学生评价教师的教学，不但把学生的评价结果反馈到教学中去，还按学期录制成录像带或装订成年终报告书向学生和教师公开发表（高有华和王银芬，2009）。外部评价是日本高校委托第三方机构对本校的教学和管理情况做出评价。评价结果得出后，许多高校会发布"大学白皮书"向全社会公布检查和评估信息，如学习环境、学生的知识能力水平、毕业生就业情况、大学研究课题、大学的财务状况等，并请全校师生、社会各界人士、学生家长提出意见和建议，以帮助进一步改善学校的各项工作

（黄勇荣，2008）。

日本 2013 年新修订的《大学设置基准》对日本高校的教授和其他教师的资格进行了明确的规定。日本高校的教授"需具备博士学位，或被认定具有与博士相当的研究业绩者；在大学里任教授的教师；在大学里任过副教授并被认定具有教学业绩者"。其他教师的资格（副教授、讲师、助教、学科助手）评定需结合学科以及专业领域的影响力等多种因素进行（韩阳，2012）。从 2007 年起，日本高校的教师职称进行了名称的调整，将原来的"教授、副教授、助手"改为"教授、准教授、助教"。同时，在教授和准教授的评估要求中增加了"具备特别优秀的知识、能力以及实绩者"。日本高校教师一般每三到四年需要被评估一次，如果助教在三四年内没有得到提升的话就会被解聘（邱秀芳，2010）。在评估之前，学校会公布晋升职位的名额和条件，教师需要经过学院或者教授的推荐才能进入最后的评审程序，由高校评议会集体决定是否晋升。考核主要依据学历条件、任职年限以及教学和科学研究工作业绩（常雷朋，2006）。因而，日本高校聘用教授的程序也相当严格，学校会公布招聘人数及条件，本校或其他人员都可以递交申请材料，评议会会逐个审查，决定最后的任命人选（刘国军，2015）。

3.2　我国高校人才培养体系

随着我国社会经济的不断发展，我国高校的人才培养也在发生着变化。按照不同时期人才培养重点的变化，可以分为以下几个阶段。

中华人民共和国成立伊始，我国高校的人才培养工作以"教学为中心"开展（王策三，2008），人才培养的主要任务是从上至下传授知识，高校教师是人才培养体系的核心。20 世纪 70~80 年代，随着研究生制度的恢复，科学研究在高校中日渐得到重视，直至确立为大学的基本职能，由此引发了高校人才培养职能与科学研究职能孰为中心的争论，人才培养工作受到一定影响。20 世纪末 21 世纪初期，我国高等教育的入学率大大提高，毛入学率达到 15%（王松婵和林杰，2019），高校人才培养任务加重，再次引发了人才培养工作重心的讨论，一度有人提出了人才培养工作"以学生为中心""以学习为中心""以学习过程为中心"的"新三中心"论调（刘献君，2012）。至 2005 年，关于高校人才培养工作的政策指向进一步明确，教育部印发《关于进一步加强高等学校本科教学工作的若干意见》，确立了人才培养是高校的根本任务，质量是高校的生命线，以及教学工作在高校的中心地位。随着一系列政策文件的发布，高校的人才培养工作更加注重人才培养质量，人才培养工作再次回到"教学中心"。到了 2015 年，国务院印发《统筹推进世界一流大学和一流学科建设总体方案》，提出了培养拔尖创新人才的建设任务，突出了人才培养的核心地位。人才培养的任务更加具体——培养具有历史使命感和社会责任心，富有创新精神和实践能力的各类创新型、应用型、复合型优秀人才。

3.2.1　我国高校人才培养理念或目标

我国高校人才培养理念是随着历史的演进和社会的发展不断变化的。当前我国高校人才培养的基本理念都会遵从国家政策层面的基本指导。2010 年 5 月 5 日国务院常务会议审议通过的《国家中长期教育改革和发展规划纲要（2010—2020 年）》指出，"牢固确立人才培养在高校工作中的中心地位，着力培养信念执著、品德优良、知识丰富、本领过硬的高素质专门人才和拔尖创新人才"，以及"优化学科专业、类型、层次结构，促进多学科交叉和融合。重点扩大应用型、复合型、技能型人才培养规模"。党的十八大报告提出，要"统筹推进各类人才队伍建设，实施重大人才工程，加大创新创业人才培养支持力度，重视实用人才培养，引导人才向科研生产一线流动。"

当前，我国各高校几乎都以"厚基础、宽口径"为人才培养理念，更加注重培养为社会服务的应用型人才，并配合中国当前的经济调整目标，培养创新创业人才。不同高校在具体的人才培养目标上会遵从基本的理念，存在共同特征，也会由于历史与现实情况各有不同，而有所差异。1949 年以前，我国高校的本科教育一般以培养"通才"为主，通才教育是人文主义关于个性自由发展和个人全面发展理想的体现，主要培养具有广博的知识结构和扎实的知识基础的人才。中华人民共和国成立后到 90 年代中期，因为经济发展情况与社会需求，我国高校开始以培养"专门人才"为主。1997 年开始，我国高校开始大规模扩招，教育模式从精英化转为大众化，人才培养思路也随之发生变化。1999 年中共中央、国务院颁布了《关于深化教育改革全面推进素质教育的决定》，指出"当今世界，科学技术突飞猛进，知识经济已见端倪，国力竞争日趋激烈。教育在综合国力的形成中处于基础地位，国力的强弱越来越取决于劳动者的素质，取决于各类人才的质量和数量，这对于培养和造就我国二十一世纪的一代新人提出了更加迫切的要求"。各高校在本科教育活动中对其人才培养目标进行了相应的调整和改革。

以我国部分高校为例。北京大学人才培养的总体目标是为国家和民族培养具有国际视野、在各行业起引领作用、具有创新精神和实践能力的高素质人才。清华大学的人才培养目标是培养"高层次、高素质、多样化、创造性"的人才，强化"厚基础、重实践、求创新"的人才培养特色，通过富于启发和挑战性的通识与专业学习及实践，使学生的天赋潜能、人格修养及社会化品质得到全面发展，成为崇尚科学、追求真理、视野广阔、基础宽厚、勇于探索，能够承担社会责任，德才兼备的治学、治业、治国英才，服务民族复兴，造福人类社会。中国科学技术大学提出以人才培养为核心，以立德树人为根本任务，加快推进人才培养模式改革，不断提高人才培养质量，在本科生人才培养中，强调尊重个性、育人为本。南京大学的人才培养目标是培养适应时代发展特征，引领社会主义经济、科技、社会、文化建设和发展需要的具有创新精神、实践能力和国际视野的各行各业未来领军人才。我国现阶段不同高校人才培养目标的界定有所不同，但基本都包含了政治思想品德和业务两个重要方面，并且在政治思想品德方面的要求几乎一致，在业务方面略有差异。与国外的高校相比，我国高校人才培养目标是针对"所有人"的统一教育，而不是针对"每个人"的个性化教育。相对来说，对个体的需求关注没有那么多（张兄武等，2011）。我国高校的人才培养理念表述相对模糊，因而看起来高校之间的人才培养理念有一定的相似性。我国高等教育发展理念现在正经历一个过渡期，工具化和缺乏自主性的教育理念已经得到越来越多的关注和反思，更多的人开始努力寻求更新的适应时代发展的高校人才培养理念，并且已有部分高校开始践行。

3.2.2　我国高校课程体系设置

高校的课程围绕人才培养目标设置，是高校发挥人才培养职能的有力支撑。因此，在不同的时期，我国高校的课程设置随着人才培养理念和目标不断变革。20世纪50~80年代，我国发起高等教育改革，"以苏联的大学制度为蓝本，在大学体制、结构、教育、教学等各个方面对旧的大学制度进行了根本的改造，由此建立了全新的社会主义大学制度"（胡建华，2001）。本次改革构建了以单科大学为主、文理科综合性大学为辅的大学体制；同时建立了有计划地培养适应发展需求专门人才的课程体系，这一课程体系的本质性的特点一直延续至今（胡建华，2007）。

20世纪80~90年代中期，高校课程体系基本上延续了计划经济时代的特征，教育部在大学课程设置上发挥着指导作用，有些课程的开设仍然是全国统一的（胡建华，2007）；在学生入学之初，4年所学课程已经被有目的、有计划地安排好，不会轻易发生更改；所学课程依据专业培养目标，按照一定的顺序被有逻辑地组成一个体系，由基础到专业、由浅入深、由易到难是课程体系化的基本原则，教授顺序为基础课、专业基础课、专业课（屈喜琴，2011）。在这一时期，国家制定了刚性统一的教学管理制度，执行全国统一的教学计划，实施统一编制的教学大纲。对课程的培养目标、教学内容、教学方法、实验的课时、安排等作了明确统一的要求（王建惠，2010），形成了以学科为中心的课程体系，有了自己编译的教材，在课程的设置形式上以学科为主，按学科逐步深入细化组织课程（吴湘，2010）。

20世纪90年代中期之后，我国高校的办学自主权得以扩大，招生人数持续增长，大学课程体系的改革与发展进入了一个新的阶段。高校的课程体系开始由本校自主决定，但所有的高校都还保留由教育部规定的思想品德教育课程；高校课程体系所包括的学科和知识内容开始增加，多数高校开始通识教育；选修课在整个课程体系中所占的比例开始增加，学生学习的自主空间变大（胡建华，2007）。

我国高校目前实行的是沿袭已久的传统的分科课程模式。课程体系基本上都是围绕着专业来安排，专业基础课—专业必修课—专业选修课，以学科划分为依据，展示学科内最基本的概念和理论的知识体系框架，因而在课程内容上，以学科基本知识和基本技能作为核心依据，教科书的编排也严格遵循知识的逻辑体系，课程内容相对陈旧，缺少相应的国际研究前沿信息。课程目标是

Investigation on the functions and development performance of higher education institutions in China

预先设定好的，相对来说比较单一（王建惠，2010）。

但是，我国高校课程体系的改革一直在进行中，并且已经取得了一些成效，以北京大学为例，按照学生修读课程的学分性质，可以分为必修课和选修课；按照课程所面对的学生，可以分为全校课程、跨院系的大类课程、院系课程和专业课程；按照学校课程体系建设分类，可以分为政治理论课、体育课、大学英语课、计算机基础课、军事理论课、通选课、公选课、大类平台课、主干基础课、院系课和专业课。其中，必修课是教学计划规定必须学习的课程，包括公共必修课和专业必修课两类。公共必修课是全校本科学生都必须学习并达到一定学分要求的课程，如政治理论课、大学英语课、体育课、军事理论课（含军训）等；专业必修课是专业教学计划规定必须学习并达到一定学分要求的课程。选修课是学生根据教学计划要求和个人兴趣选择学习的课程，包括专业选修课、通选课和公共选修课。专业选修课是在专业必修课的基础上，该专业领域内可选择学习并达到一定学分要求的课程，是对专业基础知识的进一步深入和扩展。通选课是面向全校本科生开设的跨学科通识教育课程，学生可根据个人兴趣在各领域内进行选修，旨在使学生了解不同学科领域的学术特点和研究方法。这类课程有总学分要求，还有分领域的学分要求。公共选修课也称任选课，是学校开设供全校本科生根据个人兴趣选修的课程，也可以是其他专业的基础课程，这部分课程没有规定的学分要求[①]。

北京大学的新生在入学时都会接受选课指导，各院系要向学生公布本院系各专业教学计划和各类课程学分要求，指导学生做好学习规划和学期选课计划。学生需要在每学期规定的期限内进行课程预选、退课、补选等。北京大学在低年级以通识教育为主，特别是一年级只安排少量专业基础课；二至四年级实行宽口径的专业教育，以专业学习为主。除大学英语1~4级、部分有先修课程要求的专业课和有特殊要求的课程外，其他课程正在逐步实现滚动开课，学生可在四年中的任一学年或学期选修。

---

① 北京大学. 北京大学本科生选课管理规定与办法（2021年6月修订）. http://www.dean.pku.edu.cn/web/rules_info.php? id=17［2023-02-24］.

3.2.3　我国高校教学组织与管理

目前，我国的大部分高校实行学分制管理，学分制最早在我国正式推行是在1918年，由蔡元培在北京大学实行，之后几经波折逐步得到中央的支持和高校的认同。仍以北京大学为例，其本科教学实行弹性学习年限，教学计划安排以四年制（个别专业为五年制）为基准，学生在校学习时间（不含批准的休学、保留学籍的时间）为四年（个别专业为五年），修满教学计划规定的必修课学分和选修课最低要求学分，方可毕业；四年（个别专业为五年）期满，未完成教学计划规定学分的学生，根据具体情况按学籍管理细则相关规定处理。提前修满规定学分的学生，可申请提前一年毕业。

为保证学习质量，北京大学规定本科生主修专业每学期选课量为14~25学分，个别学有余力的学生（GPA>3.7）经申请，教务部批准后，可适当超过25学分的上限，但一般不超过30学分。体育特长生主修专业选课一般不超过17学分。辅修/双学位专业每学期选课量一般不超过12学分，主修和辅修/双学位的选课总学分一般不超过32学分，如有特殊情况，经学生所在主修院系同意可适当放开。

北京大学学生的选课有一定的自由，但和国外的一些高校相比，仍有一些限制，比如规定学生可根据教学计划总体要求、各类课程的学期教学安排和个人的学习能力、学习进度、健康状况及担任社会工作等情况，决定自己每学期可选读的课程。允许学生跨年级、跨专业选修课程（包括专业选修课和必修课）。与所属专业教学计划要求相同且同类的课程可跨专业选修；而跨专业选修与所属专业教学计划要求不同或不同类别的课程，只计入公选课学分。

在课堂教学中，教师集中精力讲解，学生安静听课，如果有疑问需要举手示意，待教师允许后发言，教师处于主导地位，这也是大多数中国高校课堂的普遍状况。教师讲授的内容一般都是围绕教材展开，逻辑严密，层层推进，学生一般也会按部就班地完成课前预习、课堂笔记、课后作业等环节。

对课业的考核，我国多数高校都是按照平时成绩和期末考试成绩加和计算的，一般会为考勤、作业成绩和考试成绩规定一定的比例，学校之间大同小异。北京大学规定，课程成绩不及格，应重新学习，重新学习的课程学分计入当学期选课总学分；重新学习课程的成绩记载按学籍管理细则相关规定办理。必修课不及格，必须重新学习并考试；选修课不及格，可以重新学习，也可以不重修而选修其他课程补足学分，但原不及格课程及成绩仍计入 GPA 和不合格总学分。

此外，北京大学还建有学术警告制度，每学期开学前一周，各院系教务部门进行学生成绩清查，对 GPA 低于 1.5 者或不及格学分累计达到 10 学分者或必修课出现重修 1 次不及格者给予学术警告，成绩管理系统将自动在学生成绩库中生成学术警告标志。受到学术警告当学期，建议选课上限不得超过 18 学分，一学期后学习情况良好的，取消学术警告标志[①]。

3.2.4　我国高校教学评价

相比于我国高校的教学总体工作来说，高校的教学评价起步较晚。1985年，中共中央颁布《关于教育体制改革的决定》，国家教育委员会（现教育部）发布的《关于开展高等工程教育评估研究和试点工作的通知》明确指出要对教育进行评价，我国高等教育评价工作开始走向正规化。1993 年 2 月，《中国教育改革和发展纲要》明确指出了教育评价的地位和作用："建立各级各类教育的质量标准和评估指标体系。各地教育部门要把检查评估学校教育质量作为一项经常性的任务"，推动了我国高校教学评价工作的开展（唐忠和陈春莲，2015）。

北京大学本科教学评价工作由教务部负责，组织学生进行网上评价，遵循匿名评价、全体参与和分类评价原则，并将评价的结果向全校公布。最后的评价结果可以分为 A、B、C、D 四个等级。A 级是得分在 90 分及以上，B 级是得分介于 85~90 分，C 级是得分介于 75~85 分，D 级是得分少于 75 分。

考虑到学生的价值判断标准、教师要求的严格程度、课程性质、作业负担、班级规模以及学生填写问卷时的心理和态度等因素对评价结果的影响，各院系在以此评估结果为依据对教师实行聘岗、晋升和评奖之前，还会听取同行

---

① 北京大学. 北京大学本科生选课管理规定与办法（2021 年 6 月修订）. http://www. dean. pku. cn/web/rules_info. php？id=17[2023-02-24].

Investigation on the functions and development performance of higher education institutions in China

评价的意见，组织院系内部同行教师听课和教学观摩，并配合学生网上课程评价结果一起使用。对于评价为 D 级的课程，教务部教育教学评估室将邀请学校教授专家调研组深入课堂，探究低分原因，帮助其整改和提高。

北京大学还设立教学奖鼓励教学人员和教学管理人员，奖项需要教师自行申报，经由院系初审后报给学校，最后由学校的评审委员会确定最终获奖人选。获奖的条件包括完成教学工作量和学生评估结果优良等量化指标和热爱教学工作等定性要求，在同等条件下讲授基础课的教学人员会被优先考虑[1]。

3.3 经验启示与政策建议

人才培养作为现代高校最重要的职能，在世界各国的高等教育体系中均得到重视。从调研的 4 个国家的高等教育状况来看，这四个国家各自的高校人才培养工作已经形成体系，取得了令人瞩目的成就，有许多经验可供借鉴。总体来说，美国高校能够恪守"以人为本"的人才培养理念，学生在接受教育的过程中自由度较高，其培养的人才平均创造力和实际工作能力也得到认可。英国高校人才培养模式突出强调学生学习的自主性，面向市场，培养学生适应市场的专业化、职业化能力，承袭传统，重视学术，同时关注现实，服务社会。德国高校目前分类明晰，承担学术教育的综合性大学和承担应用技术教育的应用技术大学各司其职，德国的很多高校能够继承"洪堡精神"，并能不断积极寻求改革与进步。日本高校善于学习和模仿先进经验，同时结合本国实际情况，不断调整高校人才培养模式，是教育改革成功的典范，自始至终，日本的高等教育都有着为本国的经济发展服务的清晰目标。

3.3.1 经验启示

整体看来，美国、英国、德国、日本的高校人才培养体系在某些方面呈现了相似的特征，有一些相同的因素促成了其人才培养的卓著成果，值得关注，

① 北京大学. 北京大学本科学生选课办法及管理规则. http://dean.pku.edu.cn/notice/content.php? mc = 61611&id = 1377589812[2015-12-24].

可资借鉴。

1)"以人为本"的人才培养理念或目标

四个国家高校的总体人才培养理念均重视学生在人才培养中的主体地位，强调"以人为本"。因此，在制定具体的人才培养目标时，也都将个人发展和个性化的体现作为主要关注点，能够重视对人才创造性和实际工作能力的培养，并在实际的教学管理和课程设置中有所体现。美国的大部分高校践行"以学生为本"的办学理念，对学生在学习中的主体地位予以充分尊重，在学业上给予学生很大的主动权。英国高校继承了古典大学的自由主义人才培养理念，相信大学因"育人而存续"，形成了以学生为中心、以师资为基础、以服务社会为使命的人才培养理念。德国不同定位的高校承担不同的培养任务，人才培养目标有不同的侧重，但几乎所有的高校都很重视学生的个性发展，形成了严谨的学术与职业训练统一的人才培养理念和目标。日本高校的人才培养理念并非一成不变的，但不同时期提出的理念都能够紧跟时代的步伐和满足社会的需求，非常注重培养学生的创新精神，尊重个人价值。

2)"宽泛"与"专深"并举的课程体系设置

被调研的四个国家的高校课程体系设置总体来讲都可以分为必修课和选修课，在所有的课程当中都会设置种类丰富的基础课程。在专业课程的设置中，通常会设置与职业紧密联系的课程内容。例如，一般来说，美国高校的课程体系相对完善，包括基础课程、专业课程、研究方法课程、跨学科课程以及实践类课程等。大多数高校都会设置大量的基础课程，涉及的门类非常广泛。相应的专业划分也比较宽泛。英国各高校的课程一方面普遍强调基础理论，重视学生基础知识的学习；另一方面，不忘突出职业化教育的特征。德国综合性大学的课程设置强调学术知识在现实场景中的应用，因此课程的内容以解决实际问题为主，便于学生理解和运用所学的知识。改革后的日本高校大量增加了综合课程，其课程体系主要包括公共基础课程、综合课程、专业课程、开放课程四大类。

3) 自由灵活的教学组织与管理

在教学组织与管理方面，四个国家的高校都能做到以学生为主体，学生选课比较自由，课堂氛围较为宽松活跃，并且都设有专门的机构为学生提供学习与生活服务。例如，美国高校更加注重对学生思维方式和思考能力的培养，教师在教学中主要起到提示与引导的作用，在课堂上，教师会为学生的思考能力训练创造条件，很多高校设置了专门为学生提供服务的机构。英国高校的学生可以自主地选择自己的专业与课程，在转换专业方面受到的限制比较小。英国高校的学习组织一般较为松散，课堂上更重视学生的参与度。在英国高校课堂上，新颖的见解和独特的看法都会得到鼓励，教师与学生的地位比较平等。英国高校大多建有良好的学习支持系统。德国高校的学生可以根据自身兴趣爱好和未来发展规划自行选择课程。在课堂教学中，一般也会以学生为主体，教师非常重视学生的参与和互动，会采取讲座、讨论课等多种灵活的教学方式，课堂氛围相对轻松。强调为学生学习服务的核心思想，很多高校设有相应机构为学生提供教学指导和咨询服务。日本高校的授课也是以学生为教学的主体，充分尊重学生的学习自主性。教学氛围比较宽松自由，行政管理方面对高校的教师和学生的约束都比较少，只是为师生提供服务，而不干涉个人自由。

4) 系统的教学评价

四个国家的高校都会组织教学评价，但是大多并没有绝对统一的评价标准。教学评价均作为教师评价的重要组成部分。评价一般分为外部专家评价和校内评价，而且在校内评价中，学生的评价是教学评价的重要依据。在美国，高校对教师的教学评价并没有统一的标准，都是各州针对本州所有高校出台一套相对完整的评价标准。从来源看，大体可以分为四个方面，即自我评价、上级评价、同行评价和学生评价。从评价阶段来看，一般美国高校的教师每年都要接受年度评价，在晋升之前和申请终身教授资格时也要接受评价。英国对教师的教学成果评价则以专家评价为主，英国高校非常注重邀请校外专家来对其教学质量进行把控。除了在专业设置、课程大纲、考试等方面邀请校外专家提出意见和建议外，还会请他们对学生的学习效果、专业水平进行评价，将评价

Investigation on the functions and development performance of higher education institutions in China

结果作为教师教学成果评价的主要依据。德国高校的教学评价中，评价对象一般为学科或者院系，很少针对整所高校或者个人，德国高校的教师自有一套晋升系统。日本高校建立起多元化的课程评价体系，根据评价主体的不同，可以分为内部评价与外部评价。内部评价主要是指高校就自身的教育与管理情况实施自我评价，外部评价是日本高校委托第三方机构对本校的教学和管理情况做出评价。

3.3.2 政策建议

经过不断的改革与发展，我国高校人才培养也取得了不小的成果，但与科技发达国家的高校比起来仍有差距，有诸多可改进之处。

（1）应进一步树立"以学生为本"的人才培养理念并确立具体可行的目标。要树立"以学生为本"的人才培养理念，我国高校可以在实行通识教育的基础上更加重视学生的个性化发展。从深度和广度两个维度出发，在深度方面，要让培养的人才精通一个专门领域，能够走出独特的发展路径；在广度方面，所培养的人才应该了解不同的学科，涉猎广博的知识。在总体人才培养理念的指导下，各高校应该设定具体明晰的人才培养目标，不同的高校可以在遵从基本理念的前提下，根据本校的定位，突出各自的人才培养特色。

（2）应该在课程体系设置方面更加重视基础课程并提高课程内容的更新频率。在课程体系设置方面，我国高校可以更加广泛地设置基础课程，以提高人才的基本素质教育水平。在此基础上设置的专业课程，也要适应当前学科之间相互交叉渗透的趋势，设置一些相关专业的跨学科综合课程。专业课程的内容要不断更新，尽量使学生了解前沿知识，学习到最新的理论。同时，适当地增加设置实践类课程，引导学生学以致用。

（3）可以考虑在高校教学组织与管理中进一步减少行政干预，提高为学生服务的质量。我国高校在教学组织与管理过程中，应该坚持以学生为本，为达到人才培养的目标服务。在教学组织中，应当尽量减少行政干预，给教师和学生更大的自主权。教师在课堂教学中，应该更加重视学生的参与度，采取灵活的教学方式，以培养学生的思维方式和学习能力为目的。学校应该为学生的学习和在校生活设置专门的服务或机构，为学生解决学习和生活中的问题提供必要和主动的帮助。

（4）高校可以进一步提高教学评价在教师评价中的权重。我国高校应该根据自身的人才培养理念和目标设置相应的教学评价体系，并增加教学评价在教师总体评价中的比例。通过提供一定的经济或荣誉激励的方式，引导教师将自己的科研成果带到教学中，在教学评价项目中，注重学生的评价结果，并适当引入外部同行专家的评价，同时在评价系统之外，应该制定相应的奖惩措施。在我国高校普遍重视科研多过教学的大背景下，提高高校教师对人才培养质量的重视程度。

3.4　案例：斯坦福大学的人才培养体系

斯坦福大学是美国著名私立高校，多年来在人才培养方面做出了卓越成绩。不仅如此，斯坦福大学不断根据外界环境的变化和自身的发展目标调整自己的人才培养体系，一直走在高等教育的前列。创新性地提出了《斯坦福大学2025》计划，其全新的人才培养理念和模式为高校人才培养职能的发挥起到了示范作用。

1）斯坦福大学的人才培养理念或目标

斯坦福大学将自己描述成一个学习、探索、创新、表达，以及讨论的场所。斯坦福大学的人才培养理念可以概括为实用、创新和自由，致力于培养兼具职业技能、创新能力和反思意识的有用人才，力求在知识的深度和广度之间达到平衡。因此，斯坦福大学非常重视通识教育，以帮助学生构建完整的知识体系，注重对学生终身学习能力的培养。《斯坦福大学2025》计划就是本着开放、多元、以学生为本的教育理念而设定的，其打破传统限制，让任何想要学习的人可以在任何时间获得知识学习和能力培养的机会。

2）斯坦福大学的课程体系设置

斯坦福大学根据其人才培养理念和目标，设置了"博专结合"的课程体系，将通识教育与专业教育有机结合。通识教育着重培养学生的综合能力和整体素质，专业课程旨在支持学生专业能力的培养，实践课程则有助于学生创新能力和自由意识的培养。

斯坦福大学的课程体系主要由公共基础课、公共选修课、专业必修课、专业选修课与实践课程五个模块构成。公共基础课是必修课，一般设置为写作、外语课程；公共选修课是涉及多个学科领域的通识教育课程，学生可以根据自己的兴趣选择；斯坦福大学的学生一般到二年级的时候才开始选择专业，专业必修课是选择专业之后的必修课程；专业选修课可以根据导师的建议或个人学习计划安排；实践课程的内容主要包括社会服务实践、具体的研究项目等（蔡亭亭，2009）。斯坦福大学的课程学习和选择也相对自由，学生想要转专业，只需要向课程顾问咨询过后，提交申请即可（毛捷，2017）。

《斯坦福大学2025》计划的开环大学更是将斯坦福大学以学生为中心、自由开放的育人理念发挥到了极致。开环大学打破了传统的四年制培养模式，实行弹性学制。大学仅是将培养阶段划分为调整阶段、提升阶段、启动阶段。学生可以自主选择何时进入下一阶段的学习，并且可以随时返回上一阶段重新学习。其中，调整阶段为学生了解学校、老师、相关课程的阶段，学生根据自己的兴趣、专长、目标等，确定未来的学习计划。学校会在调整阶段提供一些短期课程，以便学生在做出选择时，掌握足够多的课程信息。这一阶段一般持续半年到一年半的时间。在提升阶段，学生跟随已经选定的导师及其他学术顾问委员会成员一道开始专业知识的学习，采用讨论、研讨等多种方式。这一阶段一般持续一年到两年的时间。在启动阶段，主要的培养目标是学生能够将所学的理论知识应用到实践中去，因此这一阶段的学习主要是通过参加工作实习、项目研究或者创业等途径实现的。持续时长一般为一年到一年半①。

开环大学真正践行了为学生提供终身学习场所的理念，招收学生不受年龄、职业等方面的限制，课程的设置具有开放性特征，注重理论与实践相结合，力图让学生在学习的过程中，不中断与社会的联系。所设课程包括课堂学习、移动学习、课外实践等多种形式，线上与线下、课内与课外相融合（王佳，2016）。这种课程设置配合弹性学制，给了学生更多的选择权和更大的自

① Stanford 2025. Paced education. http://www.stanford2025.com/paced-education[2023-02-24].

由度。

3）斯坦福大学的教学组织与管理

斯坦福大学力推灵活的教学方式，尤其是《斯坦福大学2025》计划中的开环大学在教学的过程中会以实际问题为导向，将教学与实践相结合，通过记录学生的学习轨迹与过程，以及跟踪教学效果反馈来不断调整课程安排和教学方式。同时，通识教育课程一般少于20人，班级规模较小，便于研讨会、社会实践等课程的组织（季波等，2019）。斯坦福大学为学生的自主学习提供相对完备的服务。常用的方式包括：设立本科教育委员会、本科教育校长办公室、教学与学习中心等专门机构，明确权责的同时又相互配合，为学生学习提供必要的服务支持（毛捷，2017）；设计范例课程，便于学生提前了解导师和相关课程；成立顾问委员会，解答学生课程选择和职业生涯规划的问题，学生的个人顾问委员会通常由学术导师、辅导员、高年级同学组成；在世界范围内，建立多个实验室，供学生交流、研讨和学习之用（毛捷，2017）。

斯坦福大学要求本科生至少修满180个学分，包括主要课程、写作和一年的外语学习。此外，斯坦福大学的学生评价体系也比较多元，纳入考核的范围相对广泛，除了考试类型比较多样以外，学生的科研成果、参与社会实践的表现都会被纳入考核范围。

4）斯坦福大学的教学评价

斯坦福大学非常重视教学管理与质量评价，为此成立了专门的机构——本科教育副校长办公室，其主要职能即为管理和设计本科人才培养课程，筹措资金，以及加强学生、教师、学校之间的沟通交流，旨在提升本科人才培养的效率和质量（毛捷，2017）。值得一提的是，《斯坦福大学2025》计划中，还引入了大数据和人工智能等先进技术对教学质量和效果进行考核，新技术的引入，使得原来通过成绩、报告等进行的相对静态的考核方式转变为动态考核方式，大数据、人工智能等技术可以实现对学生学习过程的跟踪和评估，从而帮助确认学生所处的学习阶段和当前的学习成果。动态考核结果也能与用人企业实现对接，以帮助学生求职（孟艳，2019）。

Investigation on the functions and development performance of higher education institutions in China

3.5　本 章 小 结

　　本章主要围绕国内外高校人才培养体系展开，主要从人才培养理念、课程体系设置、教学组织与管理、教学评价 4 个方面加以阐述。国际层面选取美国、英国、德国和日本 4 个国家的人才培养体系进行概述，最后对我国人才培养体系的政策建议进行论述，并以斯坦福大学作为案例进行分析。

第4章 高校科学研究管理体系

4.1 国际科技发达国家高校科学研究管理体系

科学研究是现代高校的主要职能之一，也是高校提升影响力和知名度的重要手段。高校科学研究工作是一个国家科学研究工作的重要组成部分，高校的科学研究工作与国家的科学研究发展密不可分。国际科技发达国家，如美国、英国、德国、日本等国家的高校科学研究管理体系形成较早、发展成熟，本章从高校科学研究的主要特点、科学研究经费管理、科学研究评估三个方面对上述国家高校科学研究管理体系进行阐述，以期为我国高校科学研究的发展提供借鉴参考。

4.1.1 美国高校科学研究管理体系

4.1.1.1 美国高校科学研究的主要特点

1) 以基础性研究为主，具有鲜明的学科特点

美国学者认为，基础学科是知识的源泉，是引导应用学科发展的动力。因此，美国高校作为国家基础研究的基地，承担着全国 60% 以上的基础研究工作，在学科设置和学科结构上也遵循这一规律（毛艳等，2015）。因此，美国高校科学研究是以基础性、核心技术为研究对象的，项目成果需要在理论上或技术上有重大突破。

在美国，社会、经济及军事的发展都影响着高校特色学科的形成及发展。第二次世界大战期间，美国的部分高校尤其是研究型大学，纷纷投入与军事科学领域相关的科学研究中，在军用雷达、航天器等方面取得了重大突破（毛艳等，2015）。再如，美国的"阿波罗登月计划"，斯坦福大学、芝加哥大学等120多所高校参与了登月计划的基础理论研究和科学实验工作，为登月计划的成功做出了重要贡献（毛艳等，2015）。

此外，美国高校的科学研究活动多来源于社会和经济的需要，经过科学研究，形成发明专利，获取知识产权，并通过专利转让，促进经济发展。科学研究成果的转化，将科技成果应用到实际中，会产生重大的经济价值和社会价值。专利中蕴含着丰富的技术、法律及经济信息，如加州大学圣地亚哥分校注重专利申请及保护，并会从专利转让中获得很多收益（张素智，2014）。

2）学术管理与行政分离，保证学术自由

美国高校的科学研究活动是以学术管理为主、行政管理为辅。一般来说，在美国高校科学研究管理体制下，设置的主要科学研究管理机构包括：资助项目管理办公室、知识产权管理办公室、技术转化办公室等（郭军鹏，2014）。高校中的行政管理在整个科学研究管理活动中所占的比例很小，学术管理则是其中重要的部分，通常由学术委员会执行。美国高校学术委员会成员通常主要包括各院系的教授，美国研究型大学的教授委员会与校长委员会地位同等重要，科学研究工作充分体现了"以人为本"的原则，从事科学研究的人员可以根据自己的研究基础和个人兴趣自由选题（王清和江海宁，2007），一般由教授负责学校的科学研究管理工作。有些教授还有专门的科学研究助手，他们不仅负责教授与学校科学研究的业务联系工作，同时还可以参与教授主持的学校科学研究项目的工作。在美国高校的科学研究活动中，学术内容所占的比例比较大，受到的行政干预比较少。从资助机构、科学研究立项到科学研究成果的相关决策都独立于行政管理之外，充分体现着学术自由，可以更好地发挥科学研究人员的自主性和创造力（王清和江海宁，2007）。

3）高校内设立独立科学研究机构

在美国，教学与研究结合的院系曾作为重要的研究机构。但自20世纪下半叶以来，基于知识经济的要求及高校自身发展的需要等因素，在高校，特别是一些研究型高校中，教学与科学研究相分离已成为一种趋势（薛国凤，2009），大学各系成为教学单位，科学研究力量主体逐渐扩展为独立科学研究机构、政府在高校中设立的研究中心，以及工业与高校合作的研究机构（付瑶瑶，2005）。独立科学研究机构的定位集中在：组建跨学科交叉平台，培植知识创新；回应社会关切，为国家政策制定提供辅助；发挥平台灵动功效，肩负多重使命。美国多数高校都设有独立的科学研究机构，如哈佛大学2007年的科学研究机构总量为274个，其中独立科学研究机构数量比例为4.38%；斯坦福大学科学研究机构总量为166个，其中独立科学研究机构数量为17个，占总量的10.24%（黄春香，2008）。

斯坦福大学发起和建立了某些独立研究机构（付瑶瑶，2005），这极大地提高了斯坦福大学的学术声誉和学术地位。此外，独立科学研究机构的建立，不以学科为标准来规划研究，而是面向课题的，因此可以聚集多个学科不同专业背景的教师和其他相关学者，以及学生共同进行，重新整合跨学科优势，从而产生卓越的科学研究成果。

4）国家拥有全国性的学术管理专业化组织

美国建立有专门的全国性科学研究管理协会，其在科学研究管理方面发挥了至关重要的作用。美国大学科学研究管理者全国委员会（National Council of University Research Administrators，NCURA）的核心目的是通过教育与专业发展计划、知识与经验的共享，来提升科学研究管理者共同体形象，服务成员发展，促进科学研究管理领域的发展（宋鸿雁，2012）。该委员会拥有专业的网站，学术刊物为 *Research Management Review*，是依赖同行评议的学术性出版物；其年度会议较完善，主要是根据某个主题进行深度的面对面交流；同时，该委员会还会面向高校的科学研究人员组织专业的知识与技能方面的培训。

4.1.1.2　美国高校科学研究经费管理

1）高校科学研究经费来源

对于从事科学研究活动的高校科研人员来说，充足的科学研究经费是其进

Investigation on the functions and development performance of higher education institutions in China

行持续有效研究的前提条件，是科学研究活动运行的财力和物力保障。美国高校的科学研究经费来源渠道多、覆盖面广，按照不同的科学研究资助主体，主要可以分为四种类型：联邦政府科学研究资助、州及地方政府科学研究资助、工业企业资助、社会捐助。

（1）联邦政府科学研究资助。

从全球范围来看，政府是资助高校科学研究活动的重要主体。1862 年，美国联邦政府颁布《莫雷尔法案》，明确了联邦政府对高等院校的支持模式与支持力度（孙彤，2015）。美国联邦政府主要资助高校基础性科学研究活动，基础研究投资需求大、耗费时间长，科学研究成果是直接产生商业价值的应用研究的基础，具有重要作用。

美国高校获取联邦政府科学研究经费的主要渠道包括联邦政府基于项目的竞争性科学研究经费和联邦政府基于国家科学研究平台的公共科学研究预算经费。美国联邦政府对大学科学研究经费的分配主要是基于学术水平标准的自由竞争。经费被分配到政府各职能部门，各部门根据自身需要提出资助计划。各高校研究小组提出申请，联邦政府职能部门经过比较和筛选优选取高校，提供项目资助。例如，美国国家科学基金会每年都会提出年度财政预算报告，提出在未来一年优先资助的科学研究领域，有资格的高校科学研究人员可以去积极竞争这些项目（薛国凤，2009）。需要说明的是，同行评议是从事该领域的专家用来评定某特定学术工作价值和重要性的一贯评估方法（陈霞玲和王彩萍，2009）。

美国联邦政府基于项目的竞争性科学研究经费通常来源非常集中，流向也非常集中。从来源看，联邦政府的健康与人类服务部、美国国家科学基金会、国防部、能源部、航空航天局和农业部六大部门对高校资助的基于项目的竞争性科学研究经费占到了联邦政府所有部门提供给高校的基于项目的竞争性科学研究经费总额的90% 以上。从流向看，大量的联邦政府基于项目的竞争性科学研究经费集中在少数实力雄厚的研究型大学，高达 80% 的联邦政府基于项目的竞争性科学研究经费分配给了被称为"巨型大学"的 100 所研究型大学①。

---

① 美国、英国大学科研资助情况研究．http：//www.bpf.cas.cn/zypz/201102/t20110224_3075505.html［2022-01-10］.

联邦政府的基于国家科学研究平台的公共科学研究预算经费主要通过委托高校运营管理的国家实验室间接资助大学的科学研究活动。国家实验室既可以获得联邦财政拨款，又可以通过承担其他政府部门的项目而获得科学研究经费，但是联邦政府的预算拨款仍占据着主要地位。因此，由高校系统代管的国家实验室为美国的高校，特别是研究型高校"带来了数额巨大的研究资金，并改善了高校的研究设施，提升了高校的学术声誉"，成为政府资助高校科学研究活动的重要方式①。

（2）州及地方政府科学研究资助。

美国州政府对高校科学研究的资助模式主要是通过各类预算拨款方式（合同拨款和绩效拨款等）为州立大学提供科学研究辅助经费、科学研究基础设施经费和部分研究项目经费①。例如，得克萨斯州在对其高等教育进行拨款分配时，明确将科学研究辅助经费列入其拨款范围，但州政府投入的公共科学研究经费往往只针对公立高校（武恺，2010）。州及地方政府主要提供应用研究的资助，其资助的目标为促进本地区经济、科学研究的发展，资助重点更多放在应用和发展研究方面，并注重科学研究成果的商业性转化。

（3）工业企业资助。

工业发展较好国家的企业管理者通常不仅追求企业产值及利润，更重视科学研究对企业发展的促进作用。企业纷纷主动与高校联系，希望得到高校在培训企业职工、参与企业产品及技术更新换代方面的帮助。因此，为了加强与高校的联系，企业会留出一部分资金用于资助高校的科学研究活动。随着新技术的不断发展和科学技术对生产活动的促进日益明显，企业对高校的资助逐年增加。美国企业界对高校科学研究的资助形式主要包括：一是企业直接拨款；二是企业以优惠的价格向高校出售或捐赠设备仪器等；三是企业在高校设立奖学金；四是企业直接向高校指派技术人员担任教师，缓解高校教师缺乏的矛盾；五是高校与企业签订研究合同，获得研究经费和设备（刘昌明，1989）；六是企业在高校内建立自己的科学研究机构，引进高水平人才，并在实验室设备和经费方面提供支持，如贝尔实验室、IBM 托马斯·J. 沃森研究中心（Thomas

---

① 美国、英国大学科研资助情况研究 . http://www.bpf.cas.cn/zypz/201102/t20110224_3075505.html［2022-01-10］.

Investigation on the functions and development performance of higher education institutions in China

J. Watson Research Center）等（郭军鹏，2014）。

（4）社会捐助。

美国高校科学研究经费的另一个重要来源就是社会的无偿捐赠，捐赠者可以是机构，也可以是个人。这项经费投入在美国大学的科学研究经费构成中也占有很大的比例，而且越是著名大学，捐赠收入所占比例越大（郭军鹏，2014）。例如，哈佛大学为 32.0%、耶鲁大学为 27.9%、斯坦福大学为18.0%、康奈尔大学为 16.0% 等（薛国凤，2009）。

校友捐赠是美国私立高校经费来源的重要渠道。在 1817 年耶鲁大学第一个校友会成立后，美国各个高校均将校友视为宝贵资源，民众也将校友对母校的捐赠情况作为衡量学校质量高低的因素之一（汪茧，2010）。在 19 世纪末，美国还成立了专门的校友捐赠组织——校友基金会，以实现对母校的持续捐助。2006 年，美国教育捐赠 316 亿元，其中校友捐赠 60 亿元，大约 70% 的学生及家庭参与了捐赠，支持学习教学及科学研究（汪茧，2010）。此外，美国民间有许多资金雄厚的基金组织，如科学发展基金会、医学基金会等。高校可根据科学研究项目的领域和专业，向对口基金会申请相关资助。

2）高校科学研究经费管理

美国的科学研究经费管理注重"全成本核算"概念。1958 年，白宫管理与预算办公室制定了统一成本原则《A-21 通告》，经过多年的修订与完善，该通告目前已形成以间接成本分摊为主线，涵盖成本分类、费用明细、计算方法、成本会计标准等有关科学研究成本管理的完整内容（湛毅青等，2008）。将科学研究项目的成本分为直接成本和间接成本。直接成本是指与完成具体科学研究项目密切相关并可衡量的科学研究开支（徐孝，2010），包括科学研究项目所必需的专用仪器设备、原材料、差旅、出版印刷、转包合同等费用以及课题组科研人员和研究生的工资津贴等人员经费，其中工资津贴占直接成本总数的 80% 左右；间接成本是指与科学研究项目有关，但难以具体分摊到项目中的开支，也被称为设施和管理成本。间接成本是联邦政府允许的，在下拨课题直接成本经费的同时，联邦政府部门按照各个高校每年申请的比例同时配套下拨间接成本经费（孙彤，2015）。其中，与"设施"相关的成本包括折旧或使用费、利息、运行及维护费、图书馆经费，与"管理"相关的成本包括高校行政管理、学生管理及服务费、资助项目管理费等。科学研究项目的直接成本一般根据实际需要预测，间接成本则根据预先协商的科学研究间接成本率分摊（陈娟丽，2015）。

科学研究间接成本率是基于高校实际发生成本，按照《A-21通告》规定的原则和程序计算，与联邦政府委托的管理机构协商建立的。又根据高校类型、学科机构等因素的不同，不同高校具有不同的科学研究间接成本率（湛毅青等，2008）。近十年来，美国高校平均科学研究间接成本率基本稳定在50%左右（湛毅青等，2008）。政府部门在资助高校的科学研究项目时将直接成本和间接成本一并纳入资助范围。

美国高校科学研究经费的监管，采取内部控制与外部监管相结合的模式，在高校内部，通过财政与行政制约、财政预算控制等手段完成内部制衡与约束；在高校外部，美国政府从立法的角度去规范科学研究经费管理模式，为科学研究经费的监管创立良好的法律环境，同时加强审计部门对高校科学研究经费的事后审计与监督，审计报告会向社会公布，接受全社会监督（高勇，2015）。

4.1.1.3 美国高校科学研究评估

科学研究人员是高校进行科学研究活动的主体，对科学研究人员的管理和对科学研究的评估同样是高校科学研究活动重要的组成部分。美国高校对教师的聘任相对灵活，每位教师在教学、科学研究和社会服务三个方面的工作量会经过适时调整。有仅负责教学没有科学研究任务的教师，也有仅负责科学研究没有教学任务的科研人员。

总体而言，美国高校对科学研究人员的管理呈现出以下特点。

（1）公开招聘，择优录取。美国高校非常重视科学研究的质量，通过自身培养或高薪引进等方式聘请国内外知名教授（薛国凤，2009）。在聘任教授时，会从多方面考核其能力，考核的角度包括统计其主持的科学研究项目、发表的论文、指导的学生的数量。

（2）为聘任的教授提供一流的科学研究条件。部分美国高校给予科学研

Investigation on the functions and development performance of higher education institutions in China

究人员,尤其是知名教授终身制,以此稳定高科技人才,保障其生活,使其能专心开展科学研究,但这不代表学校会限制教授的流动自由。有的高校还会给予科学研究人员很大的自主权,如斯坦福大学、麻省理工学院,会为科学研究人员申报高级职称创造条件(郭军鹏,2014)。部分美国高校实施"课题制",通过科学研究人员的流动与滚动组合,建立更灵活的跨学科项目合作组或团队,保证科学研究活动的高效性和高质量。

(3)教授组织动员大家参与课题。不同领域的科学研究人员在教授的领导下,形成不同的课题组。专职科学研究人员、博士后研究人员、博士研究生、硕士研究生以及访问研究人员可以一起参与课题研究,以达到集思广益、各尽其能的效果。

(4)重视青年科学研究人才的培养。美国高校非常重视青年科学研究人才的培养,政府资助的项目中有专门支持青年研究者的项目,美国国立卫生研究院就有为期5年的资助博士后研究人员的项目。博士研究生和博士后研究人员是美国高校科学研究的主力军,学校对博士从事的科学研究具有一套严格而完整的评估体系。此外,高校还鼓励学生到企业或其他组织中学习科学研究经验或进行实际研究工作(郭军鹏,2014)。

科学研究人员评估同样是高校科学研究人员管理的一项重要工作,美国高校的科学研究评价为教授负责制,以项目为载体,实行自我淘汰机制(张素智,2014)。表4-1可以在某种程度上为我们提供美国高校科学研究人员绩效评估的参考。美国高校中每位研究人员实际上需要承担教学、指导、研究、服务等方面的工作,为此,美国高校按照研究人员在研究方面的工作量,确定相应的评价档次,将研究工作量在1%~25%的列为A档,按照A档的要求进行评价;研究工作量在26%~60%的列为B档,按照B档的要求进行评价;研究工作量在61%及以上的列为C档,按照C档的要求进行评价。例如,当研究人员在研究方面的工作量为30%时,该研究人员将按照表4-1中B档标准确定其评价为合格、良好或优秀。可以看到,"优秀"标准中研究论文的门槛(在"优秀"栏中找标注为C的条目)并不高,但是要达到"在学术研究上获得国家级或世界级的专业奖励"等指标就难度较大了。实际上,论文水平的评判主要是交给专家,而不是简单依据所在领域的期刊排名。

表4-1 美国高校科学研究人员绩效评估表示例

合格	良好	优秀
A. 经常性地从事本学科科学研究	A. 获得校级或区域性资助项目或奖励金	A. 聘用学生、博士后或技术人员参与获资助的研究项目
A. 参加学校、本地、地区性或国家级的活动和会议	A. 帮助硕士或博士毕业论文的研究工作	A. 获批一项专利
A. 帮助学生进行研究项目	A. 接受本科生参与科学研究	A. 利用外来经费使用校内设施从事产业研发
B. 在地区或国家级会议中展示原创的学术成果	A. 开发或改进本学科方法	B. 获批与先期临时专利有实质不同的一项专利
B. 投稿与地区性或本学科相关的期刊或简报	A. 在期刊、书籍或其他出版物中发表经同行评议的研究论文	B. 获得包含间接费用的国家级竞争性资助项目或奖励金
B. 发表专业报告的摘要	A. 撰写一项发明公开书	B. 受邀向专业听众作学术报告
C. 撰写或参与撰写并提交国家级的资助项目申请书	B. 向专利局提交临时或正式的专利申请	B. 开展创业活动能促进当地或区域就业
C. 为与本学科专业造诣相适应的事务提供技术支持	B. 主编或参写本专业著作	B. 在被主流数据库,如 Web of Science、Scopus 或 PubMed 收录的同行评议刊物上发表学术论文,刊物影响因子在本学科排名前50%
	B. 撰写或参与撰写、递交国家级竞争性资助项目申请书并获得好的评审意见	B. 牵头一项系的战略目标
	B. 在全国或国际会议中展示原创学术成果	B. 积极参与一项系、学院或学校的战略目标
	B. 在被主流数据库,如 Web of Science、Scopus 或 PubMed 收录的同行评议刊物上发表学术论文	C. 牵头一项系、学院或学校的战略目标
	B. 积极促进一项系的战略目标的实施	C. 在学术研究上获得国家级或世界级的专业奖励
	C. 积极促进系、学院或学校重大战略目标的实施	C. 在被主流数据库,如 Web of Science、Scopus 或 PubMed 收录的同行评议刊物上发表诸多文章,刊物的影响因子在本学科排名前50%
	C. 牵头一项系的战略目标	C. 组织或主持地区性或国家级的会议
	C. 在被主流数据库,如 Web of Science、Scopus 或 PubMed 收录的同行评议刊物上发表诸多学术论文	C. 作为本领域专家获国家级荣誉

Investigation on the functions and development performance of higher education institutions in China

续表

合格	良好	优秀
	C. 有学科著作	C. 担任被主流数据库（如 Web of Science）收录的学术期刊或其他专业出版物的主编或副主编
	C. 因研究和学术成绩获院、校或区域性的专业奖励	C. 从工商龙头企业获得大额资助来开发产品并商业化
	C. 获得风险投资或产业研究资助以开发有商业价值的产品	C. 通过发表综述、方法学论文等出版物为教学做出学术性贡献
	C. 担任科学期刊或其他专业出版物的主编或副主编	C. 撰写实验规程、教材或资助项目建议书以促进教学

4.1.2　英国高校科学研究管理体系

19 世纪末，英国的科学研究成果，特别是基础科学研究成果，不仅实现了英国社会、经济、文化等领域的发展，也极大地推动了世界科技的进步。其中，英国高校发挥的作用不容小觑。高校是英国的主要科研力量之一，并且英国未设立国家科学院（实体），高校的科学研究中心实际发挥着国家科学院常设机构的功能（王璐和尤锐，2008）。

英国高校的科学研究主要集中于基础科学研究和跨学科研究，在组织全国自然科学与技术研究和社会科学研究方面处于核心地位，并成为全国基础研究的主要基地。英国高校完成的基础研究在全国基础研究中占很大比例，基础研究经费占全国一半以上（王璐和尤锐，2008）。

4.1.2.1　英国高校科学研究的主要特点

1）注重科学研究人员的科研能力

英国高校科学研究工作主要由教师、研究生、合同制研究人员及实验辅助人员共同承担。英国高校学术人员中，获取永久职位的人数与定期合同聘用的人数的比例为 1.23：1，在此基础上，高校转向以科学研究为中心的教师管理政策。教学与科学研究职能加速分化，专任教师与兼职教学人员的比例为 1：3.79（周红香，2008）。英国的高校侧重考虑科学研究人员的持续进行科学研究的能力，达不到校方要求或科学研究能力不高，很可能会使得科学研究人员失去续签合同的机会，职业生涯处于不稳定状态。滚动的科学研究人员管理，使得科学研究人员处于一种优胜劣汰的竞争环境中，也更能激发科学研究人员的科学研究潜能和对科学研究工作的认真负责态度（徐小军和沈萍，2006）。

2）追求科学研究效率

在英国的高校中，院校实行以科学研究为中心的人员管理方式。教学与科学研究分离，并分别由专职人员负责教学和科学研究工作。在高校科学研究表现突出的人员才有稳定的续约机制，科研人员科学研究产出低则会面临提前结束科学研究工作的危险。一些比较新的高校也在努力提高教师的科学研究水平，以争取较好的科学研究评估表现，获得更多的经费投入。此外，在高校与企业合作的背景下，院校还增加专门从事知识转化开发的管理人员，实行对创业行为的专业管理（徐小军和沈萍，2006）。

3）关注社会需求

英国很多高校关注社会需求，承担着重要的科学研究任务，一方面通过科技成果转化来推动社会生产力的发展；另一方面，高校也在专业研究和科学研究的商业化转化过程中，实现了良好的协调发展。英国高校通过良好的科学研究管理，实现产学研结合，促进科技成果向市场转化，为学校的教学研究获取丰富的资源，实现了高校科学研究体系的良性运转。

4）科学研究质量是管理的重点

科学研究质量是院校获取更多经费的有力保证，因此科学研究管理必须更加重视科学研究质量问题。科学研究质量除了体现在科学研究活动本身产生的科技成果上，还表现在对科学研究人员的培养上。此外，英国高校的科学研究资助渠道众多，但多种渠道的经费都是以科学研究质量为基础评估标准进行划拨的（徐小军和沈萍，2006）。

4.1.2.2　英国高校科学研究经费管理

英国高校的科学研究经费来源也是多渠道的，主要包括研究理事会的科学研究拨款、慈善机构的科学研究资助以及承担政府部门等的研究项目而获得的资助。但从比例上来看，高校的经费主要来自政府资助。英国政府对高校的资助体系以其完善的双重科学研究拨款制度（Dual Support System，DSS）和完善的高校科学研究质量评估（Research Assessment Exercise，RAE）卓越研究框架而著称（康小明和薛澜，2008）。

1965年，英国议会通过了一部科学和技术法，正式确立了英国的研究委员会制度（Research Council System）和DSS（汪利兵，1995）。政府对高校的资助主要包括两个渠道：一是政府通过高校拨款机构（高等教育基金委员会）向学校拨款，主要用于自身科学研究投入，包括科学研究人员的时间投入、图书馆等其他服务的开支，以及实验室所需的基建设备和日常开支等；二是基于项目的各大研究委员会下达的项目拨款，这类拨款主要用于科学研究项目的直接支出。这实际上是对高校和政府各研究理事会在科学研究项目方面财政责任的明确分工（张泳和凌宗萍，2008）。在原有高等教育双重制度背景之下，只有高校才有资格享受政府的双重科学研究拨款，因为其是教学和科学研究的双中心。

高等教育基金委员会对高校的拨款包括四个部分：教学拨款、科学研究拨款、专项拨款、指定项目基建拨款。教学拨款超过高等教育基金委员会分配总额的60%，位居拨款数量首位；其次为科学研究拨款，大约占分配总额的20%。分配到高校的拨款以总额形式下达到学校，学校可以根据各自的任务和目标，在总额范围内自主安排资金的使用，保证分配资金用于教学、科学研究及其相关活动（郭德侠，2010）。

基于项目的各大研究委员会的主要拨款方式为议会批准的科学研究预算由科学研究主管部门按照学科分配给八个研究委员会，研究委员会以同行评议的方式将其分配到最有能力承担某个项目的高校（赵章靖，2010）。通常，由研究委员会分配的科学研究项目资金大约50%会分配给高校，其余资金流向研究委员会的科学研究机构以及资助一些国际研究设施（郭德侠，2010）。

自1993年起，高等教育基金委员会对高校的拨款由以下三部分组成（汪利兵，1995）。

（1）科学研究质量拨款——根据高校科学研究质量和工作量两大标准下

拨。科学研究质量标准方面，主要依据高校各经费分配单位在英国高校科学研究等级评定中所获科学研究等级分数，确定相应的拨款等级；科学研究工作量标准包括：科学研究活跃的学校在编学术人员人数、科学研究助手人数、研究生数量及来自慈善机构的科学研究收入。

（2）科学研究合同附加拨款——根据高校所获得的科学研究合同收入拨款。

（3）科学研究发展拨款——仅限于英国原多科技学院和其他学院基金委员会下属的高教机构。

各研究委员会的拨款政策主要包括以下三个方面。

（1）平衡发展"回应性"资助模式和"指导性"资助模式。"回应性"资助模式，即根据高校提出的资助申请，通过同行评议方式确定是否进行资助。高校申请资助的研究领域不限。"指导性"资助模式，即由研究委员会提出其重点资助的科学研究领域和研究课题，接受各个高校申报。

（2）调整科学研究项目的立项方式。自20世纪80年代末开始，各大研究委员会逐渐加强了对资助时间长、资助金额高的科学研究系列项目的支持。这种科学研究系列项目期限由之前的三年变为五年，一名科学研究人员不能同时承担几项这类系列课题。

（3）建立跨高校的设备中心。如果向每个研究小组都提供同样贵重和尖端的设备，势必造成资源的巨大浪费，因此有些研究委员会已与高校一起设立了一些跨高校的设备中心。设备中心一般由一所高校取得所有权，但是由相关高校共同管理，可以向邻近地区的高校提供服务。

DSS有其特定的优势：一是高校本身的科学研究投入既有助于科学研究人员密切追踪本学科的发展前沿，又能使新的科学研究人员在本学科立足并进而建立起学术声誉；二是能够使科学研究工作保持连续性，免受外部经费不确定性的不良影响，并有助于开展广泛的开创性和革新性研究，为日后的进一步研究奠定基础；三是通过独立的评估选取具有发展前途的研究领域和高校进行高额资助，有助于英国科学研究事业的发展（汪利兵，1995）。

4.1.2.3　英国高校科学研究评估

1）高校科学研究评估的阶段

英国高校科学研究评估经历了以下三个阶段（刘兴凯和梁珣，2015）。

（1）起步扩展阶段（1986～2000年）。

1986年，英国高校拨款委员会启动了科学研究选择性评估（Research Selective Exercise，RSE）。这是针对英国高校首次进行的评估活动，评估方法较为简单，每所高校的院系需要提交过去5年内的5项代表作，同时填写一份调查表，评估组织方针对这些代表作品和调查表的内容对高校做出评价（刘兴凯和梁珣，2015）。但当时评估标准较为模糊，调查得到的资料并不能完全体现评估的客观性，所以1989年又进行了第二轮评估，除提交材料内容有所增加之外，还要求每位全职教师提供2篇代表作及被引情况（宗晓华和陈静漪，2014）。但由于评估组任务繁重、评估级别宽严不同，所得评估结果差别巨大。在1992年的第三轮评估中，RSE改为RAE。

RAE是由英国高等教育基金委员会、威尔士高等教育拨款委员会、苏格兰高等教育拨款委员会、北爱尔兰教育部等部门在全国范围内实施的高校科学研究评估活动。评估每隔四到五年进行一次，结合科学研究环境、教师素质、研究生数量、课程安排、研究质量、研究成果、创新能力等进行评估，评出不同等级，并依据评估等级进行科学研究拨款（王娜，2010）。英国以评估结果为依据向高校拨付的科学研究经费又称为科学研究条件拨款。此类科学研究条件拨款主要用于高校内部的科学研究基础设施建设、公用基础科学研究平台（例如计算中心、分析中心等）建设、房屋以及科学研究设备采购和人员聘用等，高校可以根据需要自主支配此类科学研究条件拨款。因此，英国政府基于质量的科学研究条件拨款属于一揽子科学研究拨款范围[①]。

（2）改革和完善阶段（2001～2008年）。

2001～2008年，英国高等教育基金委员会开展的两次RAE，是两次改革

---

① 美国、英国大学科研资助情况研究．http://www.bpf.cas.cn/zypz/201102/t20110224_3075505.html［2022-01-10］．

力度和实施规模都比较大的评估活动，评估过程也更加精致和复杂。

这两次高校 RAE 由英国高等教育基金委员会负责组织实施，评估工作的核心评估单元是学科。2001 年参加评估的学科或学科组共有 69 个，2008 年共设置了 67 个学科评估单元，每个评估单元对应着一个学科评估小组。为了准确评估交叉学科和边缘学科，在 67 个学科评估单元之上又设置了 15 个学科评估大组，每个学科评估大组又分别负责 3 ~ 5 个学科评估小组的统筹协调工作。

英国高等教育基金委员会对高校科学研究的拨款主要通过公式方式计算得出，公式中采用的计算指标主要是学科成本、学科规模和学科水平等①。

学科成本：由于不同的学科在科学研究成本和人才培养成本方面均存在着很大的差异，英国将所有学科划分为三大类并赋予不同的权重（表 4-2）。

表 4-2　学科成本分类及相应的费用权重

学科分类	学科费用分类标准	RAE 权重系数
A	高费用的临床和实验学科	1.6
B	中等费用学科	1.3
C	基本费用学科	1

学科规模：学科规模按照专职科研人员、助研人员、一般研究助手、研究生和最近两年来自慈善机构的年均收入等指标分别赋予不同的权重后综合计算而得（表 4-3）。基本的参照对象是由 RAE 核定的专职科研人员，其规模占到了整个科学研究规模的 86% 左右，权重为 1。

表 4-3　学科规模的计算指标及相应的权重

规模指数	权重	备注
专职科研人员	1	RAE 核定，规模相对固定
助研人员	0.077	
一般研究助手	0.07	

---

① 美国、英国大学科研资助情况研究．http://www.bpf.cas.cn/zypz/201102/t20110224_3075505.html［2022-01-10］．

Investigation on the functions and development performance of higher education institutions in China

续表

规模指数	权重	备注
研究生	0.15×1.75	
最近两年来自慈善机构的年均收入	0.177/25 000	25 000 英镑代表一个科研人员的年平均工资

注：（1）学科规模的计算公式为：S（学科规模）＝专职科研人员×1＋助研人员×0.077＋一般研究助手×0.07＋研究生×0.15×1.75＋最近两年来自慈善机构的年均收入×0.177/25 000。

（2）英国全日制研究生和非全日制（半工半读）研究生完成学业的平均时间是 3.5 年，权重中的 1.75 取的是其中间值，表示将所有研究生的科学研究量全部按照全日制研究生的科学研究量来折算，得到的实际资助年限为 1.75 年

学科水平：学科水平根据高校 RAE 确定。2001 年采用的是七级评估分类标准。但是只有前三级的学科水平权重不为零，其余学科水平的权重均为零。这就意味着，只有学科水平等级位列前三级者方可获得政府的科学研究条件拨款，其余学科水平等级的学科无论规模如何、学科成本多大，都无法获得政府提供的科学研究条件拨款，具体如表 4-4 所示。

表 4-4　学科水平等级及其相应的权重

水平等级	权重	等级标准
5*	1.88	提交科学研究成果的质量，一半多达到国际优秀水平，其余的全部达到国家优秀水平
5	1.5	提交科学研究成果的质量，接近一半达到国际优秀水平，其余的基本上全部达到国家优秀水平
4	1	提交科学研究成果的质量，几乎全部达到国家优秀水平，其中有些已经达到国际优秀的标准
3ᵃ	0	提交科学研究成果的质量，2/3 以上达到国家优秀水平，其中有些有望达到国际优秀的标准
3ᵇ	0	提交科学研究成果的质量，一半以上达到国家优秀水平
2	0	提交科学研究成果的质量，不到一半达到国家优秀水平
1	0	提交科学研究成果的质量，没有或几乎没有一项达到国家优秀水平

注：5* 表示水平等级优于 5；3ᵃ 和 3ᵇ 表示在第 3 等级中分两个等级

2008 年，为了改善高校之间激烈的竞争，避免马太效应，采用新的评分标准，如表 4-5 所示。等级表述的模糊和等级层次的减少都增加了拨款的可能性。

· Investigation on the functions and development performance of higher education institutions in China

表 4-5　2008 年英国高校 RAE 等级标准

等级	等级描述
4	在创造性、重要性和精确性方面达到世界领先水平
3	在创造性、重要性和精确性方面达到国际较高水平，但在某些方面还未达到最高标准
2	在创造性、重要性和精确性方面达到世界水平
1	在创造性、重要性和精确性方面达到国内水平
没有等级	研究质量尚达不到国内水平，或是提交的成果不符合评价的相关规定

科学研究条件拨款的计算方式建立在高校 RAE 的基础上，英格兰高等教育拨款委员会对高校实施科学研究条件拨款的计算方式可以分为以下几步。

第一步：计算科学研究条件拨款的单位标准额度。首先根据当年科学研究拨款总量加上高等教育拨款委员会获得的慈善机构捐款总量，除以全部参评学科内从事科学研究活动的总人数，即得到了科学研究条件拨款的单位标准额度。

第二步：计算学科或学科组内的科学研究条件拨款总量。在计算出科学研究条件拨款的单位标准额度后，用每个学科或学科组的费用权重系数乘以单位标准额度，再乘以该学科或学科组从事科学研究活动的总人数就得到了该学科或学科组的科学研究条件拨款总额。

第三步：计算高校内相应学科的科学研究条件拨款额。根据前面计算出来的科学研究条件拨款的单位标准额度，乘以具体的参评高校内从事该学科内科学研究活动的科学研究人员规模（加权以后的规模）和学科费用权重系数，最后再乘以高校 RAE 等级所对应的权重系数，这样就得到了高校内具体学科的科学研究条件拨款额。

第四步：计算具体高校的科学研究条件拨款额。将一所高校所有参评学科的科学研究条件拨款额加总，即可获得参评高校当年度获得的科学研究条件拨款总额。

英格兰高等教育拨款委员会根据当年度基于质量的科学研究拨款总量按比例分配给各高校并在其官方网站上向全社会公布各高校评级在 4 级以上的学科以及相应的拨款额。虽然 RAE 耗资不菲，但其在提高科学研究经费的使用效率、提升英国高校的整体科学研究竞争力方面已经并正在发挥着非常重要的

Investigation on the functions and development performance of higher education institutions in China

作用。

（3）优化创新阶段（2014年以来）。

2008年RAE后，面对高等教育竞争愈演愈烈的国际形势，为了缓解政府对科学研究资助财政拨款的压力，并回应各界关于RAE存在资源浪费情况的质疑，英国政府委托英国高等教育基金委员会和其他54所高等教育资助机构联合制定新型的科学研究评估制度，即REF，并于2014年按照该框架启动新一轮科学研究评估。本次评估在坚持原有科学研究水平评估原则的基础上，更加注重科研成果的原创性和影响力①。

REF评估体系主要包含科研产出质量、科研外部影响力和科研环境三个模块。其中，科研产出质量在评估体系中所占的权重为65%，重点考察学术论文的质量，主要包括研究新发现的显著性和研究的学术影响力，评价标准是原创性、重要性和严谨性，在具体操作过程中，对科研产出质量的评价采取了专家评议为主、文献计量分析为辅的方式。利用文献计量结果为专家评估提供基本的信息服务（徐芳等，2014）。科研外部影响力占评估权重的20%，指主要考察科研活动对经济和社会等各方面产生的广泛影响，评价标准是能否产生影响、产生多大影响及产生影响的意义。科研环境占评估权重的15%，主要考察科研资源、管理和业务方面的内容（REF，2014）。

REF评估体系以学科为基础，组织相应专家按照大学科类别进行分类评估。不同的学科组成不同的评估单元，在REF中，共设有36个评估单元，将性质相似的评估单元归类，形成A、B、C、D四个大学科组，分别为生命和医学类学科、理工工程类学科、社科管理类学科和人文艺术类学科。相应地，设置四个主专家组，下设36个子评估专家组。评估专家组成员来自多个不同的领域，需要在开展、管理和评估高质量科研活动方面有丰富经验，此外，还会配置额外的评估员，其既可以是拥有专业知识和经验的科研人员，也可以是与科研活动相关的其他人员（徐芳等，2014）。

各高校分别依据各自的学科分类，选择对应的评估单元来参与若干个学科的评价。需要提交的资料主要包括人员信息、研究产出、科研外部影响力模板及案例、环境资料及环境模板。其中,人员信息分为 A 类和 C 类,分别指高等教育机构中的科研人员和高等教育机构以外从其他组织聘用的科研人员;研究产出需提交评价时段内发表的出版物等,每位科研人员最多提交 4 份;科研外部影响力模板及案例需提交描述评价时段内研究产生影响的完整模板以及产生影响的具体案例。模板主要用于了解参评单元推动科研产生影响的战略、途径和方式,其主要构成要素有:影响的概述、参评机构、参评单元、影响类型的概述、研究课题的领域等方面(刘兴凯和左小娟,2015);环境资料主要提交获得研究型博士学位所需提供的资料及相应时间内获得的研究经费;环境模板提交的材料必须包括一份单一的完整表格,包括概况、研究战略、科研人员、收入与基础设施和设备、跨学科合作对学科的贡献(刘莉,2014)。

子专家组根据参评人员提交的材料,从科研产出质量、科研外部影响力和科研环境三个方面,对各个高校提交的材料按 0~4 五个星级进行评定,再根据权重加总,形成总评价结果。专家组运用专业的判断根据每份提交的材料写成一个质量概况,然后将三个模块的质量概况整合成一个总的质量概况。在 0~4 五个星级中,0 星为未分类,表示质量没有达到国内认可的标准;1 星表示质量得到国内认可;2 星表示得到国际认可;3 星表示在国际上表现卓越,尚未达到最高标准;4 星表示科研水平世界领先。

值得注意的是,REF 评估体系更加注重科研产出的质量而非数量。参加评比的科研人员,在 6 年之内,只需提交 4 篇论文或著作。有一个基本的门槛,既能给科研人员形成一定的压力,促进科研人员的研究进步,又能避免大量粗制滥造的论文影响评估结果。这种评估规定也给学术成果多、产出质量好的高校教师,提供升职、加薪、跳槽的机会,促使各个高校为了吸引研究能力好的老师不断创造更好的条件。

2014 年以后,REF 在 RAE 的基础上引入对科研外部影响力的评价,这是 REF 改革的关键所在。引入对科研外部影响力的评价,对科学研究成果更好地服务于社会经济的发展需要具有重要意义,可以在一定程度上减少为了研究而研究的现象。

根据 REF2014 评估结果,来自英国 154 所高校的 52 000 多位科研人员参加了本次评估,参评人数最多的是伦敦大学学院。从综合评分结果来看,排名前10位的大学依次是牛津大学、伦敦大学学院，剑桥大学、爱丁堡大学、曼彻斯特大学、帝国理工学院、伦敦国王学院、诺丁汉大学、布里斯托大学、利兹大学。

根据预算，英国每年将根据研究评比的结果给所有的高校进行拨款，总额为20亿英镑。综合评分排名越靠前的高校，得到的拨款越多。通常，排名前10位的高校占所有拨款的比例为40%。可见，英国的科研经费也是呈现出由少数优秀的高校占据多数拨款的特征，意在能够集中力量办好少数研究型高校。

其中，牛津大学的拨款占所有大学拨款的6.24%，伦敦大学学院占6.07%。研究总体实力评估在某种程度上掩盖了一些专业性非常强的高校的突出研究表现。这些高校在各自的领域研究非常突出。例如，伦敦政治经济学院，经济学排名第二；伦敦商学院只参加商学一项评估，排名第三。这样的专业、甚至单科的高校或机构，还有不少，包括艺术类院校。这种评估方式对研究型高校非常有利，而对教学型高校就非常不利，因为教学型高校参加评估的人数非常少，GPA也比较低，总体研究力量很弱。但是在英国，多数高校都会努力争取参加评比，否则一点研究地位都没有，很难生存。在这种评估方式下，英国的高校想要得到经费，显然要付出很大的努力。

2）高校科学研究评估的特点

英国高校的科学研究评估方法主要采取定性和定量相结合、以定性评估为主的方法，这在一定程度上避免了重视数量而忽视质量的倾向性，并且以学科为评价单元，而不是以整个高校作为评估对象，评估指标也比较多样化，包括研究成果、研究环境和受尊重程度等方面，并根据学科的不同分别赋予不同的权重（陆根书等，2006）。

3）高校科学研究评估的影响

英国高校科学研究评估方式意味着英国高校的科学研究质量管理朝着竞争性的方向发展，具体表现为，科学研究评估登记和定义趋向细致和明晰，各高等教育拨款机构同时实施，更强化了以质量为核心的竞争性的拨款原则。

· Investigation on the functions and development performance of higher education institutions in China

英国对高校科学研究的质量评估，产生了积极的影响（王娜，2010）。首先是提高了高校科学研究的积极性。据统计，1986～2008 年，参与评估的科学研究机构数量、科学研究人员数量以及科学研究项目数量有了大幅度的提升。其次是提高了高校的科学研究质量。全面大规模严格的高校科学研究评估，明显提升了英国高校的科学研究质量。最后是提升了学科建设质量，因为评估是以学科为基本单元进行的，因而评估的结果本身对高校来说极具借鉴意义，高校可以根据评估结果了解自己的优势学科，或者学科建设的短板在哪里，从而进行调整优化，高校的这些行为会在整体上提升国家学科的建设质量（罗侃，2008）。

4.1.3　德国高校科学研究管理体系

德国高等教育曾是世界高等教育的中心，威廉·冯·洪堡开创的"教学科学研究相统一"的现代大学理念仍然在影响着世界高等教育的进程。近几年，德国高校开始注重其科学研究问题，将科学研究作为德国科学研究体系的"心脏"，高校科学研究被放在国家创新体系及国际竞争力的中心位置。德国 2004 年开始推行旨在提高高校科研水平的"卓越计划"，该计划的主要内容是进一步加强高校的自治权，使德国高校自治、学术自治、教授治校得到更好的保障[①]。

4.1.3.1　德国高校科学研究的主要特点

近几年，德国的高等教育事业出现某种程度的下滑趋势，全世界高校排名中，德国高校的名次较为靠后，出现这种现状的原因主要包括以下两个方面。

1) 德国高校与科研机构共同构成科学研究的双轨制

德国科学研究的双轨制，有利于促进高校与科学研究院所合作。高校还承担着人才培养的职能，由于科学研究院所没有人才培养任务，因此其科研人员得到教授头衔的必经之路就是与高校合作。相比较而言，高校科学研究经费却

---

① 计划与自由：德国政府和大学关系之准则．http://blog.sciencenet.cn/blog-359436-727389.html［2015-12-03］．

相对较少，其教授必须与科学研究院所合作才会获得大的科学研究项目。因此，德国的高校需要与外部机构合作，才更有可能开展规模较大的科研项目，也更有可能产出更好的科学研究成果。对高校而言，德国科学研究的双轨制有利于高校人才培养，但同时也分散了高校科学研究的整体实力，使高校的科学研究能力受到一定的限制①。

2）不同定位的德国高校科学研究重点不同

德国综合性高校主要从事基础研究，而应用技术类高校主要从事应用研究，面向社会需求。前者主要以柏林大学为代表，一般承担着以原始创新为目标的基础科学研究；后者的代表性高校有埃斯林根应用科技大学等，主要从事致力于解决实践问题的应用研究（陶东梅等，2018）。德国应用技术类高校与企业联系非常密切，常常应企业需求展开研究，为企业发展提供技术支持（邓泽民和董慧超，2017）。为更好地开展应用研究，很多应用技术类高校在校内成立了研发机构，比如应用技术研究所、促进教学的科研机构与产品研发中心、技术转移中心等。在德国，无论是综合性高校还是应用技术类高校，都能够明确其从事科学研究工作的侧重点，并且实现了错位发展，共同为德国的科学研究发展贡献力量（韩伏彬和董建梅，2019）。

4.1.3.2 德国高校科学研究经费管理

科学研究经费的保障是高校科学研究发展必不可少的一个环节。德国高等教育经费以州政府资助为主、联邦政府资助为辅。

1）高校科学研究经费来源

德国高校的科学研究经费98%来自各级政府的财政拨款，2%来自工业和私人非营利组织，因此德国高校的科学研究经费主要依赖于政府的公共资助（吴桐，2013）。公共资助主要包括三部分（陆根书等，2006）。其中，大部分是由州政府资助的拨款，占到高校总开支的2/3，包括基础设施和人员开支，

---

① 刘广明. 步履艰难的德国大学科研. https://blog. sciencenet. cn/blog-359436-731936. html[2015-12-03].

主要是通过预算程序和协商方式实现教学和科学研究经费的一并拨付，德国很多州开始引入以评估为基础的公式拨款方式。第二部分来自联邦政府和州政府联合资助的用于建筑和大型设备的拨款，与其他国家不同，德国中央政府仅在高校基础建设或大型设备投入达到一定数额时才会与州政府共同分担经费（8.2万欧元以上的投资可由联邦政府和州政府分别承担50%的经费）（康小明和薛澜，2008）。第三部分是由公共机构用合约形式委托高校进行专题研究的资助。这部分资金大部分来自联邦政府和州政府的联合资助，通过德意志研究联合会分配，小部分由工业赞助机构提供（陆根书等，2006）。

德国负责教育和研究的机构是联邦教育与研究部，该机构负责为有关高校提供事业拨款。德意志研究联合会负责制定和执行国家的科学研究和工程技术项目（郑英姿和朱星，2005），为高校及研究机构提供科学研究经费，其提供的科学研究项目经费包括科学研究人员费用、仪器设备费用和科学研究业务费用。德意志研究联合会资助高校的费用主要来自联邦政府及州政府的联合资助，通过德意志研究联合会的资助可形成竞争性拨款，因为其主要是通过高校的科学研究卓越程度、社会实用性以及同行评议的结果下拨到高校的，这就促进了高校间的竞争。

德国高校的经费大部分来自政府拨款，经费来源较为单一；并且德国高校不收取学费，这就使得德国高校运行经费普遍较少。以柏林自由大学为例，其2012年运行经费只有4.5亿欧元，不及斯坦福大学的五分之一[①]。

德国科学研究经费主要集中于科研院所，德国高校的科学研究经费普遍低于科研院所。2010年，马普学会总预算为15亿欧元；亥姆霍兹联合会，总预算达到38亿欧元。科研院所的经费来自政府和企业的资助。同期，所有高校的科学研究预算只有118亿欧元，资金主要来自公共财政，另外工业承担了约14%，还有约4%来自国外。

综合性高校研究经费相对充足，其越来越重视科学研究工作，教授也把大量的精力与时间放在科学研究工作上。综合性高校的教授一般都兼任一些科学院研究所的所长，他们有机会与精力从事大的基础研究。应用技术类高校的教

---

① 刘广明. 德国大学追赶美国大学或许仍是一个梦. http://blog.sciencenet.cn/blog-359436-737974.html［2015-12-03］.

Investigation on the functions and development performance of higher education institutions in China

授，主要从事教学工作，但目前也在积极与企业合作进行一些应用研究。虽然如此，高校科学研究经费少，已经成为制约德国高校科学研究发展的一个瓶颈。

2）高校科学研究经费管理

德国高校实施"讲座制"，申请人提供的申请材料一旦通过审批，即可获得政府提供的科学研究经费。政府拨付的科学研究经费分为直接资金和一般资金，课题负责人主要负责科学研究经费管理，学校在其中负责协调，如果课题结题时政府拨付的科学研究经费仍有结余，科学研究经费就直接划入该项目负责人下一项目经费中，如超过总数的 1%～5%，则剩余科学研究经费会被收回（吴桐，2013）。

德国高校的科学研究经费管理采用严格的预算约束机制，如果项目开支超出预算，要追究项目负责人的法律责任，甚至是刑事责任。经费预算按照政府拨款标准自下而上编制，提交委员会审批。经费经核定后具有法律效力，必须严格执行。德国高校的财务部门定期编制通行的财务报表，并向社会各界披露相关会计信息，接受社会公众的监督，社会公众可以通过公开透明的渠道了解科学研究经费使用情况（万红波等，2012）。

3）德国"卓越计划"

德国高等教育历史悠久，总体水平较高，但与竞争对手英国和美国相比，目前的总体水平可以说是稍逊一筹，且德国高校排名及科学研究实力在世界范围内并不算突出。此外，自 20 世纪 60 年代以来，德国高等教育始终坚持平等公正的原则，高校之间不存在重点与非重点之分，没有竞争意识的存在。再加上德国高校科学研究经费不足，导致大批优秀的科学研究工作者纷纷流向国外科学研究环境较好的高校任职或工作。因此，2004 年，时任德国联邦教育部部长的埃德尔加德·布尔曼（Edelgard Bulmahn）首次提出在德国打造数所"哈佛式"的精英大学（朱佳妮，2007）。

埃德尔加德·布尔曼的"精英计划"构想为德国高等教育带来两个方面的突破。一方面，在框架范围内，突破德国宪法的某些限制，德国联邦政府正式介入高校的建设，以项目的方式结合政府力量打造几所重点高校，使其能与美国的高校以及其他世界一流高校竞争；另一方面，打破了德国高校均衡发展的理念，在德国高校之间引入竞争机制，用资金的力量推动高校追求卓越，促进各高校垂直分层[①]。这一计划在德国引起广泛争议，为了赢得更多支持，2005 年 6 月改名为"卓越计划"。

"卓越计划"提供的科研经费是竞争性的，因而打破了之前平衡发展的局面，激发了德国高校之间的竞争（朱佳妮和韩友耿，2022），并凸显了德国精英大学和尖端科学研究领域，同时促进了高校内外科学研究合作以及教学和科学研究之间的紧密联系。"卓越计划"的资助重点主要有三个方向：一是"研究生培养机构计划"；二是"学科集群计划"；三是"精英大学计划"。

"卓越计划"的经费 75% 由联邦政府提供，25% 由各州自行筹措。各高校提出申请，国际化高水平的学术评审团进行评审，评审通过后高校可获得资助。"卓越计划"共分两个阶段：第一阶段（2006～2011 年），共投入 19 亿欧元，其中"研究生培养机构计划"占 12.7%，"学科集群计划"占 63.4%，"精英大学计划"占 23.9%。第二阶段（2012～2017 年），共投入 27 亿欧元[①]。

从实施阶段性情况来看，"卓越计划"是一个创新的和动态发展的计划，其资助的项目具有尖端性、跨学科性和国际化视野。"卓越计划"的实施，提升了德国部分高校的国际地位，通过科学研究资助缓解了部分高校科学研究经费紧缺的困境，提升了科学研究的环境，为德国高校的科学研究提供了物质上的保障，促进了高校之间的竞争，在留住高校科学研究人员方面也起到了一定作用。

4.1.3.3　德国高校科学研究评估

德国在 20 世纪 90 年代之前，很少有地区开展对高校的评价，1999 年，下萨克森州建立了一个委员会评估州内的 12 所高校，评价目的不是为了拨款，而是为形成本地区的科学研究及发展政策。由于德国的宪法保障高校拥有相当

---

① 刘广明. 追赶"哈佛大学"的德国卓越计划. https://blog. sciencenet. cn/blog-359436-736700. html［2015-12-03］.

大的自治权，因此有些人认为，政府对高校教授进行评估是违反宪法的。1998年，德国联邦议院通过框架法案修正案，为对高校进行重要的结构改造提供了法律基础。这一法案通过减少政府管制、建立绩效导向等措施奠定了对高校科学研究进行外部评价的基础（陆根书等，2006）。

近年来，德国作为科学和技术研究大国和建设研究型高校的先驱，开始非常重视对高校和科学研究机构的研究状况进行评估。德意志研究联合会报告中的数据除了自身调研数据外，还包括来自国家政府机构、基金会以及欧盟委员会等部门的统计数据，以确保数据来源的可靠性。报告先分别按照下列指标对高校进行分类和排序，这些都是属于单项指标的排序，再根据这几项指标排序进行汇总，最终从科学研究角度得出对高校的总体排序结果（郑英姿和朱星，2005）。

（1）德国联邦统计局提供的科学研究经费和科学研究人员情况。该报告中涉及不同类型高校349所，科学研究经费共计485亿欧元。

（2）德意志研究联合会资助情况。德意志研究联合会的资助计划共分为四类：单项资助，占总经费的55%；协作计划，占总经费的40%；优秀学者资助，占总经费的4%；各类奖项，占总资助经费的1%。

（3）德意志研究联合会评审专家情况。通过对高校和科学研究机构评审专家的信息进行统计，将高校拥有的评审专家作为重要评估指标之一。

（4）洪堡基金会资助情况。资助来自不同国家的青年学者，资助方式分为被评为洪堡学者和颁发洪堡奖。报告分析了洪堡基金与资助领域、来源国家、研究领域分类之间的关系。

（5）德国学术交流中心资助情况。报告统计了2000～2001年得到资助的在德国高校工作的外国科学家，并分析了这些学者所在高校、来源国家以及其研究领域。

（6）"欧盟第五框架计划"合同情况。报告统计了1998～2002年，德国高校承担的欧盟第五框架内签署的合同项目，分析了参与这些项目的德国高校、国家之间的协作形式以及高校参与的项目数量。

（7）科学论文的计量学分析数据。报告采用了德国以外的两个独立的信息计量学研究中心——瑞士日内瓦科学技术研究中心和荷兰莱顿大学科学技术研究中心的研究结果，对德国在 Web of Science 内收录的国际科技论文进行统计分析。这两个来自独立机构的分析结果使得整体分析更加全面和客观。

　　瑞士日内瓦科学技术研究中心是专业从事独立的科学与技术研究分析评估的研究机构，按照专业的信息计量学方法，根据官方公布的标准数据进行分析。荷兰莱顿大学科学技术研究中心根据 Web of Science 数据库建立了自己的分析数据库，以 SCI 论文为基础进行专项分析。

　　利用以上数据来源，统一采取德意志研究联合会学科分类方法，并根据 2003 年度德意志研究联合会资助与排序报告对高校进行多个指标的分类和排序。首先对上述单项指标分别进行排序，然后根据单项指标排序的结果进行汇总，得出综合排序结果，如表4-6所示（郑英姿和朱星，2005）。

表4-6　德国高校排序汇总

名称	1	2	3	4	5	6	7	8	9	10	11
亚琛工业大学	A	C	A	A	A	B	C	A	A	A	n. a.
慕尼黑大学	A	A	A	A	A	A	A	A	A	A	A
慕尼黑工业大学	A	B	A	A	A	A	A	B	C	A	A
图宾根大学	A	B	A	A	A	A	A	B	A	A	A
埃尔朗根–纽伦堡大学	A	A	A	A	B	B	A	C	C	A	B
海德堡大学	A	B	A	A	A	A	A	A	B	A	A
斯图加特大学	A	D	B	A	B	C	B	B	B	A	C
伍兹堡大学	A	C	B	B	B	B	B	D	C	B	B
柏林洪堡大学	B	A	A	B	A	A	A	A	C	A	B
卡尔斯鲁厄大学	B	D	C	A	C	C	B	B	A	A	C
弗莱堡大学	B	C	B	B	A	A	B	B	B	B	A
参与统计的高校数/所	80	79	79	80	80	80	80	79	79	80	47

　　注：表中的 1 为德意志研究联合会资助（1999~2001 年）；2 为教授人数（2000 年）；3 为科学研究人员总数（2000 年）；4 为科学研究经费（1999~2000 年）；5 为主持网络协作项目（1999~2001 年）；6 为德意志研究联合会评审专家数量（1999~2001 年）；7 为洪堡学者数量（1997~2001 年）；8 为德国学术交流中心学者数量（2000~2001 年）；9 为德国学术交流中心学生与研究生数量（2000~2001 年）；10 为欧盟第五框架项目数量（1998~2002 年）；11 为国际学术期刊论文数量（1994~1999 年）。A 为德意志研究联合会排名 1~10 名，B 为 11~20 名，C 为 21~30 名，D 为 31~40 名，n. a. 为无该资料。表中仅列出了在统计期间获得德意志研究联合会资助总数超过3000 万欧元的高校

　　德意志研究联合会兼顾各项指标对高校进行评估，全面介绍了高校的科学

研究现状，不仅可以得出某一高校总体科学研究水平，也可根据单项查找某所高校在某一方面的排名情况。这些指标均可客观反映出一所大学的科学研究水平，并且这些指标数据是长期积累的结果。表4-6中，亚琛工业大学由于获得德意志研究联合会资助总数排名第一，其综合排名也较靠前，因此德意志研究联合会的资助情况是衡量科学研究机构学术活跃程度和科学研究水平的重要指标。

4.1.4 日本高校科学研究管理体系

日本高校科学研究水平较高，科学研究人员实力较强，日本高校进行的科学研究活动在其整个国家体系中占据着举足轻重的地位，高校科学研究在为日本社会做出贡献的同时也促进了高校自身的建设和发展。日本高校系统在五十多年间建设了多所世界一流的高校，培养了十多位诺贝尔奖获得者，以及大量的科技创新型人才。可以说日本获得诺贝尔奖的科学研究人员，大多数来自高校，这些成就与日本高校的科学研究管理体系有着密不可分的关系（杨红霞，2003）。

4.1.4.1 日本高校科学研究的主要特点

（1）科学研究自主性高。日本社会是一个高度法治化的社会，在教育方面也是如此，通过教育法规实行对高等教育的指导和控制，实行民主办学。在学校管理上，日本高校秉持"教授治校"的理念，因此高校在开展科学研究工作的过程中，受行政人员的干涉或者限制较少，有着较大的自主权。无论在科研经费的管理方面、科研人员的配置方面，还是在研究方向的选择和调整方面，科研项目的实际负责人都有着很大的自由裁定权。因此，在日本高校从事科研工作的科研人员自主性很高。

（2）科学研究资助来源广。日本高校的科研经费来源比较广泛，其中日本文部科学省是主要的资助机构。其他来源还包括企业财团和基金会支持，以及民间捐赠经费等（王敏康，1998）。具体来说，日本高校教师的科研经费主要的构成包括：人均经常费中的科研经费、科学研究经费补助金、来自民间的科研经费捐助以及委托研究经费。其中，科学研究经费补助金，也就是来源于日本政府层面的资金支持，在日本高校教师获得的科研经费构成中所占的比例正日益增加（陈武元，2019）。

（3）科学研究团队设置比较合理。日本大多高校从事教学与科学研究的基本单位被称为"讲座"。一般每个"讲座"的人员构成包括：教授（通常为1名）、副教授（通常为1名）、讲师（通常为1名）、助教（通常为1名）、研究生（通常为多名），每个"讲座"就是一个完整的科研团队（王敏康，1998）。

（4）科学研究人员学术交流多。日本致力于科学研究的国际化，鼓励科研人员在国际上与同行交流合作。其科研经费的资助项目中有专门针对国际科研合作与交流的项目类别（鲍健强，2001）。日本高校的科研人员，尤其是取得较高科技成就的科研人员有很多参加国际学术会议的机会。日本国内也经常举办各种学术会议和活动，高校的科研人员在学校的鼓励和支持下，在这些学术活动中，表现非常踊跃。

（5）独创性科学研究发展迅速。20世纪80年代后期，日本做出《关于当前教育改革的具体措施——推进教育改革大纲》决议，该大纲规定今后的方针政策是，促进独创性尖端基础研究的发展，扩充科学研究经费，培育青年科研人员等。20世纪90年代，高校的独创性科学研究进一步加强，内阁提出，日本最应重视强化基础性、创造性的研发，重视以基础研究为中心的高校的作用。因此，为加强高校科学研究的灵活性和流动性，日本进行了高校科学研究组织的改革，包括引入大部门制和科研人员任期制，设置流动性科学研究组织，加强公用研究机构的建设以及加强国际合作，以促进日本高校独创性科学研究的发展。

4.1.4.2　日本高校科学研究经费管理

日本高校科学研究工作在国家层面的科技创新系统中发挥了特别重要的作用，日本也将政府科技研发经费中相当大一部分投入到高校中，并且还在逐渐增加投放总量及比例。

1）高校科学研究经费来源

日本文部科学省作为国家科技、教育、文化等工作的主要政府管理部门，管理着国家科技预算约64%的经费（刘娅和王玲，2010），从日本的大学系统获得的政府科学研究经费看，文部科学省设置的以支持学者自由探索研究为目标的"科学研究补助金制度"以及围绕国家战略目标的"战略性创新研究推进事业"是大学基础研究活动的主要竞争性经费来源（康小明和薛澜，2008）。日本学术振兴会（Japan Society for the Promotion of Science，JSPS）类似于美国国家科学基金会，2003年正式成为日本官方科学研究管理机构，其主要职能是通过资金投入促进日本基础研究的发展，日本学术振兴会提供资助的范围涵盖了自然科学和人文与社会科学，资助对象包括日本高校的各级科研人员（邱均平和吴建华，2007）。

此外，日本高等教育机构科学研究活动经费还可来自民间投资，从2005~2007年的统计数据来看，国家财政和民间投资经费占大学研发经费总额的99%左右，其中国家财政和民间投资在大学研发总经费中基本上各占一半。来自国外等渠道的科学研究经费很少，2005~2007年尽管有一定增长，但主要流向了日本的国立大学（刘娅和王玲，2010）。

分开来看，日本国立和公立高校来自国家财政的经费占其总经费的95%，其中，国立性质的高校的经费主要来自中央财政拨款，公立性质的高校的经费由地方政府财政负担。私立性质的高校91%的科学研究经费来自民间投资，如企业项目合同或捐赠，而来自国家财政的科学研究经费仅占其研发经费总额的8%左右（刘娅和王玲，2010）。

日本国立大学的科学研究经费根据来源主要分为四个组成部分，一是来源于国家财政预算的"一般大学经费"；二是来源于国家财政独立预算的"财政经费"；三是来源于与文部科学省以外的政府、企业等机构合作研究获得的"外部经费"；四是来源于国家财政预算拨给附设于大学的研究所的"研究所经费"（丁建洋，2014）。

日本的私立大学也是其高等教育的主力军，其筹措经费的渠道主要包括：一是收取学费，私立大学收取的学费是其教育及科学研究经费的重要来源，其学费一般较高，除入学费用外，还有部分设备使用费；二是政府财政拨款，日本政府在1975年7月颁布了《私立学校振兴援助法》，通过补助性经费维持和提高私立大学的教育和科学研究活动，大力支持私立大学开展科学研究工作；

三是学校创收渠道,可分为经营服务收入、科学研究收入和社会捐赠收入等(石睿,2010)。

2)高校科学研究经费管理和使用

日本政府规定,高校运营中收入的资金必须先上交政府,通过政府预算再重新划拨给学校。这部分资金作为政府给学校预算的一部分来使用,便于加强对学校资金的全面控制和管理。此外,政府还严格管理高校对与经费使用有关的人员设置、收费标准等,不允许学校人员超编和随意提高或降低收费标准。

日本高校有完备的程序和规章制度约束经费的使用,明确提出具体的财政管理须遵守的有关财政法规。日本以 1947 年颁布的《教育基本法》为核心,在经费筹措和管理方面建立了一系列学校管理的法律,同时有关国家财政方面的法律也同样适用于学校(唐虎梅,1996)。

日本高校普遍实行法人制管理制度,在科学研究方面有很大的自主权。相应地,学校对具体的科学研究项目有较高的自主管理权,由具体的课题组负责统筹科研经费的分配和使用,日本高校会根据自身需要来制定相应的科学研究经费预算,并建立了严格的经费监督管理机制,通过严格的内部管理控制来避免经费的违规使用;项目资金的来源方则通过审查的方式对经费的使用情况进行监督;日本政府负责出台监管科研经费的预算以及执行的政策,如制定规章制度来规范科学研究经费的使用,或者通过审计的方式对项目经费预算以及执行进行监督;此外,日本的社会公众也可以对科研项目经费的执行情况进行监督,协助保证科学研究经费的合理规范使用(吴桐,2013)。

日本政府拨付的科学研究经费导向明确,其资助方式为均等与竞争并行。均等的资助方式主要体现"公平分享",其优点为支持科研人员自主选择研究方向,为科研人员提供了较为宽松的研究环境(丁建洋和洪林,2010)。而需经过一定的程序争取对科学研究课题进行直接资助的科学研究经费补助金部分,被称为竞争性资金。这类资助是日本面向全国范围的,公开募集科学研究项目,经审查通过后,研究者可获得数十万至数亿日元不等的年度科学研究经费补助。从 2011 年开始,文部科学省建立新的资助制度:规定将之前一部分限制用途并必须在年度内用完的科学研究经费补助金转为科学研究经费基金,

Investigation on the functions and development performance of higher education institutions in China

并可以跨年度使用。此后，科学研究经费补助金实际上还包括科学研究经费基金。科学研究经费补助金主要用于三个方面的研究：一是重要的基础性科学研究，这是其最核心的部分；二是对学术成果发表的资金支持，包括出版费补助、学术刊物发表的补助等；三是对科学研究相关事业的资金支持，具体类别包括：科学研究费、特别研究促进费、研究成果公开促进费、研究成果转化研究费、专项奖励费、特别研究者奖励费（巴玺维，2013）。

4.1.4.3　日本高校科学研究评估

日本高校的科学研究评估对提升学校整体科学研究实力的作用不容小觑。日本的科学研究评价组织机构体系相对来说比较健全，大致可以分为四个层次：综合性科技评价机构和由国家直接管理开发的事业评价机构、专业性评价机构、企业性评价机构，以及各研究机构内部设立的评价机构。日本在进行科学研究的评价工作中，评价方法多采用定性与定量相结合的方法，在具体的评价过程中，针对不同领域、不同性质的课题，往往评价的侧重点不同，一般也会采取不同的评价方法组合。例如，日本在评价环境或安全领域的课题时，会更加侧重科研成果的经济价值、科研人员的创新潜力等。

为实现科学研究评价的客观性和公正性，日本政府于1997年出台了《国家研究开发评价实施办法大纲指南》，大纲明确规定了研究开发的范围，确定了评价目的、评价对象、评价者以及评价方法等，目的是促进科学研究管理机关和科学研究机构健全科技评价制度，完善评价体系，规范科技评价方法。2004年，日本国立大学实施法人化改革，外部评价的紧迫性空前高涨，私立大学也必须根据相关法律的修订接受每7年一次的认证机构评价（任景波，2010）。因此，日本高校主要进行第三方机构的认证评估，评估人员、评估项目和评估方法均由第三方机构确定。

目前，日本共有4个认证评估机构：大学评价与学位授予机构（National Institute for Academic Degrees and University Evaluation，NIAD-UE）、日本大学认证协会（Japan University Accreditation Association，JUAA）、日本学院认证协会（Japan Association for College Accreditation，JACA）和日本高等教育评估机构（Japan Institution for Higher Education Evaluation，JIHEE）。文部科学省不直接

干预或控制这 4 个机构的评估标准及评估过程，但提出了 4 项标准：一是评估标准及方法必须足以准确地进行认证评估；二是必须完善必要的体制以确保评估准确地实施；三是在公布评估结果之前，必须给予高校申诉意见的机会；四是必须拥有具备管理基础的法人（财团），并进行完整的认证评估（李雪梅，2008）。

4.2　我国高校科学研究管理体系

20 世纪 80 年代，我国越来越重视高校科学研究的发展，通过出台政策等对高校科学研究工作予以支持，高校科学研究活动因此迅猛发展。20 世纪 90 年代，高校科学研究工作再上新的台阶，与科研院所、企业研究机构一起成为国家科学研究的主要力量，在国家重大任务需求中发挥的作用越来越大。进入 21 世纪，科学技术在推动社会发展中扮演着越来越重要的角色，各方对高校发挥科学研究职能提出了更高的要求。

4.2.1　我国高校科学研究的主要特点

1952 年之前，我国高校的学术组织机构采用的是"学校—学院—系（所）"三级模式，从 1952 年开始，我国进行了大规模院系调整，采用"学校—系—专业教研室"三级模式（李芳，2007）。1978 年我国研究生教育制度恢复，1981 年我国正式建立高等教育学位制度，从此科学研究在高校受到的重视程度不断增强。直到 1985 年，我国颁布了《中共中央关于教育体制改革的决定》，指出"高等学校担负着培养高级专门人才和发展科学技术文化的重大任务"（史琪，2010），科学研究作为高校的职能之一有了政策基础（张俊超和刘献君，2009）。1999 年，《中华人民共和国高等教育法》颁布，提出"高等教育的任务是培养具有创新精神和实践能力的高级专门人才，发展科学技术文化，促进社会主义现代化建设"（陈志军，2019）。科学研究作为高校的职能之一有了法律基础（王松婵和林杰，2019）。时至今日，"以教学为中心"与"以科研为中心"的理念争议依然存在，但科学研究作为高校职能之一的地位却已经确定。

1）我国高校的组织机构体系

我国高校的组织机构体系包括三层结构型和四层结构型，其中三层结构型主要包括"学校—学院—系"型和"学校—系—专业教研室"型，这种结构拓展了基层组织的功能，在继续承担专业教学的同时，加强了相关学科的科学研究；此外还包括"学校—学院/研究所—研究室"型和"学校—学院—中心"型。四层结构型包括："学校—学院—系—学科组"型，这种结构在部委属高校、地方高校中占有一定比例；还包括"学校—系—教研所—教学小组"型，20世纪80年代中期，一些体量较大的高校会采用这种结构。"学校—学院—系—专业教研室"型结构主要出现在调整合并后规模较大的高校中（李芳，2007；甘宓，2011；胡成功和田志宏，2003）。

2）我国高校学术管理中的职权分配

我国公立性质的高校现行的职权结构模式是"党委领导下的校长负责制"，在此基础上，形成"学校—学院—系"三级管理模式，自上而下垂直领导，权力重心上移，呈现倒金字塔式的权力配置（毕宪顺和张济洲，2012）。

我国高校当前主要是各级行政人员负责学校的学术管理活动，学术性组织或学术性团体数量相对还不够多，现有的学术组织独立性还不够，开展常规性活动存在一些困难。学术组织成员大多数也担任行政职务，学术权力相对行政权力较小，学术管理与行政管理存在混淆的现象。有学者对多所高校内学术人员担任行政职务的情况进行统计，具体如表4-7所示（李芳，2007）。

表4-7　学术人员担任行政职务和学术职务情况统计

职务	教授（69人）		副教授（81人）	
	人数/人	比例/%	人数/人	比例/%
担任学术机构职务	22	31.88	13	16.05
担任行政职务	6	8.70	17	20.99
既担任学术职务又担任行政职务	19	27.54	3	3.70
无任何职务	22	31.88	48	59.26

从表4-7可以看出，部分高校的教授及副教授都既担任学术职务又担任行

政职务，教授担任学术机构职务的比例高于副教授，但有较多的副教授担任行政职务。

4.2.2　我国高校科学研究经费管理

4.2.2.1　高校科学研究经费来源

1949 年，中华人民共和国成立之初，我国学习苏联的科技发展模式，实行以行政管理为主导的计划式科技体系，科学研究经费几乎全部被纳入国家行政管理体系中。随着科学技术的不断发展，原有的科学研究管理体制的缺点逐渐体现出来。改革开放之后，为促进科学的发展，1985 年，我国发布《中共中央关于科学技术体制改革的决定》（简称《决定》），全面推行科技体制改革（付淑琼，2013）。《决定》重视"开拓技术市场，克服单纯依靠行政手段管理科学技术工作"。同时，《决定》还提出了"逐步试行科学基金制，基金来源，主要靠国家预算拨款。设立国家自然科学基金会和其他科学技术基金会，根据国家科学技术发展规划，接受各方面申请，组织同行评议，择优支持"（龚旭，2007）。此后，高校作为基础研究的重要部门，科研经费主要来源为争取国家基金支持。

1993 年，中共中央、国务院在《中国教育改革和发展纲要》中提出，我国教育经费来源格局是财（财政拨款）、税（教育税）、费（教育收费）、产（校办产业）、社（社会捐赠）、基（教育基金）（耿同劲，2010）。1995 年，中共中央、国务院作出《关于加速科学技术进步的决定》，明确提出"继续推动产、学、研三结合，鼓励科研院所、高等学校的科技力量以多种形式进入企业或企业集团……"，指明高校的科学研究经费来源为国家资助、企业投资等（付淑琼，2013）。

按照资助的来源，我国高校科学研究经费可分为纵向经费和横向经费。财政拨款的经费属于纵向经费，包括来自教育部、科技部、市政府以及国家自然科学基金委员会、国家社会科学基金委员会等部门下拨的国家级立项项目、省部级立项项目、厅局级立项资助等项目经费；主要来源于社会投入的经费属于横向经费，其是科技创新性质的科学研究经费，横向经费来源渠道较广，包括

· Investigation on the functions and development performance of higher education institutions in China

各类企业的资助与社会各界的技术协作、开发与支持、培训咨询、科技成果转化等，需要高校用劳务或科学研究成果来偿付（罗焰，2014）。

尽管我国一直在积极引导企业乃至社会的力量投入支持科学研究项目，但不得不说，到目前为止，我国高校的科学研究经费仍主要来自政府资助，来自企业的横向资助金额较少。根据 2003~2007 年的数据，高校来自企业的科学研究经费约占当年高校科学研究经费的 37%，约占企业当年支出科学研究经费的 5%。企业当年支出科学研究经费的 95% 流向了科学研究院所和企业进行的研发项目，具体如表 4-8 所示（臧金灿，2010）。

表 4-8　2003~2007 年企业资助高校科学研究经费情况

经费指标	2003 年	2004 年	2005 年	2006 年	2007 年
高校科技经费总额 */亿元	307.8	391.6	460.9	528	612.7
高校来自企业的科学研究经费 */亿元	112.6	148.6	172.9	197.4	219.2
企业筹集科学研究经费额 */亿元	2053.5	2771.2	3440.3	4106.9	5189.5
高校来自企业的科学研究经费占企业当年科学研究经费的比例/%	5.5	5.4	5.0	4.8	4.2

* 数据来源于国家统计局网站

另外，我国高校的科学研究经费还包括接受捐赠、赞助的科学研究经费和校内自筹科学研究经费（罗焰，2014）。就地方高校而言，我国地方高校的资金来源主要是地方财政拨款，但由于受到地方经济发展程度和国家资助程度等不同的影响，地方高校科学研究经费增长幅度不同，地区差异较大（吴建国，2005）。

根据国家统计局公布的数据，2003~2007 年，我国高校科学研究经费占国内科学研究经费总量的比例均不足 10%，且多集中在北京、上海等著名高校集中的地区，据有关数据，北京、上海两地高校科学研究经费约占当年全国高校科学研究经费的四分之一，具体如表 4-9 所示（臧金灿，2010）。

表 4-9　2003~2007 年全国高校和北京、上海高校科学研究经费

科学研究经费	2003 年	2004 年	2005 年	2006 年	2007 年
高校科学研究经费总额/亿元	307.8	391.6	460.9	530.0	612.7
北京高校科学研究经费总额/亿元	50.0	61.3	78.6	90.2	105.6

科学研究经费	2003 年	2004 年	2005 年	2006 年	2007 年
上海高校科学研究经费总额/亿元	25.6	28.9	35.5	39.4	45.5
两校合计所占比例/%	24.6	23.0	24.8	24.5	24.7

4.2.2.2　高校科学研究经费管理

我国对高校的科学研究资助主要集中于科学研究活动的起始环节，如课题申请、项目评审等，而在科学研究活动从实施到结题、经费预算与成果使用及产出与开发等环节，相应的监督与审查力度还需要加强。科学研究资助从申请立项开始，到项目实施、成果取得、成果应用推广是一个完整的过程，最终目的是产出大批创新的科学研究成果，并投入实际使用，这单靠科学研究立项和经费支持是不能实现的（付淑琼，2013）。

在成本管理方面，间接成本在我国又被称为间接费用或管理费。不同的管理部门对间接成本的概念和分摊标准有不同规定，其通过设定间接成本占科学研究拨款额的比例控制间接成本的分摊，如国家自然科学基金项目、国家杰出青年科学基金项目等项目设定比例为5%；科技部按预算总额分段超额累退法设定比例，其最新规定的比例根据金额设定为1%～8%；全国教育科学规划课题在设定比例的基础上又设定了上限控制（湛毅青，2007）。我国的间接成本也是与直接成本捆绑、由归口管理部门一起拨付到高校（郭德侠和郭德红，2013）。

4.2.3　我国高校科学研究评估

高校科学研究水平的高低是衡量高校综合实力的重要指标，也是建设国际一流高校的重要内容。如何评价高校的科学研究水平，提升高校整体实力从而提升科学研究竞争力，推动国家科技创新的发展，是政府和高校一直努力研究的课题。而我国常用的科学研究评估方法包括定量和定性评估法。

定量评估法中，可用于量化的指标大类包括：学术论文、学术专著、专利、科技鉴定、科技应用成果、软科学成果、获奖成果和科学研究项目等。我国较常用的定量评估方法为文献计量方法，具有客观、量化和易于比较等优

Investigation on the functions and development performance of higher education institutions in China

---

点，并能对科学研究产出能力等重要指标有直观的评价。北京大学图书馆2011年受学校科学研究管理部门的委托，基于文献计量法对北京大学科学研究竞争力进行评估，对北京大学 2000～2011 年的学科科学研究实力进行了分析（侯邦臻，2019），以解决学科规划布局问题，从学校整体科学研究实力、各学科科学研究实力、各院系科学研究实力和科学研究人员实力四个方面进行评估，具体评估指标体系如表 4-10 所示（赵飞等，2014）。

表 4-10 北京大学图书馆高校科学研究评估体系

评估层面	评估内容	一级指标	二级指标
学校整体科学研究实力	科学研究生产力情况	论文产出数量情况	WOS** 收录总数
			WOS 收录逐年趋势
		论文产出质量情况	优秀期刊收录数量
			优秀期刊收录比例
			优秀期刊收录逐年趋势
	科学研究影响力情况	论文被引情况	WOS 被引总数
			WOS 被引比例
			WOS 被引逐年趋势
		论文篇均被引情况	WOS 篇均被引数量
			WOS 篇均被引逐年趋势
		顶级期刊发文情况	*Nature* 论文发表数量及趋势
			Science 论文发表数量及趋势
	人文社科科学研究实力	中文论文产出情况	CSSCI*** 收录总数
			CSSCI 收录逐年趋势
		中文论文被引情况	CSSCI 被引总数
			CSSCI 被引逐年趋势
	论文合作情况	论文国际合作情况	国际合作总数
			国际合作逐年趋势
			重点合作国家与地区
			重点合作国家与地区变化趋势

90

续表

评估层面	评估内容	一级指标	二级指标
各学科科学研究实力	科学研究生产力情况	论文产出突出的院系	WOS 收录数量
			WOS 收录逐年趋势
	科学研究影响力情况	ESI* 中进入全球1%的学科情况	WOS 收录数量及趋势
			WOS 被引数量及趋势
	人文社科学科实力	中文论文产出情况	CSSCI 收录数量
			CSSCI 收录逐年趋势
		中文论文被引情况	CSSCI 被引数量
			CSSCI 被引逐年趋势
各院系科学研究实力	理工科院系科学研究实力	论文产出数量情况	WOS 收录数量
		论文产出质量情况	优秀期刊收录数量
			优秀期刊收录比例
		论文影响力情况	WOS 被引数量
			WOS 篇均被引数量
			ESI 高被引论文数量
	人文社科院系科学研究实力	论文产出数量情况	WOS 收录数量
			CSSCI 收录数量及趋势
		论文产出质量情况	优秀期刊收录数量
			优秀期刊收录比例
		论文影响力情况	WOS 被引数量
			CSSCI 被引数量及趋势
			WOS 篇均被引数量
			CSSCI 篇均被引数量
	院系科学研究合作情况	各院系合作产出数量	WOS 收录数量
			热点合作院系
		各院系合作产出质量	优秀期刊收录数量
			优秀期刊收录比例
科学研究人员实力	科学研究生产力情况	各学科论文产出突出人员	WOS 收录数量
			CSSCI 收录数量
		各院系论文产出突出人员	WOS 收录数量
	科学研究影响力情况	各学科论文产出突出人员	WOS 被引数量
			WOS 篇均被引数量
		各院系论文产出突出人员	WOS 被引数量
			WOS 篇均被引数量
			ESI 高被引论文数量

* 基本科学指标数据库（Essential Science Indicators，ESI）。

** Web of Science，简称 WOS。

*** 中文社会科学引文索引（Chinese Social Science Citation Information，CSSCI）

Investigation on the functions and development performance of higher education institutions in China

虽然用文献计量的方法,在一定程度上能反映高校的科学研究实力,但仅凭数量来评价高校科学研究实力又有一定的片面性。为了扭转过于重视量化指标的倾向,充分反映学科差异性和不同类型学术研究的客观规律,复旦大学提出重视"代表性成果"制度,该制度的一个特点是能突出学科的特性,如复旦大学认可工程类院校将成果应用与转化列为代表性成果,计算机学院也可将高质量的会议论文列为代表性成果,这就在某种程度上削弱了"唯数量化"的状况,让更多的之前在数量上不达标的优秀成果及优秀科学研究人员参与评价①。

将代表性成果纳入评估范围,即对科学研究成果的质量进行评估。国外常用到的方法是同行评议,即邀请同领域的专家对科学研究成果做出公正的评判。复旦大学的做法是建立校外专家库,采用匿名随机从库中选取领域专家的方法进行评估,同时还建立了回避制度,一是申请人认为某同行专家与自己的观点不同或有其他原因可提出回避要求;二是学校人事处在选取专家时回避申请人的直系亲属、导师等(王晓阳,2013)。

定量和定性评价各有优点,但只用一种方法来评估总会存在一定的局限性,将两者相结合,才能更大限度地发挥每个方法的优势。

4.3　政策建议

在对美国、英国、德国及日本的高校科学研究管理体系进行调研的过程中发现,四个国家的高校科学研究管理体系既有相同之处,又存在差异。对其成功的科学研究管理经验的总结及借鉴,可为我国高校科学研究管理工作提供一定的参考。

4.3.1　四个国家高校科学研究管理体系的共性分析

四个国家高校科学研究管理体系中的相同之处可大致总结为以下三个方面。

① 杨玉良. 杨玉良:在复旦大学六届一次教代会上的讲话. https://news.fudan.edu.cn/2013/0428/c69a32244/page.htm [2015-12-03].

1）重视高校学术自由

虽然从国家政府与高校的关系来看，美国和英国政府是以监督为主，不直接插手高校学术事务，日本和德国的政府对高校事务进行有限度的间接管理，但从整体上来看，四个国家都非常重视高校的学术自由，给予高校科学研究很大的自主权。美国的学术管理主要是由教授组成的学术委员会执行，教授负责管理学校的科学研究活动；英国政府也非常重视高校的学术自由，伦敦大学校长更是指出，政府在对高校投资的过程中，应充分相信学校的自我管理能力，给予学校学术自由，牛津大学校长也指出，学术自由是英美名校的灵魂[①]；德国的宪法和法律将高校定为自治的法人机构，确保了高校自治学术自由；日本与德国类似，也开始实施高校法人化管理，在科学研究方面给予高校很大的自主权，也鼓励高校实行教授治校的方针。

2）经费来源渠道广泛，经费监管体系完善

四个国家的经费都主要来自政府的资助，无论是联邦政府还是地方（州）政府，均对高校的科学研究进行不同程度上的资助。而且四个国家高校的科学研究经费来源渠道都很广，除了政府资助外，还包括基金会的资助、工业企业的资助以及私人的捐助等。

国外许多高校将科学研究经费划分为直接成本和间接成本，实施经费的成本管理。在经费管理方面，实施集中和分散两种模式，集中管理是指政府直接控制高校科学研究经费分配，分散管理是指政府不直接干预高校科学研究经费分配，但会通过经费投入的学科体现政府意图。德国高校科学研究经费多是集中管理，美国多采用分散管理。国外高校在经费管理中实施内部管理和外部监督并重的方式，内部管理包括权力制衡机制、专门管理制度和内部审计等，外部监督主要包括政府监督和社会监督两个方面[②]。

---

① 伦敦大学学院校长：一流大学需学术自由和自治. https://www.chinanews.com/edu/2011/02-28/2872513.shtml［2022-01-10］.

② 美国、英国大学科研资助情况研究. http://www.bpf.cas.cn/zypz/201102/t20110224_3075505.html［2022-01-10］.

3）重视对高校科学研究人员及科学研究活动的评价

四个国家在确保高校科学研究经费充足及高校科学研究自由的前提下，还非常重视对高校科学研究活动、科学研究人员的评估。科学研究评估对提高高校科学研究成果质量，提升高校整体的科学研究实力，以及高校的国际影响力起到关键作用。美国制定高校科学研究人员绩效评估表；英国具备完善的高校 RAE 体系；德国也注重对高校的评估，并且还在逐步加强；日本建立了第三方认证评估机构。此外，四个国家的高校科学研究评估均与其获得政府经费支持具有密切关系，政府依据评估结果来划拨相应的经费，通过引导高校之间科学研究的良性竞争，进一步促进各高校科研实力的提升。

4.3.2 四个国家高校科学研究管理体系的差异分析

四个国家高校科学研究管理体系中还存在许多差异，主要体现在以下三个方面。

1）各国高校科学研究都具有鲜明的特色

四个国家的科学研究管理与运行情况有着各自的特征。比较突出的是美国高校内教学和科学研究逐渐分离，并设立独立的科学研究机构，保证科学研究活动开展的宽松环境，给予科研人员更多的自由时间；德国科学研究实施的是双轨制；英国高校在组织全国自然科学与技术研究和社会科学研究方面处于核心地位；日本高校科学研究在为日本社会做出贡献的同时也促进了高校自身的建设和发展。

2）各国高校科学研究经费来源比例不同

四个国家高校的科学研究经费的来源均比较广泛，虽然大部分来自中央（联邦）政府及地方（州）政府的拨款，但其经费来源比例存在不同之处。美国除政府资助外，来自工业企业的资助以及校友的私人捐助也占高校科学研究经费的很大比例，英国、德国和日本的科学研究经费中，政府资助占绝大部分，其余的资助所占比例很小。

Investigation on the functions and development performance of higher education institutions in China

3）各国高校科学研究评估机制不同

在对科学研究人员及科学研究活动的评价过程中，四个国家的高校采取不同的方式进行。美国明确了科学研究人员绩效评估的各项指标；英国实行的高校 RAE 体系已非常成熟；德国也开始注重对高校科学研究的评估，由德意志研究联合会通过对高校的科学研究评估来提供相应的经费；日本高校的科学研究评估则主要采用第三方认证评估的方式，并且从事科学研究评价的组织机构非常庞大。

4.3.3　国外高校科学研究管理的经验借鉴

综上所述，国外高校有很多科学研究管理有益经验值得我国高校借鉴，主要有以下三点。

1）拓宽经费来源渠道

20 世纪 80 年代初期以前，我国高校科学研究经费来源都是由国家财政统一拨款，到了 80 年代中期，这一形式已与高校科学研究的进步和经济社会的发展不相适应。虽然之后也努力尝试"运用经济杠杆和市场调节"来拓宽高校科学研究经费来源，但成效并不算显著。目前，我国高校科学研究经费仍主要来源于政府投入及基金支持，来自工业企业资助及社会捐助的部分仍较少。因此，我国高校应加大与企业的合作力度，共同研发，争取工业企业的科学研究资助，并重视科学研究成果的转化，发挥科学研究成果的社会价值和经济价值。

2）健全相关监督机制

我国高校的学术组织机构建设还需要完善，比如增加设立主管学术的常委会或主席团等，在学术委员会等学术组织设立常设机构，而不是挂靠在其他行政职能部门中，增强学术管理的科学性和专业性。

在科学研究经费的实施和使用方面，美国、德国、英国、日本高校各自有一些值得借鉴的经验，如美国科研经费管理采用"全成本核算"概念，针对

Investigation on the functions and development performance of higher education institutions in China

科研经费的管理和使用制定了详细的规则，采取内部控制与外部监管相结合的模式对科研经费的使用进行控制。德国则对高校的科学研究经费管理采用严格的预算约束机制，并允许社会公众监督科研经费的使用。日本高校获得科研经费以后，也需要接受来自多方的监督，包括项目投资方、日本政府，以及社会公众等，来保证科学研究经费的合理规范使用。

我国可以借鉴美国、日本、德国等监督机制相对完备的国家的做法。构建完善的监督管理体制与机制。尤其是在对科研经费的管理方面，应该加强总体控制，比如加强预算约束，或者从对科研成果的审查角度，审核科研经费使用的合规性等，针对不同环节，采用不同的具体监管方式。但是需要注意的是，把控监管的力度，合理使用监管手段，以在给予科研人员充分的研究自由与适当的监管之间取得平衡。提高科研经费的使用效率，最终促进我国科技水平的提高。

3）完善科学研究评估体系

以英国为例，英国高校科学研究评估最突出的特点是以学科为基础评估单元，通过引导学科发展提升学科竞争力，进而获得更丰富的科学研究拨款。而我国的科学研究拨款模式并非以学科为基础，科学研究评估多忽略学科的重要性，因此经常追求学科的大而全，而相对弱化了学科质量和水平（刘兴凯和梁珣，2015）。此外，我国高校科学研究评估还应建立权威的官方或非官方第三方中介机构作为评估主体。我国的高校科学研究评估起步较晚，评估体系尚待完善。应在赋予高校充分的办学自主权和学术自由权的同时，加强对高校科学研究工作的评估指导。在对我国高校进行科学研究评估过程中，也可通过建立类似德意志研究联合会的中介机构来进行评估，一方面可以体现科学研究的权威性，另一方面又可体现科学研究评价的专业性。

落实以质量为核心的科学研究评价标准。我国高校的科学研究评价仍是"重数量，轻质量"，如果以牺牲科学研究成果的质量为代价，则成果数量再多，也难以真正反映高校的科学研究竞争实力。因此，应注重科学研究成果的质量，数量与质量相结合，客观公正地体现高校及科学研究人员的科学研究实力。

在对评估结果的使用上，国外被调研高校的科学研究评估通常与科学研究经费相关，为提高我国高校科学研究水平，高校科学研究评估结果也应更紧密地与科学研究经费挂钩，从而实现资源的优化配置，引导高校关注科学研究活动的投入产出率，产出更多高水平的科学研究成果。

4.4　案例：约翰斯·霍普金斯大学的科学研究

约翰斯·霍普金斯大学建立于 1876 年，是美国第一所仿照德国模式建立的高校，奠定了美国研究型高校的制度基础，可以说是"彻底改变了美国的高等教育"①。该校建立之初，即提出了鼓励科学研究的理念，"创办大学的目的在于为学者研究高深知识创造合适的环境和机会"（French，1946），并在这一理念的指引下，一直致力于推进高水平科学研究工作。1979 年以来，约翰斯·霍普金斯大学一直是获得美国联邦研发经费支持最多的高校之一。根据美国高等教育研究与发展调查（Higher Education Research and Development，HERD）数据，2020 年，约翰斯·霍普金斯大学的研发经费支出位于美国高校榜首，达 31.1 亿美元，并且已经连续 42 年在高校科研经费排名中位居第一②。

约翰斯·霍普金斯大学早期的科研经费主要来源于创建者的遗产、股权收益、社会捐赠（张磊，2016）。当前，该校主要的科研经费来源包括：政府资助、社会捐赠、服务收入、科研成果转化收入（王嘉蔚和贾延江，2015）。其中，联邦研发经费是最主要的经费来源。约翰斯·霍普金斯大学主要通过投入科研人力、科研设施和设备，以及签订研究合同获得经费支持（周锋和蔡晖，2009）。此外，约翰斯·霍普金斯大学还通过科技成果转化，比如对专利的商业化运作获得收益，部分收益用来支持进一步的科学研究。例如，2018 财年，约翰斯·霍普金斯大学的 2864 项有效专利在约翰霍普金斯科技风险投资公司的指导下，为约翰斯·霍普金斯大学带来了 1650 万美元的许可收入③。

约翰斯·霍普金斯大学大力支持科学研究工作。为鼓励科学研究采取了一

---

①　Johns Hopkins University. About us. https://www.jhu.edu/about/［2022-05-27］.

②　National Center for Science and Engineering Statistics. Higher education R&D increase of 3.3% in FY 2020 is the lowest since FY 2015. https://ncses.nsf.gov/pubs/nsf22312［2022-05-27］.

③　Johns Hopkins University. Home. https://www.jhu.edu/ ［2022-07-11］.

系列措施，包括为优秀的科研人员提供丰厚的入职条件，购置先进的研究设备、创造自由宽松的研究条件，包括为科研人员在不同项目之间的自由流动提供便利等。在对科研成果的利用方面，约翰斯·霍普金斯大学还大力促进科研成果尤其是基础研究成果的传播，并设有专门从事有关技术转移工作的单位——技术转移办公室（Office of Technology Transfer，OTT）和技术授权办公室（Office of Technology Licensing，OTL），专门从事科研成果转移转化相关工作。这些工作反过来促进了该校科学研究的进步。

作为一所研究型高校，约翰斯·霍普金斯大学在选择教师的过程中，十分重视教师的科研能力和学术水平，并在对教师工作成果的评估中，将科研水平作为重要评价标准。约翰斯·霍普金斯大学科研经费的分配以价值评议为基础，一般而言，取得的科研成果越前沿、价值越高，得到的科研经费也就越多（威廉·布罗迪和王晓阳，2009）。与此同时，科研成果转移转化是评价其科研团队水平的重要指标之一[1]。

4.5 本章小结

本章主要围绕国内外高校科学研究管理体系展开，主要从高校科学研究的主要特点、科学研究经费管理、科学研究评估三个方面加以阐述。国际层面选取美国、英国、德国和日本四个国家的科学研究管理体系进行概述，最后对我国科学研究管理体系进行论述，并以约翰斯·霍普金斯大学作为案例进行分析。

---

[1] Johns Hopkins University. Fact book. https://www.jhu.edu/assets/uploads/2018/12/johnshopkinsfactbook.pdf[2022-07-11].

第5章 高校科技成果转化体系

社会服务是现代高校不可或缺的职能之一。随着社会的发展,高校社会服务职能的主要内容也在不断发展。当前,高校社会服务职能的内容主要包括:科技成果转化、服务学习、发挥智库作用等。其中,科技成果转化主要是指高校将研究取得的科学技术成果转化为社会生产力;服务学习主要是指提供终身学习场所,促进文化传播和文化塑造等;发挥智库作用主要是指高校通过建设高校智库或者高校相关人员参与决策咨询,为国家政策制定建言献策等。

尽管高校的社会服务职能越来越丰富,并且还处在不断变化中,但是目前来看,科技成果转化无疑仍然是高校社会服务职能实现的主要途径。科技成果转化也就是将科技成果应用于生产领域、转化为现实生产力并产生倍增放大经济效益的过程,涉及科技和经济两大领域。这一过程既包括科技成果形态的变化,也包括科技成果的空间转移(张健华,2010)。可见,高校科技成果转化是推动科技、经济融合的重要手段,符合我国现阶段的发展政策和目标。本章将主要对高校社会服务内容中的科技成果转化内容进行阐述。

5.1 国际科技发达国家高校科技成果转化体系

5.1.1 美国高校科技成果转化体系

总的来看,美国已经搭建了一个由政府、联邦科学研究机构和高校以及企业共同参与的有机网络,形成了较为完善的科技成果转化体系。在这个体系中,各个主体各司其职又精诚合作,共同推动国家科技成果转化体系的运转。在这样的整体环境中,美国高校科技成果转化拥有较好的条件和平台,这使其成为其他国家高校科技成果转化效仿的案例(程媛,2012)。

5.1.1.1 美国高校科技成果转化保障机制

1）美国高校科技成果转化的法律法规

1980年，美国国会颁布了《专利和商标法修正案》，即有名的《拜杜法案》，统一规范了联邦专利制度（杨国梁等，2013），从根本上改变了利用政府资助进行研发而形成的知识产权的权属标准，把研发成果的所有权从政府手中转移到与政府签订合同或授权协议的高校、非营利性研究机构和中小型企业手中（李新超，2017）。随后，美国政府继续出台了一系列旨在促进高校科技成果转化的法律和政策，这些法律和政策的颁布和实施对美国产业的技术创新以及科学研究成果转化起到了重要推动作用。

（1）促进科技成果转化的经费支持。美国1980年颁布的《技术创新法》规定，预算2000万美元以上的联邦实验室需设立研究与技术应用办公室，用于推广科技成果转化的经费不少于预算的0.5%（张换兆和秦媛，2017）。1995年《国家技术转让与促进法》颁布，法案保证参与"合作研发协议"的公司可以获得知识产权，以尽快促进研发成果商业化，保证厂商有权拥有"合作研发协议"的发明，并授权国家标准与技术研究院将美国国家科学基金会每年预算的0.008%作为联邦实验室技术转让联盟的工作经费（党蓓，2014）。2007年《美国竞争法》明确将加强科学、技术、工程、基础数学的教育投资。2010年《美国竞争再授权法案》进一步修订了《美国竞争法》，规定在接下来的3年时间里为科学、技术、工程、基础数学等的教育增加额外投资（吴卫红等，2015）。

（2）鼓励科技成果转化体系中各主体之间的合作。美国1986年颁布的《联邦技术转移法》鼓励国家实验室与工业界合作，成为联盟关系，法案规定技术转移工作是所有联邦实验室工作人员的职责，并作为人事绩效考核的重要指标之一（胡智慧和李宏，2013）。1987年，美国《12591号总统令》提出要让联邦实验室和政府机构在高校和企业之间充当信息桥梁，促进科技成果的转移转化。美国1988年颁布的《综合贸易与竞争法》委托国家标准与技术研究院主管联邦实验室技术转让联盟，组织企业与科学研究机构共同开展先进技术计划研究（杨国梁，2011）。1989 年，美国颁布的《国家竞争性技术转移法》进一步规定科技成果转化是联邦实验室的重要任务，鼓励联邦实验室与企业合作研发。1992 年颁布的《小企业技术转移法》制定了为期三年的小企业技术转移计划，资助小企业、高校和联邦政府资助的研发中心等机构的合作研发项目（王阳和齐欣，2014）。1997 年颁布的《联邦技术转让商业化法》进一步明确联邦政府及研究机构推广科技成果转化的责任（周国平和李艺璇，2019），进一步扫除了科技成果转化的不合理障碍。

（3）鼓励企业参与到高校科技成果转化工作中。1982 年，美国颁布《小企业创新发展法》，鼓励小企业参与联邦实验室的项目研究。1984 年，美国颁布《国家合作研究法》，允许企业之间进行合作研发与生产。2000 年，美国通过《技术转让商业化法》，明确了小企业在技术转移活动中的优先权（杨国梁，2011）。

（4）立法明确知识产权归属。1980 年，美国颁布的《拜杜法案》规定大学、非营利机构和中小企业在联邦政府经费资助下的发明所有权归己所有。1991 年，美国颁布《美国技术卓越法》，要求将知识产权视为合作研究和开发协议的潜在贡献。

2）美国高校科技成果转化的资金支持

美国高校科技成果转化的资金来源以联邦政府资助为主，地方政府、非营利组织和企业也提供了一部分来源。美国总体科学研究经费一直处于不断的增长中，2004～2009 年，增长速度为 5.8%[①]。其中，美国政府为高校提供巨额科学研究经费支持，到 2009 年，这一金额已达到 494 亿美元（程媛，2012）。美国高校获得联邦政府科学研究经费的渠道主要有三个：公共科学研究预算经费、项目科学研究经费和州政府的科学研究经费拨款，此外还包括间接成本补偿机制等（黄传慧等，2011）。

5.1.1.2　美国高校科技成果转化中介机构

（1）美国国家技术转移中心（National Technology Transfer Center，NTTC），

---

① National Science Board. Science and engineering indicators. http://www.nsf.gov/statistics/seind12/［2015-11-01］.

Investigation on the functions and development performance of higher education institutions in China

成立于 1989 年，是美国技术转移及技术成果产业化领域的先驱者。NTTC 的主要任务是把联邦科学研究机构和高校的科学研究成果推向工业界，推动其商业化，促进转化的主要对象是由政府资助 700 多亿美元产生的科学研究成果。NTTC 为国家机构——国家航空航天局、环境保护署、能源部等提供整套的项目与服务，为联邦实验室的科学研究人员与商业界之间架起沟通桥梁。除了与一些国家机构合作外，NTTC 还成立了企业技术库，提供获取赞助的合作机会，为有新的技术需求的企业量身定制整套服务与方案。此外，NTTC 还会举办主题为介绍科技成果转化及电子商务的讲座。NTTC 提供技术成果转让服务的主要方式有：技术转让"入门服务"、"商业黄金"网络信息服务、专场培训服务、发行技术转让出版物服务等①。

（2）全国性的联邦实验室技术转移联盟（Federal Laboratory Consortium，FLC），是一个国家范围内的网络机构，主要成员为各个联邦实验室及其上级机构。FLC 的主要任务是促进联邦实验室成果向本国产业界转化，其是全国性转让服务体系和平台，旨在有效协调和整合技术转移资源。其与 NTTC 的区别是，FLC 是一种协会性质的组织，要求联邦实验室以会员的形式参与其中，只有成为 FLC 的会员，才有技术信息资源共享的权利（吴卫红等，2015）。

（3）联邦实验室研究和技术应用办公室（Office of Research and Technology Applications，ORTA），年预算超过 2000 万美元的实验室会为该办公室提供至少一名专业人员，以确保高水平的技术管理者能充分参与到科技成果转化活动中。ORTA 的主要任务是为实验室中具备产业化潜力的研究项目提交一份应用研究报告；向公众提供可能实现产业化的技术信息；将联系技术研发方与需求方的组织联合起来；为联邦或地方政府提供技术援助（林耕和傅正华，2008）。

（4）大学技术授权办公室（OTL），专职从事科技成果转移转化工作。美国绝大多数研究型高校都会设立该类机构，专门从事高校科技成果的管理工作。OTL 的主要任务是代表高校出面组织申请专利等事宜，然后将有商业应用价值的专利转让给企业，成为高校与企业界之间实现科技成果转移转化的桥梁。OTL 甚至负责为高校营销宣传其取得的专利技术，其中以斯坦福大学的

---

① National Technology Transfer Center. http://www.nttc.edu/aboutus/whoweare.asp[2015-11-01].

OLT 最为成功。

5.1.1.3 美国高校科技成果转化方式

鉴于高校研发的科技成果的不同性质和类型，高校科技成果转化的方式也不尽相同，概括起来，美国高校科技成果转化的方式可以分为直接转化与间接转化。美国高校主要通过自办企业、联合研发和与企业之间开展人才交流与合作来实现科技成果的直接转化。其中，自办企业是美国高校早期科技成果转化的主要方式，现在仍在沿用。在高校系统内，科技成果的所有者通过"Spin-off"方式创办高技术企业，完成科技成果转化。美国很多高校还会采取联合研发的方式促进科技成果转化，高校与企业共建研究中心，合作开展研发工作。在这种模式中，各方主体主要围绕应用基础研究和高技术领域前沿开展研究，分别在国际、国家和企业三个层面进行合作。在美国，很多企业不仅是研发的主要出资者，而且还是研发的执行者。在美国研发投资总额中，企业提供的资金自 1968 年以来已经超过政府资助。企业为了增强企业产品的竞争力，对高新技术十分重视，不仅向国家实验室和大学提供研究经费，还派专人深入到国家实验室和大学进行合作研究开发（孙卫等，2006）。美国很多高校也会主动与企业开展人才交流与合作，比如美国的麻省理工学院与企业界联系密切，搭建了技术转移运作平台。该校还有一些工程实习项目、综合研究项目、回归工程计划等，学校与企业之间的联合研发机会不断增加，二者共同将研发取得的科技成果转化为产品。

此外，美国高校科技成果转化的间接方式主要是通过自有中介机构或其他专业中介公司开展技术转让，转让的内容主要是专利技术。高校可以一次性将技术转让给企业，也可以以该技术入股，与受让企业共同创办新的企业，按照参股比例参与利润分成。

5.1.1.4 美国高校科技成果转化评价与激励措施

美国采取多种措施激励高校科技成果转化。措施之一是设立奖项直接奖励科技成果转化工作卓著的单位和个人。例如，美国联邦实验室技术转移联盟设立的"FLC 服务奖""FLC 协作奖""技术转移优秀奖"等。此外，政府会出

Investigation on the functions and development performance of higher education institutions in China

台一系列有助于高校科技成果转化的项目或计划，如美国国立卫生研究院和美国国家科学基金会联合投资了 1200 万美元的创新竞赛计划"i6"，该计划的目的是通过驱动创新与创业以及建立强大的公私合作伙伴关系，促进创新思想进入市场（胡智慧和李宏，2013）。美国商务部经济发展局负责管理该计划，在全美国范围内评选出 6 个获胜团队，每个获胜团队将获得 100 万美元资助，剩下的 600 万美元将作为该计划的补充资金或者提供给"小企业创新研究计划"作为奖励资金。

另外，为促进科技成果转化，美国高校制定的激励措施还在高校教师的薪酬体系设置方面有所体现。美国研究型高校教师的收入结构大致可以分成三个部分：基本工资、绩效工资或奖金、福利，分别占其总收入的 55%～60%、30%～35%、5%～15%。对于高校的科学研究人员来说，除了基本工资和福利收入以外，还可以从项目间接经费的使用部分得到一定的收入。根据科学研究项目来源的不同，不同申请学校的间接成本的比例也有所不同，间接成本可以用于扩充研究设备、聘请科研人员、扩建实验室等。这些措施有助于高校教师获得学术声誉，提升学术地位，以及最终得到职务晋升。这在一定程度上达到了激励高校科学研究人员申请项目、增加科学研究成果的目的。

5.1.2　英国高校科技成果转化体系

5.1.2.1　英国高校科技成果转化保障机制

1）英国高校科技成果转化的法律法规

英国是世界上最早颁布法律保护科技成果及保障科技成果转化的国家之一，其法律内容涉及科技成果转化的各个方面，相对完备。1948 年，英国的立法机构制定了《发明开发法》，1948～1968 年又数次修订形成一系列法律，这一系列法律保障了英国科技成果转化渠道的畅通。1965 年，英国颁布了《英国科学技术法》，其作为英国科学技术发展的基本法律，规范了科学研究中各机构组织或者特定职务的人员的权利和义务。随后，英国又颁布了多部法律，包括 1972 年的《应用研究合同法》、1973 年的《公正交易法》、1978 年的《不公正合同条款法》和 1980 年的《竞争法》。这些法律的出台，继续巩固了英国科技成果转化的渠道畅通的成果，同时各方遵循研发合同的秩序，并对其他一些阻碍高校科技成果转化的不利因素加以限制，比如非法垄断技术等，这些法律为英国高校科技成果的转化创造了良好的社会环境（刘瑞芹，2006）。

除了法律外，英国政府还发布了一系列文件，旨在促进产学研各界的合作及科技成果的产业化。例如，《实现我们的潜能：科学、工程和技术战略》（1993 年）、《政府资助的科学、工程与技术展望》（1994 年）、《科技展望报告》（1995 年）、《竞争力：稳步向前》（1995 年）、《技术预测计划》（1995 年）、《竞争未来——发展知识经济》（1998 年）、《卓越与机遇：21 世纪的科学与创新政策》（2000 年）（程媛，2012）。

2）英国高校科技成果转化的资金支持与项目计划

英国高校最大的资金来源是政府资助，主要通过高等教育基金委员会和研究理事会这一"双重资助体系"来进行。其中，高等教育基金委员会的资助主要用于英国高校的基础设施建设，研究理事会则主要资助高校的研究项目。2005 年，英国政府投入的科学研究经费中超过一半流向高校（54%）；2007 年，英国高等院校经费为 95 亿美元（雷鸣，2017）。此外，英国的风险投资公司也会投资一些高校创办的企业，风险投资是英国高校科技成果转化的主要资金来源之一。

从 20 世纪 80 年代开始，英国政府开始实施一系列计划，来促进高校的科技成果转化。1992 年发起的法拉第合作伙伴计划（Faraday Partnership）和成立的企业联系办公室，旨在促进高校、科学研究机构与企业之间的合作。英国 1998 年设立的"大学的挑战"种子基金、1999 年的"科学企业中心"计划和 2001 年的"高等教育创新基金"均鼓励高校创办衍生企业，并对高校科技成果转化予以直接资助（饶凯等，2011）。

5.1.2.2　英国高校科技成果转化中介机构

1）大学技术授权办公室

英国普雷塞斯技术转移中心（Praxis Unico）是非营利性的技术转移协会，由会员服务委员会、培训委员会和会议委员会组成。三个委员会各司其职，会员服务委员会主要负责将协会会员与政府、高校、科学研究机构和企业等科技成果转化的相关各方紧密联系起来，保证高校科技成果转化渠道畅通；培训委员会主要负责组织相关培训，为参与各方提供实质性的指导和帮助；会议委员会主要负责组织会议。

大学研究与商业连接联合会是致力于促进科技成果转化的专业协会。其主要职能是帮助促成政府、高校、科学研究机构和企业之间的沟通协调；为从事科技成果转化的专业人员开展培训，建立行业标准；同时向英国政府提供关于科技成果转化的咨询服务。

2）高校技术转移中心

英国多数高校都建有技术转移中心，截至 2008 年，英国的 119 所高校中，有 93 所都建立了技术转移中心。这些技术转移中心的运作模式不尽相同，但职能大体相似：主要是为本校科技成果寻找技术转移机会，并与企业签订许可合同；负责本校的专利申请或者外包给第三方机构；提供关于科技成果转化方面的咨询服务。一些高校技术转移中心还设立了专门针对中小企业的咨询服务处，专门负责解决中小企业在科技成果转化中的技术需求困惑。

3）商业性技术转移机构

英国技术集团（British Technology Group，BTG），原属英国官方科技成果转化机构，1991 年成为完全商业化的技术转移机构。该集团主要业务是在全球范围内提供科技成果转化服务，帮助世界各地的高校、科学研究机构或者企业解决专利申请以及后续的科技成果转化事宜。

5.1.2.3　英国高校科技成果转化方式

英国高校科技成果转化的方式可以分为直接转化和间接转化。直接转化的一种方式是英国高校通过"Spin-off"的方式创办高技术企业，但是英国高校通常不会直接参与创办或控制该企业，而是鼓励其员工创办，这些企业通常掌握核心技术专利。创建和派生新企业是比较复杂的一种技术转移活动形式，在一定程度上体现了更有质量的技术转移与商业化工作。2004～2008年，英国高校创建的存活3年以上的派生企业数量增加了42.7%，呈现出了强劲的发展态势。另一种直接转化方式是高校和企业进行研发合作。这也是英国政府比较鼓励的一种方式，其也为此制定了一系列计划。校企合作研发的课题和项目更容易贴近市场需求，从而也更容易实现科技成果的转化。

英国高校也会通过专门的中介机构来实施技术许可。高校的技术许可可以由高校的技术转移部门来协助完成，也可以交给专门的技术转移机构或者技术咨询公司去做。其中，高校技术转移部门为高校和企业间的技术转移活动的成功发挥了很大的作用，2004～2008年，英国高校签订的专利技术转移许可合同数量增加了48.2%，2008年实现的技术专利许可合同收入为3800万英镑（程媛，2012）。

5.1.2.4　英国高校科技成果转化评价与激励措施

英国对高校科技成果转化的激励措施可以分为经济激励和非经济激励，此外，推出的概念验证基金可以分担科技成果转化失败的风险，也对科技成果转化起到一定程度的激励作用。

英国高校科技成果转化的经济激励措施主要包括：高校技术许可或转让取得的收益，会直接以奖金的方式分一部分给技术的发明者及其所在学院；高校教师或学生创办高技术企业可以获得相应的资助；高校创建企业的初期，给予参与的科学研究人员一定的股份。政府出台税收优惠政策，比如《中小企业投资研究开发减免税政策》鼓励高校开展科技成果转化活动。非经济激励措施主要表现在对科技成果转化贡献者的职称职务晋升和荣誉的奖励上，在新的REF评估体系中，英国高校将科技成果转化作为高校教师评估体系的一项指标，而

REF 最终的评价结果将直接影响教师的晋升和薪酬。一些高校会在教师致力于科技成果转化活动时，给予支持，减轻其工作量，甚至允许其暂时离职，给技术转移活动提供时间，特别是在创建和派生新企业时，以牛津大学为代表的英国高校允许教师在一段时间内离开学校或减轻其工作，使他们能够集中精力从事技术转移活动，爱丁堡大学也允许教师为此离职两年（雷鸣，2017）。

如果政府和市场都不承担技术研发以及成果转化过程中可能出现的风险，科学研究人员的积极性可能会被打击。而中英科技创新计划（Innovation China UK，ICUK）的概念验证基金恰恰可以承担这些风险。概念验证基金为创新项目提供资金支持，并对项目进行严格审核，以提高科技成果转化的成功率（俞崇武，2010）。

5.1.3　德国高校科技成果转化体系

5.1.3.1　德国高校科技成果转化保障机制

1）德国高校科技成果转化的法律法规

为了促进高校科技成果转化，德国以法律形式明确了科学研究成果，尤其是专利的产权关系。专利权人和发明人同时享有科技成果转化带来的收益。其中，发明人一般可以分得收益的30%。20世纪90年代以前，德国《雇员发明法》第42章规定，德国独立发明人享有自由支配其发明的权利。因而，尽管科学研究成果受到公共研发资金的资助，德国高校教授依然绝对拥有其科学研究成果的所有权，此即所谓的"教授特权"。然而，由于教授本人在科技成果转化方面的积极性并不高，当时德国高校科技成果转化十分有限。2002年，德国政府修改了有关法规条款，明确了科学研究成果，尤其是发明成果的产权关系，规定发明者的职务发明成果归其所在高校或研究机构所有，非职务发明仍然归发明者所有，但必须向其所在高校或者研究机构报备。2009年10月1日，《德国专利法之简化和现代化法》正式生效，该法致力于简化德国专利法律程序，并修改陈旧规定以适应科技发展需求。该法共涉及9部法律的修改，包括《专利法》《实用新型法》《外观设计法》《商标法》《专利资费法》《半导体保护法》《雇员发明法》等。其中，《雇员发明法》新修订的版本阐明了区分职务发明与非职务发明的原则，进一步明确了科技成果的权属关系，规定在高校和国立科学研究机构中，发明成果归单位所有。个人取得发明成果后，应该及时通知其所在单位，单位有权决定是否接受该项发明的权属，也可以将其转交个人。在《专利法》新修订的版本中，德国依然保留对专利的新颖性的严格要求，取得专利权并不容易。但同时，发明主体可以申请发明专利的范围非常广，凡是技术领域内的发明均可申请专利，包括科学发现、智力活动、计算机程序、疾病的诊断与疗法等（段存广，2014；张韬略和黄洋，2009）。

2）德国高校科技成果转化项目计划

除了法律法规外，德国政府还制定了一系列科技政策和创新政策以促进高校科技成果转化。德国联邦教育及研究部负责制定国家的科学政策，德国联邦经济技术部负责制定国家技术政策及创新政策。2001 年，两个部门联合出台了"知识创造市场"行动计划，该计划终止了德国高校中长期存在的"教授特权"，规定高校享有其职员的发明成果所有权并可据此申请专利。同时，为了继续鼓励高校科学研究人员的科学研究活动和科技成果转化活动，又规定发明者可以获得其科技成果转化取得收益的 30%（Lissoni et al.，2009）。2006年，德国制定了联邦政府高技术战略，实施了包括"卓越集群"项目在内的多项举措，该项战略旨在促进科技界与产业界的合作，以加快科技成果转化进程。主要措施包括：联合科技界和产业界的力量；为高技术企业和创新基地的创建提供有利条件；推广高新技术，促进科技成果转化。该项目主要通过在科技界和产业界之间设立技术主导的合作项目、为科技界和产业界之间的沟通交流搭建桥梁等措施来联合两者的力量。

此外，德国工业联合会也会不断推出资助高校应用科学以及中小企业研发的项目。通过项目资助等活动，德国工业联合会作为纽带增强了德国政府、科技界和产业界之间的联系，这也得益于其拥有的 5 万家中小企业会员，100 多个与技术有关的合作科学研究机构。

5.1.3.2　德国高校科技成果转化中介机构

史太白技术转移中心、德国技术转移中心和弗劳恩霍夫协会是德国三个最主要的科技成果转化中介机构，三者工作各有侧重，互为补充，共同促进德国高校乃至整个德国的科技成果转化。此外，德国技术联盟、德国创新市场、德国技术与专利使用代办处也都在德国科技成果转化过程中起到桥梁作用。

史太白技术转移中心拥有强大的技术团队，是德国最大的市场化的科技成果转化机构。史太白技术转移中心为高校、科学研究机构和企业之间搭建了合作平台，创立了产学研结合的技术转移模式。在该模式下，高校具有产业化潜力的科技成果将被识别出来，提供给企业进行生产转化，既可以提高高校的经济收入，又可以降低企业的研发成本，形成一种双赢的局面。高校的科学研究人员或者专业的科学研究管理人员可以利用业余时间，在技术转移中心做兼职工作，利用其专业优势参与技术转移中心的运作。

德国技术转移中心是全国性的公共技术转移信息平台，是一个非营利性的公共组织，以网络的形式分布在全国各地，在各个州建立分中心，其经费来源于各州科技基金会和会员缴纳的会费。该中心按照专业分类，聘请各不同科技领域的高级技术人员为科技顾问。德国技术转移中心为高校等技术供应者和企业等技术需求者提供无偿中介服务；为企业提供专利信息查询申请及咨询服务；引导本地区高校及科学研究机构的科学研究方向；组织学术报告及各种科技展览。

弗劳恩霍夫协会以"在政府资助下，以企业形式运作，官产学研相结合，公益性地进行应用科学研究"这种独特方式运营，是沟通基础研究、应用研究、开发研究的高效率平台，是联结科技界、教育界、产业界、政府界的纽带（田闯，2010）。弗劳恩霍夫协会研究机构的领导人员有一半以上是来自高校的教授，工作人员有约40%是高校的高年级学生，协会凭借高校的人力、实验室和仪器设备等优势形成属于自己的技术研发团队。弗劳恩霍夫协会创建了德国科学研究专利中心，为高校、科学研究机构以及自然人提供专利信息服务，还为促进科技成果转化向企业提供信息咨询服务。

德国技术联盟成立于1994年，是德国科学界技术市场化的全国性网络，该联盟是由德国技术与专利销售代理处以及其他技术转移机构共同建立的联合组织，其经费主要由联邦经济技术部提供（雷鸣，2017；孙晓亮，2019）。该联盟拥有具有专业学科和行业背景的近百名管理人员，为德国几乎所有高校提供服务，常年举办大型展览会，向产业界宣传推广高校科技成果，推动德国高校的科技成果转化。

1998 年，德国联邦教育及研究部成立德国创新市场，该市场以互联网为基础，旨在促进资助者、发明者和企业之间的沟通。该市场的技术交易网站提供经过审查与评估的技术资料，供三方寻找各自的合作者，网站的技术交易信息分为三个主题，"创新寻求资金""创新寻求企业""企业寻求创新"（毕娟，2008），网站可同时提供技术报告撰写、技术评估、咨询等服务。

德国技术与专利使用代办处是 2008 年成立的联合集团，是德国政府践行促进科技成果转化政策的直接产物。该代办处是一个独立的法人机构，其主要职能是向企业展示德国高校和科学研究机构的创新性科技研究成果；推进有经济价值的科技成果尤其是专利成果的市场化；并承接其他科技成果转化相关事宜。此外，德国政府还指定了 20 余家咨询机构，为中小企业提供创新咨询与辅导服务，并提供相应资助。

5.1.3.3　德国高校科技成果转化方式

德国高校科技成果转化的方式之一是与企业进行合作研究。企业是德国科学研究创新的主体，大型企业一般设有独立的研发部门，具备和高校进行科学研究合作的基础。此外，德国政府也非常支持校企合作科学研究模式，甚至直接参与其中，在德国，高校与企业合作进行研发成为一种常态，基础研究与应用研究得以有效衔接和配合，可以有效利用高校的人才、设备等资源，促进科技成果转化，同时为企业节约成本。此外，在德国，很多高校建立了科技成果转化的部门，专门负责科技成果转化事宜，与企业商谈合作。例如，柏林工业大学的技术转让部，专门负责管理合作项目，宣传本校的科技成果，与企业交流与合作，该校还建立了一套完整的数据库，企业如果对某个项目感兴趣，很容易就能直接找到负责的教授进行协商（段存广，2014）。

除上述的直接转化方式外，德国的一些高校还会通过专业的中介机构进行科技成果转化，如通过史太白技术转移中心、德国技术转移中心和弗劳恩霍夫协会等将科技成果转让给产业界，实现科技成果的间接转化。

5.1.3.4　德国高校科技成果转化评价与激励措施

德国高校科技成果转化得到很多资金支持，2000 年以前，德国高校的经费主要来源于联邦政府，进行科学研究体系改革以后，其经费主要来自州政府①。相比于联邦政府，州政府更加重视高校与企业界的合作，更加关注高校科技成果转化效果。2006 年高校从事研发活动的人数为 96 758 人，其中科研人员 66 903 人；执行研发经费为 108.43 亿美元，占德国总经费的 16.3%（雷鸣，2017）。除了稳定的经费支持，德国联邦政府还对高校科技成果转化实施一定的税收减免优惠以及专门的项目资助。例如，从 2007 年开始实施的"公共研究津贴"和"公益型科学研究机构研究津贴"项目，就是为了促进高校及科学研究机构与产业界的合作，尤其是支持它们与中小企业之间的合作。除此以外，2005 年，德国政府设立联邦风险投资项目，由此而成立的风险投资基金为创业初期的中小企业提供资金支持，这些风险投资基金一般是由政府和个人联合持有。

德国的高校还对师生创办企业予以支持和鼓励，学生或教师的企业在创办初期可以得到高校的免费培训，并且在租赁学校房屋场地等方面享受优惠，还可以在一定范围内使用学校的仪器设备（迟宝旭，2005）。

5.1.4　日本高校科技成果转化体系

5.1.4.1　日本高校科技成果转化保障机制

1）日本高校科技成果转化的法律法规

在以政府为主导的科技体制下，日本政府为促进高校科技成果转化发布了一系列的法律法规。日本从 20 世纪 70 年代初开始就制定了多项旨在促进科技和产业发展的政策和计划。从 20 世纪 80 年代开始，日本政府更加重视尖端技术，制定了一系列促进高技术产业发展的政策。1985 年，日本颁布的《日本工业技术院设置法》设立了工业技术研究院（王桂月，2009），直接提高了科技成果的普及率和转化率。1995 年，日本通过了《科学技术基本法》，作为支

---

① Community research and development information service. European commission. http://cordis. europa. eu/erawatch/index. cfm? fuseaction=ri. content&topicID=329&parentID=50&countryCode=DE[2015-11-20].

Investigation on the functions and development performance of higher education institutions in China

撑日本科技体系的基本法律，该法旨在加强科学研究的基础设施建设，加强研究与交流活动，明确日本科技发展的基本国策与指导方针，该法明确要求增进产学研合作，支持基础研究、应用研究和开发研究的共同发展，并促进新技术开发和科技成果的普及（杨舟，2016）。1996 年，日本颁布了《科学技术振兴事业团法》，在该法的促成下，日本成立了科学技术振兴事业团，帮助高校将有经济价值的科技成果进行产业转化，甚至培育创造新的产业（郭飞和宋伟，2005）。1998 年，日本颁布了《大学技术转移促进法》，从国家层面对高校的技术转让机构予以认定。1999 年，日本颁布《产业活力再生特别措施法》，修改了高校发明成果的权属，规定高校对运用国家经费进行共同研究的专利拥有所有权，可以通过转让其专利技术成果获得收益，还规定了专利年费和专利申请手续费的减免特例，来激发高校进行科技成果转化的积极性[①]。同年，日本还颁布了《关于促进大学等的技术研究成果向民间事业者转让的法律》，鼓励高校设立自己的科技成果转化机构，并由政府给予资金支持。在明确高校科技成果转化中的权属方面，日本政府陆续推出了一系列改革政策。2004 年，日本实施国立大学法人化改革，规定高校的在职科学研究人员的职务发明成果归所在高校所有，但高校对该成果另有规定的除外，比如筑波大学规定科研人员有权将该项知识产权自行转移，且可在一定时间内离开或兼职创办企业，其收益归科研人员或团队所有（李萌，2012）。2005 年，为进一步配合职务发明问题的改革，日本政府继续修改了专利相关法律，允许各高校与其职员自行协商解决科技成果转化带来的收益问题。一般来说，取得的收益会分成三部分，在发明者、发明者所在的院系以及发明者所属高校之间分配，比如东京大学规定的比例是 4∶3∶3。

2）日本高校科技成果转化项目计划

1997 年，日本的科学技术厅与文部省合并，成立了文部科学省，颁布了研究计划，提出在多个高校建立风险企业实验室，用以加强校企联系，达到增强校企合作的目的。2001 年，日本开始实施"以大学为起点的日本经济构造

① 金涵琪. 日本高校改革对中国科技创新的启示. https：//mp. weixin. qq. com/s/1Z5nivWU3-Jvep1wSOzqNA [2015-12-26].

改革计划"，该计划挑选 30 所日本高校，享有增加研究经费、配备先进科学研究设施等优待，同时对这些高校的科技成果产出和转化提出硬性要求，比如"现今每年取得 100 项专利的高校要达到每年取得 1500 项"，"现今每年有 70 项成果通过科技成果转化机构转让给企业的，5 年后要达到 700 项"（雷鸣，2017）。

为保证高校科技成果转化的顺利进行，日本在经费上大力支持，采取以民间集资为主、政府拨款为辅的筹集方式。2007 年度日本高校的研发经费约为3.42 万亿日元，其中一半来自政府。由于特殊的国情，日本企业集资对其科学研究经费的贡献很大，一般而言，其民间集资对科学研究经费的贡献比例是欧美国家的 1.2～1.4 倍。日本文部科学省一般会安排 80 亿日元左右用于支持高校的技术研发和创设风险企业，主要用在高校建设知识产权机构，推进高校与企业等的合作研究以及聘请专业人员推进高校的科技成果转化进程等方面（雷鸣，2017；张演迪，2009；李娜，2006）。

5.1.4.2 日本高校科技成果转化中介机构

日本大学技术转移协会（UNITT）[①] 成立于 2004 年，旨在对大学专利技术转移组织给予支持，积极推动高校与企业之间的产学合作。该协会的主要工作围绕推进高校的知识产权管理及科技成果转让展开，具体包括：团结全国力量，对高校等机构的知识财产管理及技术转让业务给予支持，促成体制形成；对高校的知识产权管理现状及科技成果转化情况开展调查研究；举办交流会议与培训班，以帮助高校培养知识产权管理及科学研究管理人才；为高校的知识产权管理及科技成果转化活动提供咨询服务；发行刊物并与国内外相关机构保持联系。该协会的会员以大学专利技术转移组织和高校的知识产权管理部门为主，此外还包括为协会活动提供资金、人员等支持的赞助会员，而科技成果转化教育研究机构及其科学研究人员、国外高校科技成果转化机构则作为其特别会员。

20 世纪 90 年代以后，日本高校依据《大学技术转让促进法》开始建立大

---

① 刘峰. 技术转移创新——日本大学技术转移协会（UNITT）上海情报服务台. http://www.libnet.sh.cn:82/gate/big5/www.istis.sh.cn/list/list.aspx? id=4238[2015-11-21].

学专利技术转移组织[①],专门负责高校的知识产权管理,并促成高校与企业之间的合作。以机构取代个人,形成了以高校为中心的科技成果转化模式。大学专利技术转移组织的主要活动包括:对科学研究成果进行确认、评估;为选出的科技成果申请专利;将取得的专利权通过许可方式转让给企业;将从企业得来的许可收益分配给高校和相关科学研究人员;举行峰会,推广高校科学研究成果,使之与市场需求相匹配。日本的大学专利技术转移组织多数是民营性质,其组织形式多种多样,主要有财团法人、高校法人组织、股份有限公司、有限责任公司等。依据《大学技术转让促进法》,大学专利技术转移组织的运营资质需要得到日本政府的认可,才能够得到相应的资金支持,并且在法律范围内得到保护。具体包括:由国家直接给予与科技成果转化有关的经费支持(相关经费的2/3以内,上限是3000万日元/a,补助期间5年)、国立大学出资;由"中小企业投资育成株式会社"出资;"独立行政法人中小企业基盘整备机构"提供债务担保;专利费的减免;被批准的大学专利技术转移组织可以无偿使用国有(高校)设施;派遣科技成果转化方面的专家,比如专利顾问等(李恒,2010)[②]。

日本科学技术振兴机构(Japan Science and Technology Agency,JST)成立于1996年,该机构是日本《科学技术基本计划》的执行机构,同时也是实施高校科技成果转化的重要机构。其主要职能包括:评估并选择具有商业前景的高校科学研究项目,为其申请和维持专利提供资金支持;为先进技术领域建立创新中心,集中力量支持符合市场需求的科学研究项目并推广其成果;建立数据库"J-STORE",免费提供科技成果及技术需求信息;举办"新技术交流研讨会",为高校和产业界提供交流机会。JST主要在"委托开发"和"开发斡旋"两种运作模式下运行,下属机构和项目包括:技术转移支持中心、发展创新技术项目、先进科技领域内的企业孵化项目等(姚慧丽,2012;张健华,2010)。

---

① 梁波. 日本技术转移机构的政策导向及其运行模式. 中国科学院沈阳分院. http://www.syb.ac.cn/cxwh/ztl/sjldgbllxxlw/2009lwj/201003/t20100317_2799131.html[2015-11-21].

② 张建武. 日本的国家创新体系与产学官合作. 科学网. http://blog.sciencenet.cn/blog-2862-353563.html[2015-11-21].

5.1.4.3　日本高校科技成果转化方式

日本高校主要通过委托研究和共同研究来实现科技成果的直接转化，其中委托研究主要是高校直接接受企业委托，立项进行科技研究，研究的经费直接由企业拨付，科学研究成果直接提交给委托企业。日本于1958年开始实行的"委托研究员制度"直接推动了高校科技成果通过委托研究的形式进行转化。该制度规定，高校可以聘请企业的技术人员或者科研人员作为研究员，聘用人员可以对研究生进行课业指导；企业也可以委派相关技术及科研人员在高校接受等同于研究生水平的教育，以提高他们的科学研究能力。随后，日本出台一系列政策鼓励高校接受委托研究，同时也鼓励企业委托高校研究。1995年推出的"促进特殊法人等部门有效利用政府资金开展基础研究的制度"，以及2000年推出的加快尖端科技领域产学合作的新制度，都为委托研究模式创造了良好的环境。

共同研究是指高校和企业或者其他科学研究机构签订合同，共同就某一课题进行研究，并约定科技成果的分配原则。20世纪80年代开始，日本高校陆续建立了"共同研究中心"，作为与企业共同研究的沟通平台。该平台雇佣全职教授和访问教授推进共同研究，并设立专门的场所作为研究实验室等，配备研究所需的设施。同时，企业和高校还共同建立协会，为来自企业方的技术人员提供学习知识和技能的机会，为来自高校方的学生提供实习的机会。为了促进共同研究，日本政府于1997年放宽对高校教师到企业兼职的法律限制，并允许在企业设立共同研究中心。"产业集群计划"和"知识集群计划"都为高校和企业之间共同研究的进行提供了良好的条件。相对来说，日本高校科技成果的间接转化效果远不如直接转化明显（姚慧丽，2012；张山和谭建立，2016）。

5.1.4.4　日本高校科技成果转化评价与激励措施

日本政府对高校科技成果转化的经济激励措施主要有财政拨款、税收优惠和融资优惠。日本政府主要以项目的形式对高校的科技创新和科技成果转化工作进行补贴，并以此来引导科学技术发展的方向。政府还对有商业应用价值的技术研究和开发活动给予税收减免，对承担科技成果转化任务的高技术企业同样给予税收优惠，比如在会计核算时，允许特别折旧等。在融资方面，日本政府通过法律等形式强制要求金融机构为实施科技成果转化的高新技术企业提供低息贷款等。

此外，日本政府还规定为符合高校科技成果转化规定的专利减免申请费，减少或免除高校向企业进行科技成果转让的专利使用费，并向高校派遣专利顾问专家，免费提供知识产权相关知识培训服务等。

日本对高校的科技成果转化工作有一套评价体系，通过评估其专利资产规模等级来认定其科技成果转化工作成果。评价指标主要包括专利数量及专利受重视程度。其中，专利受重视程度主要依据"申请人对获得专利权利的意愿"和"审查员对在先技术的认知程度"，以及"来自竞争对手的重视程度"来判断。

5.2　我国高校科技成果转化体系

5.2.1　我国高校科技成果转化保障机制

5.2.1.1　我国高校科技成果转化的法律法规

为支持科技成果转化，我国陆续出台了一些法律文件。1993 年，我国颁布《中华人民共和国科学技术进步法》，提出"促进科技成果向现实生产力转化"和"鼓励科学技术研究开发与高等教育、产业发展相结合"，该法于 2007 年修订。1996 年发布的《中华人民共和国促进科技成果转化法》规范了科技成果转化活动，要求各方为促进科技成果转化创造条件，该法于 2015 年修订。1999 年，国务院办公厅发布的《关于促进科技成果转化的若干规定》鼓励科研机构、高等学校及其科技人员研究开发高新技术，转化科技成果，发展高新技术产业。针对高校科技成果转化，2005 年教育部发布《关于积极发展、规范管理高校科技产业的指导意见》，对高校科技产业的发展和规范管理提出指导意见，指出"发展高校科技产业是高校服务社会的重要途径"，而发展高校科技产业的目的是实现高新科技成果转化和产业化，该文件明确了科技成果转化在高校工作中的地位，要求将高校科技成果转化工作成绩作为绩效考核指标，并要求高校自行制定相关政策，鼓励教师和科研人员参与科技成果转化工作。

关于科技成果转化，国家层面的法律法规并没有针对高校的明确规定，一般的文件也并没有提供具体可供执行的细节，因而大多数"985"高校为了促进科技成果转化和产业化，都对本校的科技成果转化工作的组织实施和相关的利益分配机制进行了规范，详见表5-1。

表5-1 部分"985"高校关于科技成果转移转化的相关规定

高校名称	相关规定	发布时间	主要内容
北京大学	关于科技开发管理办法	1996 年	在职称评定时对从事应用研究、技术开发和经营技术商品的人员，着重考察他们的应用技术成果水平和对社会的贡献，对贡献卓著者以多种方式予以鼓励。 为加强对科技开发的管理和投入，设立"科技开发风险基金"，以科技开发收入上缴学校部分的 40% 作为其中一部分，用以支持和扶植优秀科技成果的转化
	关于科技开发收入管理的若干规定	1996 年	委托开发、合作开发、技术转让、技术咨询和技术服务学校、项目组和个人收入分配比例
清华大学	清华大学科技成果推广应用效益显著专项奖	1983 年	应用清华大学科技成果年增利税（增收节支）100 万元以上，以及新增产值 1000 万元以上的企业开具财务证明者予以奖励，并作为业绩考核、职称评定的重要依据
	清华大学关于促进科技成果转化的若干规定	1999 年	对科技成果转化成功的科技人员进行奖励，允许个人实施转化，对兼职、离职办企业等作了明确规定
厦门大学	促进科技创新、加快科技成果转化和产业化的若干规定	2003 年	规定促进科技成果转化和产业化是学校的重要职能，具有与学校教学、科研同等重要的地位
	支持和加快厦门大学科技园建设的若干意见	2003 年	科技园以厦门大学为依托，作为技术创新基地、高新技术企业孵化基地、创新创业人才聚集和培育基地及高新技术产业辐射基地

高校名称	相关规定	发布时间	主要内容
厦门大学	厦门大学科技成果经营管理的若干规定	2003 年	加大了奖励力度，提高了成果产业化后的收益提成比例。在成果转化和产业化的贡献、业绩折合工作量、职务职称晋升等方面确定可操作的规定，学校相关管理部门人事处、科技处、教务处等协同建立起一套切实可行、充分体现成果价值和确保科研人员利益的激励机制
南京大学	南京大学关于加强技术创新体系建设和科技成果转化的若干意见	2005 年	明确技术创新体系建设的战略目标，提出落实科技成果转化的若干措施
	南京大学科技成果转化条例（试行）	2005 年	对科技成果转化工作的组织实施和相关的利益分配作了规定
	南京大学工程和应用技术学科教师评价补充办法	2005 年	确定南京大学工程学科教师的评价办法，用于应用技术研究人员的考核、评聘，目的是组建从事应用和工程技术研究的百人队伍
	南京大学技术创新基金管理条例	2005 年	设立南京大学技术创新基金，基金由学校财政拨款、地方政府支持、社会资金赞助、科技成果转化收益四部分组成
	南京大学横向科研项目管理补充办法	2005 年	规范横向科研项目经费使用，对横向科研项目过程管理和横向科研项目结题时的经费管理作了规定
中山大学	中山大学科技成果转化暂行规定	2002 年	规定本校人员与其他单位合作进行科技成果转化的，应当由合同约定该科技成果有关权益的归属
东南大学	东南大学知识产权管理规定	2010 年	加强学校的知识产权管理工作，保护学校的智力劳动成果不受他人的侵犯，防止学校无形资产的流失，促进科技与经济的发展
	关于进一步推进科技成果转化的若干实施意见	2012 年	学校成立"东南大学科技成果转化工作领导小组"，该领导小组主要负责学校的科技成果转化事宜，规定高校在职教师的职务发明及在科研中形成的知识产权的所有权归学校所有，学校支持和鼓励校内科技人员创新创业
	东南大学科技成果转移转化管理实施细则（暂行）	2015 年	对科技成果转化程序和保障措施作出规定，保障国有资产安全和维护科研人员的合法权益

续表

高校名称	相关规定	发布时间	主要内容
华南理工大学	华南理工大学科技创业岗实施办法（试行）	2008 年	为科技成果转移转化人员设立专门的职业发展序列
	华南理工大学科技人员创办科技企业管理办法（试行）	2008 年	对科技人员创办的科技企业进行了详细的规定，包括职务发明科技成果作价原则
华中科技大学	华中科技大学知识产权管理办法	2006 年	对专利管理、著作权管理、校名、标记及其他商标管理、集成电路布图专有权管理作出规定，并明确知识产权保护规定的相关内容
	华中科技大学技术合同管理办法（暂行）	2007 年	对学校科研人员对外及校内各单位之间进行科技合作所签订的技术开发、技术服务、技术咨询和职务技术成果转让等合同的管理作出规定
大连理工大学	大连理工大学关于促进技术转移的实施细则	2007 年	对大连理工大学技术转移程序、利益分配措施等作了规定
中国农业大学	中国农业大学关于促进科技成果转化的暂行规定	2001 年	规定以技术转让、许可或技术入股的方式将其职务科技成果提供他人实施的，学校对为成果及其转化做出贡献的人员进行一次性奖励
	中国农业大学知识产权管理办法	2012 年	对本校师生员工发明创造和智力创作，促进科技成果产业化，规范学校所属单位和学校师生员工在知识产权方面的行为作出明确规定

5.2.1.2　我国高校科技成果转化资金保障和项目计划

在我国，高校的科研经费的主要来源渠道分别是政府拨款、事业单位的项目合作投入、高校内部财政拨款、银行贷款、从事科技成果转化取得的收入以及获得的捐赠等。其中，政府拨款是高校科研资金的最主要来源，目前我国现有的科研项目资金，绝大部分都是用作科研成果产出阶段的研究经费，科技成果转化阶段的经费相对不足（欧阳迪，2010）。据统计，2000～2009 年的中央政府的科技计划中，高校共承担了约 2.8 万个项目，获科技经费总额大约277.5 亿元，占中央政府国家科技计划总经费的 25.7%。"973 计划"中，高校承担的比例就超过了 50%，国家攻关计划的 30% 左右由高校承担，还有众多产业化示范工程由高校主持。2004 年 12 月，教育部印发《高等学校科技创新工程重大项目培育资金项目管理办法》，旨在鼓励高校的原始创新性，全面提升高校承担国家各类重大科技项目的竞争力，培育一批具有创新能力和发展潜力的科技创新团队和骨干人员，解决与国计民生相关的科学技术问题。2009 年，教育部推出"蓝火计划"，该计划是推进高校与地方及企业深入开展产学研结合，加快高校科技成果转化的一项重大行动计划，以建立企业为主体、市场为导向、产学研相结合的技术创新体系为目标，推进高校与地方中小型企业深入开展产学研合作，使高校科技创新与区域经济及产业发展有效结合，帮助企业增强科技创新能力，加速高校创新科技成果向社会转移及产业化，提升区域经济核心竞争力。同时，也借助地方及企业的资源、资金优势支持高校，培养创新型人才，提升高校科研水平及服务经济社会发展的能力，实现优势互补、互惠共赢。

5.2.2　我国高校科技成果转化中介机构

目前，我国可以为高校科技成果转化服务的中介机构主要有四种类型，分别是国家技术转移中心、大学科技园、国家工程技术研究中心和生产力促进中心。

1）国家技术转移中心

国家技术转移中心是以加速技术转移、促进利用先进技术改造和提升传统产业及加快发展高新技术产业、优化和调整产业结构为目标，推动高校和科研院所的科技、人才、信息等资源与重点行业、重点企业结合，推动产学研联合工作向纵深发展的组织。国家技术转移中心的主要任务是承担行业共性技术的开发和扩散，积极参与企业技术创新体系建设，促进高校技术转移及科技成果转化，加强国际技术交流与合作，以及为企业提供综合的技术创新服务（高洁，2013；李娜，2006）。

2001 年 11 月，国家经济贸易委员会和教育部在清华大学举行国家技术转移中心授牌仪式，清华大学、上海交通大学、西安交通大学、华东理工大学、华中科技大学和四川大学的国家技术转移中心成为首批获得认定的国家技术转移中心。我国在加入世界贸易组织以后，开始支持高校建立国家技术转移中心。当时工业企业面临更多的竞争压力，因而国家技术转移中心在产业结构调整、建设以企业为主体的技术创新体系、进一步推动产学研合作等方面被寄予厚望。

2）大学科技园

大学科技园是指以具有较强科研实力的高校为依托，将大学的综合智力资源优势与其他社会优势资源相结合，推动高校科技成果转化、高新技术企业孵化、创新创业人才培养、产学研结合的平台和服务机构（刘强等，2009）。

1999 年科技部、教育部根据《中共中央 国务院关于加强技术创新，发展高科技，实现产业化的决定》的精神，开始推进大学科技园建设，正式确立"大学科技园"的概念，并确定 15 家大学科技园为首批试点单位，同时提出创办 100 家国家大学科技园的目标。2001 年 5 月首批"国家大学科技园"正式确立（吕彦为和刘洪民，2003），包括清华大学、北京大学、天津大学在内的 22 所高校入选。

目前，大学科技园已成为大学服务社会的重要平台。一方面依托于高校丰富的科研资源，为企业输送科技成果和人才；另一方面凭借与企业的紧密联系，为高校寻找合作机会，为人才提供实践的场所。促进产业集聚和技术融合，是大学科技园的主要目标之一，除了联结企业和高校，大学科技园也将许多科技机构引入，为高校科技成果转化提供专业服务。

3）国家工程技术研究中心

国家工程技术研究中心是由科技部组建的主要依托于实力雄厚的重点科研机构、科技型企业或高等院校发展的科技中介服务机构。目前，已有 294 家国家工程技术研究中心分布于农业、能源、制造业、信息与通信、生物技术、材料、建设与环境保护、资源开发利用、轻纺、医药卫生、海洋、社会事业等领域，遍及全国 29 个省（自治区、直辖市）。

国家工程技术研究中心旨在探索科技成果向生产力转化的中心环节，提高科技成果的成熟性、配套性和工程化水平，是层次较高的科技成果转化平台。国家工程技术研究中心还承担部分人才培养工作，2014 年，国家工程技术研究中心共培养研究生 11 016 人，其中硕士 8648 人，博士 2368 人。自行研发也是国家工程技术研究中心的职能之一，吸收依托单位的科技成果是国家工程技术研究中心的另外一个主要技术来源。此外，国家工程技术研究中心还为促进科技成果转化提供开放实验室、技术培训、人员培训和学术交流服务。目前，71 家国家工程技术研究中心依托高校组建，占国家工程技术研究中心总数的23.67%。依托高校组建的国家工程技术研究中心提高了高校科技成果转化的配套性和成熟性，为促进高校科技成果转化发挥了积极的作用[①]。

4）生产力促进中心

生产力促进中心作为与国际接轨的为中小企业提供社会化服务的科技中介机构，为推动科技与经济的结合，提高企业特别是中小企业的技术创新能力和市场竞争力，做出了重要贡献。1992 年中国第一家生产力促进中心成立，1998 年 9 月经科技部批准全国高校首家生产力促进中心——合肥工业大学生产力促进中心正式成立（吕彦为和刘洪民，2003）。截至 2014 年底，全国已经有2599 家生产力促进中心[②]。

目前，在教育部的支持下，以高校为依托建立的生产力促进中心蓬勃发展，成为连通高校等科研单位与企业尤其是中小企业的重要纽带。生产力促进中心依托高校的教育与人力资源为中小企业开展教育与培训服务，通过举办交流会等活动，向中小企业推介高校的最新科技成果，组织校内专家为中小企业提供咨询、诊断等信息服务。

5.2.3　我国高校科技成果转化方式

目前我国高校科技成果转化的直接方式主要有自办企业、校企合作方式。此外，还会通过专业的中介机构进行科技成果的间接转化。自办企业方式是指

---

① 国家工程技术研究中心信息网．http://www.cnerc.gov.cn/index/ndbg/list_detail.aspx? column=openservice&year=2014［2016-01-01］.
② 中国生产力促进中心协会会员网．http://www.cppc.gov.cn/about.asp? itemid=1［2016-01-06］.

高校利用学校资源自办产业实体，主要是科技型企业，从而实现科技成果的转化。高校自办企业一方面可以加快科技成果转化成产品的速度，另一方面可以利用强大的技术后盾和人才优势。因而，我国目前有一些较为成功的高校自办企业，促进了高校科技成果转化的实现。校企合作是指高校利用科技资源和科技成果通过为企业提供技术转让、技术开发、技术咨询、技术服务等形式实现高校科技成果的转化。这种转化方式相对容易操作，运用也比较成熟，是目前我国高校实现科技成果转化最基本的途径。从全国技术市场交易额的统计来看，它约占50%。但这种合作以离散型为主，一般技术集成度不是太高。近些年，校企科技合作得到进一步深化，出现了共建校企联合实验室（或研究中心）的趋势，有的是建在大学，有的是建在企业，形成了一种集群式创新的新机制（安沛旺，2010）。

此外，我国高校还会通过中介服务机构、技术经纪人，将自己的科技成果以合同形式卖给企业，从中获得报酬，并按合同规定，提供技术培训、技术服务和技术完善等服务。

5.2.4　我国高校科技成果转化评价与激励措施

《中华人民共和国专利法实施细则》的一些规定在一定程度上激励了高校教师参与科技成果转化过程。但是目前我国高校科研人员主体工作还是停留在学术研究和教学上，对科技成果转移转化重视不足。因此，高校科技成果转移转化激励机制存在一定的创新空间。在激励政策上，已有一些高校开始一些创新性的实践，比如中南大学为了促进科技成果转移转化设立"创新岗"试点，岗位职责是从事与产业发展密切相关的应用技术研发及科技成果转移转化，为科技成果转移转化人才提供职业发展空间，取得了很好的效果；北京大学则倡导"兼容并包、思想自由"，在职称评定时对从事应用研究、技术开发和经营技术商品的人员，着重考察他们的应用技术成果水平和对社会的贡献，促进了原创性成果的产生和科技成果转移转化。

5.3　政 策 建 议

5.3.1　四国高校科技成果转化的共同经验

从调研的结果来看，美国、英国、德国和日本四个国家的高校都积极推进科技成果转化，以实现社会服务职能。为了顺利实现科技成果转化，这四个国家都出台了相应的法律政策，并通过项目等形式提供资助。各个层级的中介机构也是高校科技成果转化的重要保障，此外，国家或高校还会采取措施对科技成果转化的成效予以评价和激励。调研的这四个国家的高校在推动国家的科技发展中起到了至关重要的作用，完善的科技成果转化系统功不可没。各国高校科技成果转化体系各具特色，但在调研中，仍然发现很多共通之处。

1）相对完善的科技成果转化的法律法规及政策

虽然这四个国家颁布的促进科技成果转化的法律法规并不专门针对高校的科技成果转化，但在这些法律和政策的保障下，高校的科技成果转化工作得以顺利进行。1980 年，美国国会颁布《拜杜法案》，从根本上改变了利用政府资助进行研发形成的知识产权的权属标准，把研发成果的所有权从政府手中转移到与政府签订合同或授权协议的高校、非营利性研究机构和小企业手中，为美国支持科技成果转化奠定了法律基础，此后美国政府为促进科技成果转化颁布了一系列法律法规。1948 年，英国的立法机构制定了《发明开发法》，后经数次修订，形成了一系列促进科技成果转化的法律法规。在历史上，英国是世界上最早颁布法律保护科技成果及保障科技成果转化的国家之一，内容比较完备，涉及科技成果转化的各个方面。德国颁布法律明确专利及其他科技成果的产权关系。2009 年 10 月 1 日，《德国专利法之简化和现代化法》正式生效，该法简化了德国专利法律程序，包括了《专利法》在内的 9 部法律的修改。日本的科技体制是以政府为主导，20 世纪 70 年代初就制定了多项旨在促进科技和产业发展的政策和计划。从 20 世纪 80 年代开始，日本政府更加重视尖端技术，制定了一系列促进高技术产业发展的政策。1995 年，日本通过的《科学技术基本法》是支撑日本科技体系的基本法律，明确要求促进科技成果的转化。

2）多层级的科技成果转化中介机构

这四个国家都设立了多层级的可以为科技成果转化提供服务的中介机构，国家层面的机构为整体的科技成果转化服务，依托高校建立的中介机构主要为高校的科技成果转化提供支持。美国的科技成果转化中介机构主要有国家技术转移中心、全国性的联邦实验室技术转移联盟、联邦实验室研究和技术应用办公室、大学技术授权办公室等；英国的科技成果转化中介机构主要有大学技术授权办公室、高校技术转移中心、商业性技术转移机构等；德国的科技成果转化中介机构主要有史太白技术转移中心、德国技术转移中心、弗劳恩霍夫协会、德国技术联盟、德国创新市场、德国技术与专利使用代办处等；日本的科技成果转化中介机构主要有日本大学技术转移协会、大学专利技术转移组织、日本科学技术振兴机构等。

3）多样的科技成果转化方式

鉴于高校研发的科技成果的不同性质和类型，高校科技成果转化的方式也不尽相同，概括起来，这四个国家高校的科技成果转化方式可以分为直接转化与间接转化。

美国高校科技成果的直接转化方式主要是通过自办企业、联合研发和与企业之间开展人才交流与合作，间接方式主要是通过自有中介机构或其他专业中介公司开展技术转让，转让的内容主要是专利技术。其中，自办企业是美国高校早期科技成果转化的主要方式。英国高校科技成果转化的直接方式是通过"Spin-off"的方式创办高技术企业，但是英国高校通常不会直接参与创办或控制该企业，而是鼓励其员工创办企业。在间接转化方面，英国高校也会通过专门的中介机构来实施技术许可。企业是德国科学研究创新的主体，德国高校科技成果转化的直接方式主要是与企业进行合作研究，德国的一些高校也会通过专业的中介机构实现科技成果的间接转化。日本高校主要通过委托研究和共同研究来实现科技成果的直接转化，相对来说，日本高校科技成果的间接转化比较少。

4) 切实可行的科技成果转化激励措施

四个国家分别采取措施对高校的科技成果转化工作实施激励。美国的激励措施包括设立奖项直接奖励科技成果转化工作卓著的单位和个人,另外,高校教师如果在促进科技成果转化方面有所贡献,薪酬也会有所提高。英国对高校科技成果转化的激励措施可以分为经济激励和非经济激励,此外,推出的概念验证基金可以分担科技成果转化失败的风险,在一定程度上促进了高校科技成果的转化。德国政府对高校科技成果转化给予很多资金支持,高校支持师生创办企业,学生或教师的企业在创办初期可以得到高校的免费培训,并且在租赁学校房屋场地等方面享受优惠,还可以在一定范围内使用学校的仪器设备。日本政府对高校科技成果转化的激励措施主要包括财政补贴、税收优惠和融资优惠。此外,日本政府还规定为符合高校科技成果转化规定的专利申请减免申请费。

5.3.2 四国高校科技成果转化的经验借鉴与启示

尽管我国高校科技成果转化已经取得了一定的成果,但科技成果转化速度缓慢、科技成果转化率低也是目前的现实状况。在调研的四个国家中,高校科技成果转化为这些国家的科技发展贡献了不小的力量,其中的一些经验值得我国借鉴。

1) 健全高校科技成果转化相关法律制度

我国已经发布了《中华人民共和国促进科技成果转化法》,应该以此为基础,形成配套、健全的法律体系,以保障高校在制定本校的科技成果转化规定时有更多具体的依据。此外,要以法律的形式严格保护知识产权,对侵权行为严惩不贷。保护科技成果才能在根本上保障科技成果转化的顺利实施。

2) 加强科技成果转化中介机构建设

从政府、高校和中介机构三个角度出发,加强中介机构建设,形成多层次互为补充的中介机构市场。政府以引导和鼓励中介机构的建设和发展为主,制

Investigation on the functions and development performance of higher education institutions in China

定相应的政策并提供适当的监管。高校应该发挥自身的人才与资源优势，积极建设可为科技成果转化服务的中介机构，我国高校已经建有很多的大学科技园，接下来要在加强管理与合理利用方面多做工作。鼓励建立专门从事科技成果转化中介服务的企业，可以给予资金支持和提供政策便利，使这些企业运作更为规范和专业，这样能够增强中介服务市场的多样性，增强竞争活力。

3）开发促进科技成果转化的多种途径

我国高校科技成果转化已经涉及直接转化和间接转化的多种方式，在此基础上应进一步深入，注重科技成果转化的实效。政府和高校应对校办企业予以支持，尤其是高校可以鼓励师生创办高技术企业，在人力和资源方面提供协助。在校企合作研发中，高校应该更加主动，为本校师生争取实践的平台，同时积极促成科技成果的产业化。除了直接转化以外，高校应该更加重视通过专业的中介机构实现科技成果转化，提高转化的效率和收益。

4）制定合理的评估机制与激励措施

建立完善的科技成果评估体系，充分发挥第三方评估机构的作用，内部评价和外部评价相结合。在高校组织的具体评估中，应该更加重视科技成果的价值及其转化的实际作用，而不单单是科技成果转化的数量，将科技成果转化带来的社会效益和经济效益进行量化评价。在评价之后，还要制定与之配套的激励措施，将科技成果转化工作列入教师整体评价的一部分，在薪酬和职称评定上予以加分。此外，保护知识产权，并提高转化的科技成果产权人的收益分成，也是激励更多人参与高校科技成果转化工作的途径之一。

5.4 案例：加州大学伯克利分校科技成果转化

美国科学研究在世界科技领域占有明显优势，美国高校在世界高等教育和国际科研合作中位于中心位置，总结和借鉴美国高校科学研究管理中的成功经验，将有助于促进我国高校科学研究的良好运行和发展。

美国加利福尼亚州有很多知名的高技术企业，是世界公认的创新之地。这与该州高校密集，且科技成果转移转化工作出色有很大的关系。加州大学伯克利分校就位列其中。加州大学伯克利分校是加州大学创始校区，创建于1868年，是目前世界上最好的公立大学之一①。该校一方面为科研人员提供创新平台，另一方面向社会输出科研创新成果，履行社会服务职能。科技成果转移转化成就卓著，是产学研融合的典范。

1980年，美国颁发了《拜杜法案》，此举成为美国高校科技成果转化制度变革的转折点。加州大学伯克利分校是继斯坦福大学之后第2个创立技术授权办公室的高校。技术授权办公室主要负责判断提交申请的科技成果的商业价值，协助将达到评估标准的成果转化为产品。之后，加州大学伯克利分校又设立了产业研究联盟办公室，负责企业资助项目的相关工作，包括合作研究的计划制定、合同签订等工作。2004年，产业研究联盟办公室与技术授权办公室合并组成了知识产权与产业研究联盟。知识产权与产业研究联盟旨在通过与企业建立多方合作来促进加州大学伯克利分校的科技创新。合并后，产业研究联盟办公室与技术授权办公室作为知识产权与产业研究联盟两个独立的部门存在。在知识产权与产业研究联盟中，技术授权办公室主要负责将加州大学伯克利分校的科学研究和创新成果的商业价值最大化。技术授权办公室履行这一职责的主要手段包括：促进有利于发挥加州大学伯克利分校社会服务职能的合作；为加州大学伯克利分校的科学研究和人才培养工作提供支持；奖励取得突破性成果的科研人员或者创新发起人员等②。技术授权办公室的主要工作流程为：接收该校科技成果所有人提交的"发明披露表"，会有一名技术经理人专门负责跟进该项科技成果的转移转化过程；技术经理人评估该项科技成果的商业价值，达到标准，由学校为该项成果申请专利等；技术经理人作为代表与意向企业进行谈判，双方达成一致后签订协议；技术授权办公室收取并分配科技成果转移转化的收入③。产业研究联盟办公室仍然主要负责引入资金及其他资源，以支持加州大学伯克利分校科研人员的进一步研究。这主要通过与企业建立合作研究关系，与企业进行谈判并签订合作协议实现。产业研究联盟办公室

① The University of California, Berkeley. Admissions overview. https：//www.berkeley.edu/admissions［2022-05-26］.
② Berkeley IPIRA. About us. https：//ipira.berkeley.edu/about-us［2022-05-26］.
③ 高校鼓励科技成果转化［N］. 文摘报，2015-12-12（1）.

的主要工作流程为：定义项目、寻找资金、制定提案、提交提案、接受资助、管理资助、分享研究成果①。

按照流程，加州大学伯克利分校科研人员完成科研成果后，如果有转化意愿，就会到技术授权办公室提交发明披露表。如果创新还只停留在想法阶段，就可以联系产业研究联盟办公室，在产业研究联盟办公室的运作下，寻找可能的合作企业以及相关法律和金融服务。

技术授权办公室采取 3 种科研成果的授权方式，分别是：签订信函协议、签订期权协议、签订许可协议。其中，信函协议主要指采用信函格式的相对简单的约定，加州大学伯克利分校承诺企业会在短期内（通常为 3~12 个月）与企业针对科研成果的许可条款进行谈判，企业适当一次性支付费用；期权协议指企业在一定期限内可以使用已经取得的许可证的约定，但该种协议通常还没有明确使用的具体细节；许可协议就是指约定企业获得生产销售产品所需的专利等权利（胡德鑫和纪璇，2021）。得到许可之后，企业将专利进行市场化运作，取得收益后，以分红或付费的方式支付给高校。关于科研成果转移转化的收益分配，目前加州大学伯克利分校的规定为：发明人获得 35% 的收益、发明人所在院系获得 35% 的收益、校方获得 30% 的收益②。

5.5　本章小结

本章主要围绕国内外高校科技成果转化体系展开，主要从高校科技成果转化保障机制、科技成果转化中介机构、科技成果转化方式、科技成果评价与激励措施几个方面加以阐述。国际层面选取美国、英国、德国和日本 4 个国家的高校科技成果转化体系进行概述，最后对我国高校科技成果转化体系进行论述，并以加州大学伯克利分校作为案例进行分析。

---

① Berkeley. Grant life cycle. https：//vcresearch. berkeley. edu/grant-life-cycle/overview［2022-05-26］.
② 中国国际科技交流中心. 2020 全球百佳技术转移案例 18—加州大学伯克利分校. https://www. ciste. org. cn/index. php？ m＝content&c＝index&a＝show&catid＝98&id＝2068［2022-05-26］.

第6章 "双一流"背景下教育部
直属高校科研绩效研究

21世纪是知识经济时代，创新驱动发展战略是我国的重大战略。在落实科教兴国、人才强国战略的过程中，高校肩负着为社会培养经济发展所需高层次人才的责任。高校科研活动作为创新前沿，是高校的强校之本，也是我国由高等教育大国转变为高等教育强国的重要支撑。高校作为国家创新系统的重要组成机构，在高校科研水平持续发展的背景下，对高校科研效率开展科学评估具有重要意义。

近年来，我国逐步推出"985工程"、"211工程"以及"C9联盟"等多种高等教育建设方案，为重点高校和重点学科提供了优质教育资源与核心技术。随着经济的快速发展，学校身份固化、高校缺乏核心竞争力及学校间缺乏竞争等问题也相继浮现，这严重制约了我国高校的良性发展，阻碍了高校科研效率的提升。为加强高校内涵质量建设，2017年9月20日，教育部、财政部、国家发展和改革委员会正式公布世界一流大学和一流学科（简称"双一流"）建设高校及建设学科名单，将42所高校纳入世界一流大学建设名单，围绕"中国特色，世界一流"的核心要求，引入竞争机制，破除封闭固化，激发高校建设活力；同时结合国家高等教育战略布局，对不发达地区高校予以扶持，兼顾效率与公平。在建设"双一流"高校的背景下，传统的教育资源配置模式面临淘汰。合理高效地进行人才培养，发挥科研对高校的重要作用，提升高校科研效率成为"双一流"建设方案的重要内容。

6.1 研究综述

近年来，高校科研效率研究一直是学术研究热点。国内外学者对高校科研效率的研究已经取得了一定成果。从研究对象的角度看，国内文献中，黄钦等（2009）针对2007年我国10所理工科高校的文科单位进行科研效率评估，研究发现这些高校的文科科研效率呈规模收益递增状态，需要为提高理工科高校文科科研效率寻找新的途径；邱泠坪等（2017）计算32所高等农业院校在2012~2015年的科研效率生产率，结果发现，仅有25%的高等农业院校资源配置有效，且各农业院校技术效率差异性较大；苑泽明等（2018）选取2012~2016年73所京津冀高校作为研究对象，研究发现京津冀高校整体科研创新水平较低，科研资源使用效率与产出潜力仍待进一步提高。国外文献中，Avkiran（2001）分析了36所澳大利亚高校的技术效率与规模效率，结果表明，澳大利亚的高校虽然已经实现了较高的技术水平和规模效率，但仍存在提升空间；Thanassoulis等（2011）使用面板数据评估英国高校成本结构和生产率，结果表明，研究期间大多数英国高校的生产力实际都在下降；Agasisti和Wolszczak-Derlacz（2015）对2007~2011年意大利公立和私立大学进行效率分析，结果显示，私立大学比公立大学效率更高，北方大学比中部和南方大学效率更高。

从效率测度方法上看，国内文献中，田东平等（2005）使用BCC模型对我国72所重点高校进行效率测算，通过地域分析发现科研技术效率呈现东部、中部、西部逐级递减的分布情况，且西部大多数高校处于规模收益递增状态；韩海彬和李全全（2009）针对高校人文社会科学科研活动的特点，建立了层次分析法与DEA相结合的两阶段评价模型，分析结果表明北京大学和中国人民大学的人文社会科学的科研处于规模收益递减阶段，应该严格控制科研资源投入量；李武（2014）运用随机前沿法以"985工程"高校为例研究其科研投入与产出，认为应当从世界各国吸收优秀人才，同时加大科研经费中人员费用的比例；周文泳等（2018）结合聚类分析方法研究2009~2014年54所高校的科研活动效率，发现中国54所高校的科研活动受到国家科研体系改革的影响，效率值发生了变化。国外文献中，Wolszczak-Derlacz和Parteka（2011）基于2001~2005年欧洲7个国家的259个公立高校样本，进行两阶段DEA分析，发现增加来自外部资源的资金份额及提高学术人员中女性比例有助于提升高校科研效率；Guccio等（2016）应用自举DEA法评估意大利高校改革对2000~

2010 年高校科研效率的影响，数据表明，随着时间的变化，意大利高校的科研效率越来越高，但实质性改善主要发生在改革政策实施初期。

国内外现有文献中，从研究对象上看，较少文献围绕"双一流"高校展开研究。从效率测度方法上看，大部分文献都是基于静态效率评估，较少对跨时期样本内动态效率分布进行考察。基于此，本章以教育部直属"双一流"高校作为研究对象，从静态和动态两个维度对高校科研效率进行深度剖析，并且进一步探究"双一流"高校是否存在内部分化趋势。

6.2 研究方法和数据来源

6.2.1 研究方法

6.2.1.1 DEA 模型

DEA 是一种非参数的统计估计方法，由 Charnes 等于 1978 年提出，其本质是观察决策单元（Decision-making Unit，DMU）是否位于生产可能集的"生产前沿面"上。DEA 方法的优点在于可以避免人为设定生产函数对结果真实性造成的干扰，并且适用于多投入多产出的指标体系。用途最为广泛的是 CCR 模型和 BCC 模型，这两个模型分别是在不变规模效益和可变规模效益的假设下提出的。由于高校是一个多投入多产出的系统，因此本章采用 DEA-BCC 模型测度 31 所教育部直属"双一流"高校的科研效率。DEA-BCC 模型的数学表达式如下：

$$\theta^* = \max_{\boldsymbol{\lambda}, \theta} \left\{ \theta_i \mid \theta_i \boldsymbol{y}_i \leqslant \boldsymbol{Y}\boldsymbol{\lambda}; \boldsymbol{x}_i \geqslant \boldsymbol{X}\boldsymbol{\lambda}; \boldsymbol{e}\boldsymbol{\lambda}=1; \boldsymbol{\lambda} \geqslant \boldsymbol{0}; \forall i=1,2,\cdots,n \right\} \quad (6\text{-}1)$$

式中，θ 为综合效率；$\boldsymbol{\lambda}$ 为权重向量；$\boldsymbol{x}_i$ 和 $\boldsymbol{y}_i$ 分别为第 i 个 DMU 的投入向量和产出向量；$\boldsymbol{X}$ 和 $\boldsymbol{Y}$ 分别为投入矩阵和产出矩阵；$\boldsymbol{e}$ 为所有元素都为 1 的行向量。DEA-BCC 模型可以将计算出的综合效率（TE）进一步分解为纯技术效率（PTE）和规模效率（SE）。三种效率之间的关系为

$$\text{TE} = \text{PTE} \times \text{SE} \quad (6\text{-}2)$$

在本章中，PTE 表示高校整体师资水平、科研管理机制以及对现有技术的

利用程度，SE 表示高校的规模变化对科研效率的影响，TE 表示对高校整体资源配置与技术利用的综合评估。

6.2.1.2 核密度估计法

核密度估计法是一种非参数估计方法，从样本数据本身出发，通过分析样本数据分布特征进而描绘出未知的密度函数曲线，是研究样本数据分布是否均衡的一种常用方法。这种方法有效地避免了由于预设函数形式而产生的结果差异。假设 $x_1, x_2, \cdots, x_n$ 为独立同分布的样本观测值，则其核密度估计的概率密度函数为

$$\hat{f}_h(x) = \frac{1}{nh} \sum_{i=1}^{n} K\left(\frac{x - x_i}{h}\right), h > 0, i = 1, 2, \cdots, n \qquad (6\text{-}3)$$

式中，$K(\cdot)$ 为核函数；h 为带宽；n 为观测值个数。带宽大小会影响核密度函数曲线的平滑程度以及估计精度。带宽越大，核密度函数曲线越平滑，估计精度越低，反之亦然（安康等，2012）。核密度估计法可以直观地反映随机变量的分布位置、曲线形态以及延展性等相关信息（陈明华等，2016）。

6.2.1.3 Malmquist 指数模型

Malmquist 指数由瑞典经济学家 Malmquist 于 1953 年首次提出。1994 年，Färe 等把这种理论的非参数方法部分与 DEA 相结合，进一步推广了这一指数模型。Malmquist 指数能够反映全要素生产率的动态变化，全要素生产率（TFP）指数可以分解为技术效率变动指数（EC）及技术进步指数（TC）。在规模报酬可变的假定下，EC 可以进一步分解为纯技术效率变动指数（PTEC）与规模效率变动指数（SEC），即

$$\text{TFP} = \text{EC} \times \text{TC}$$
$$\text{EC} = \text{PTEC} \times \text{SEC} \qquad (6\text{-}4)$$

式（6-4）中，EC 反映 DMU 面对生产前沿面的追赶程度，即"追赶效应"；TC 反映生产前沿面的向外扩展，即"前沿面转移效应"。任何一个指数大于 1，都有助于全要素生产率的增长。

6.2.2 指标选取及数据来源

在使用 DEA 模型进行效率分析的过程中，投入与产出指标的选取对结果的可靠性与准确性而言非常关键。基于数据的可获得性，本章选取 2 个投入指标，包括人力资源与财力资源两个方面，同时根据高校的 3 个主要职能——人才培养、科学研究和社会服务，选取 3 个产出指标。具体指标见表 6-1。

表 6-1 高校科研效率的投入和产出指标

评价指标	指标类型	指标名称	单位
投入指标	人力资源	高校研究与发展人员全时当量	人/a
	财力资源	高校科技经费拨入合计金额	10^3 元
产出指标	人才培养	高校本科生与研究生毕业生的合计人数	人
	科学研究	高校发表学术论文数量	篇
	社会服务	高校技术转让合同金额	10^3 元

6.2.2.1 投入指标

第一，人力资源。人力资源作为高校科研发展的主干力量，是高校知识生产、转化与传递的基础。选取高校研究与发展人员全时当量作为投入指标，即在统计年度中从事研究与发展的工作时间占本人全部工作时间 90% 及以上的人员数量。

第二，财力资源。财力资源是保障高校科研发展持续性与稳定性的经济基础，引入高校科技经费拨入合计金额作为财力资源投入的体现，其中既包括政府资金投入，也包括企事业单位委托资金投入以及其他相关资金投入。

6.2.2.2 产出指标

第一，人才培养。人才培养是高校最重要的职能之一。随着社会的快速发展，为社会源源不断地创造具有较强适应能力的创新型人才已经成为众多高校的目标，因此选用高校本科生与研究生毕业生的合计人数作为人才培养方面的产出指标。

第二，科学研究。科学研究主要包括基础研究、应用研究以及试验发展三个方面，论文是高校科学研究体量与质量的重要表征，通过高校发表学术论文数量来衡量高校科学研究水平。

第三，社会服务。高校通过承担项目等形式创造科技价值，经由社会层面的中介机构进行科技成果转化，最终进入市场推动经济发展，因此选择高校技术转让合同金额作为社会服务维度的产出指标。

6.2.2.3 数据来源

2017 年 9 月 20 日，教育部、财政部、国家发展和改革委员会正式公布了 42 所世界一流大学和一流学科建设高校及建设学科名单。基于数据可获得性，本节从世界一流大学建设高校名单中选取 31 所教育部直属高校作为研究对象，研究时间为 2013～2017 年。相关数据来源于教育部科学技术司发布的《高等学校科技统计资料汇编》（2014～2018 年）以及各高校发布的《毕业生就业质量报告》（2013～2017 年）。其中，高校科技经费拨入合计金额以及高校技术转让合同金额将通过以 2013 年为基期的居民消费价格指数（Consumer Price Index，CPI）平减处理得到的实际金额作为样本数据。

6.3 实证分析结果

6.3.1 效率静态分析

基于投入导向的 DEA-BCC 模型，本节对 2013～2017 年 31 所教育部直属高校进行科研效率测度，具体结果见表 6-2。

表 6-2 2013～2017 年 31 所教育部直属"双一流"高校科研效率

学校名称	2013 年	2014 年	2015 年	2016 年	2017 年	平均值	排名
重庆大学	1.000	1.000	1.000	1.000	1.000	1.000	1
兰州大学	1.000	1.000	1.000	1.000	1.000	1.000	1
中南大学	1.000	0.972	0.925	1.000	1.000	0.979	3
中国海洋大学	1.000	1.000	1.000	1.000	0.801	0.960	4
四川大学	0.797	0.937	1.000	1.000	1.000	0.947	5

Investigation on the functions and development performance of higher education institutions in China

续表

学校名称	2013 年	2014 年	2015 年	2016 年	2017 年	平均值	排名
清华大学	1.000	1.000	1.000	0.547	1.000	0.909	6
南开大学	1.000	0.597	1.000	0.895	1.000	0.898	7
武汉大学	0.764	0.723	0.974	1.000	1.000	0.892	8
厦门大学	0.915	0.853	0.868	0.709	0.850	0.839	9
华南理工大学	0.703	0.839	0.959	0.633	1.000	0.827	10
复旦大学	0.620	0.594	0.782	1.000	0.970	0.793	11
华东师范大学	0.719	0.755	0.836	0.743	0.819	0.774	12
东北大学	0.467	0.804	1.000	0.580	1.000	0.770	13
上海交通大学	0.785	0.698	0.818	0.768	0.770	0.768	14
西北农林科技大学	0.820	0.675	0.706	0.801	0.779	0.756	15
西安交通大学	0.661	0.711	0.674	0.729	1.000	0.755	16
湖南大学	0.572	0.716	0.780	0.737	0.883	0.738	17
东南大学	1.000	1.000	0.462	0.477	0.738	0.735	18
山东大学	0.686	0.735	0.742	0.709	0.625	0.699	19
南京大学	0.703	0.539	1.000	0.632	0.620	0.699	20
吉林大学	0.623	0.467	0.651	0.869	0.720	0.666	21
同济大学	0.555	0.459	0.757	0.674	0.846	0.658	22
北京大学	0.586	0.522	0.741	0.781	0.656	0.657	23
华中科技大学	0.498	0.662	0.683	0.604	0.824	0.654	24
北京师范大学	0.688	0.578	0.504	0.558	0.624	0.590	25
大连理工大学	0.538	0.487	0.521	0.667	0.653	0.573	26
浙江大学	0.578	0.402	0.587	0.531	0.721	0.564	27
中山大学	0.800	0.590	0.469	0.515	0.424	0.560	28
天津大学	0.471	0.388	0.827	0.622	0.483	0.558	29
电子科技大学	0.496	0.505	0.531	0.539	0.455	0.505	30
中国农业大学	0.443	0.395	0.417	0.497	0.750	0.500	31
平均值	0.725	0.697	0.781	0.736	0.807	0.749	

把 31 所高校划分为东部、中部和西部三个区域，得到各区域三种效率的平均值，如图 6-1 所示。

由表 6-1 和图 6-1 可以得到如下结果。

Investigation on the functions and development performance of higher education institutions in China

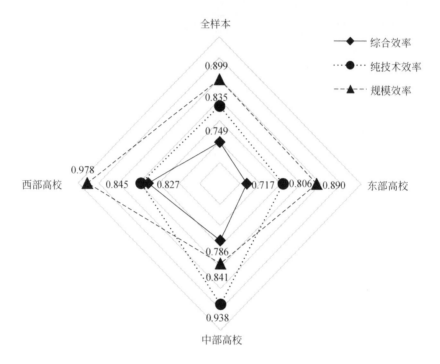

图6-1 2013～2017年各区域高校科研效率平均值

（1）整体科研效率偏低。就整体而言，5年间科研效率均值为0.749，表示31所高校科研效率整体并不理想，说明国家"双一流"重点建设政策有待进一步落实，各高校在全面深化科研体制改革的道路上任重而道远。

（2）梯度效应较为明显。具体到各个高校来看，31所高校中科研效率等于1的有2所，为第一梯队；科研效率低于1但大于均值的高校分别位列第3～16名，为第二梯队；有15所高校科研效率小于均值，为第三梯队。观察可知，重庆大学与兰州大学五年间科研发展均保持有效的资源配置，充分利用了投入要素。但第三梯队相较于第一梯队而言，科研效率还有较大的提升空间。

（3）科研效率区域分布整体上呈"东—中—西"逐渐增加的状态。西部高校在基础设备相对落后的情况下依然保持较高科研效率，同时尽管东部高校普遍拥有高质量的资源与顶尖技术，但其综合效率、纯技术效率以及规模效率均小于西部高校，说明东部高校在投入充足的情况下，仍需重视资源配置以及内部管理等问题。

6.3.2 效率动态分析

为了更加细致且直观地描绘出我国高校科研效率在时间上的动态演进及分布特征，选择核密度估计法分析其动态变化。图6-2为2013~2017年31所高校科研效率的核密度分布曲线。

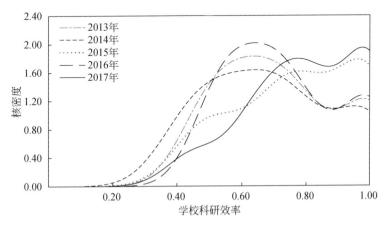

图6-2　2013~2017年31所高校科研效率核密度分布

观察图6-2可知，31所高校科研效率动态演化存在以下四个特征。

（1）从整体上看，5个年份的核密度曲线整体呈现出先陡峭后平缓的态势，整体的右移趋势表明高校科研效率偏低的状况正在逐渐改善。

（2）从峰度变化上看，2013~2014年主峰波峰高度下降，而后2014~2016年主峰波峰高度逐渐上升，并且波峰形状由前期的宽峰分布逐渐转变为后期的尖峰分布。这说明31所高校科研效率集中度提高，效率差距逐渐缩减。

（3）从波峰数量上看，2013~2017年核密度曲线均呈现"双峰分布"甚至"多峰分布"的形态。2013年、2014年以及2016年曲线的双峰间隔较大，而2015年和2017年曲线的双峰间隔明显减小。这表明31所高校的科研发展效率在这五年间由明显的多极分化转变成较为不明显的两极分化，梯度效应逐渐减弱。

（4）从集聚点上看，前期主峰在低值集聚，后期主峰趋向于在最优效率处集聚。这说明达到最优配置的高校数量逐渐增多，效率相对较低的高校也逐渐开始向均值靠近。

6.3.3 Malmquist 指数分析

根据 Malmquist 指数法，从纵向与横向两个角度考察 31 所高校在 2013 ～ 2017 年的变化情况。从纵向分析角度，31 所高校 Malmquist 指数及其分解变动趋势如图 6-3 所示。

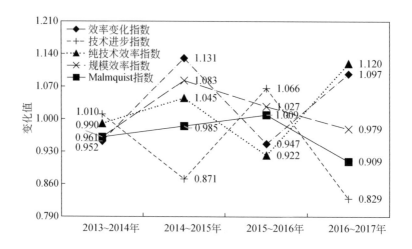

图 6-3　2013 ～ 2017 年 31 所高校 Malmquist 指数及其分解变动

通过图 6-3 可知，2013 ～ 2017 年，31 所高校的 Malmquist 指数呈先增长后下降的趋势。其中，仅 2015 ～ 2016 年 Malmquist 指数大于 1，表示 2015 ～ 2016 年相对于前一年的增长率为正数，其增长率为 0.9%；而 2013 ～ 2014 年、2014 ～ 2015 年和 2016 ～ 2017 年的 Malmquist 指数均小于 1，表示全要素生产率相对于前一年分别降低 3.9%、1.5% 和 9.1%。2013 ～ 2017 年，全要素生产率平均降低 3.4%，表明高校对新技术的创新与投入效率还有待提升。

全要素生产率是由效率变化及技术进步共同影响决定的，同时效率变化可以分解为纯技术效率及规模效率。纯技术效率主要衡量高校对人力和财力资源投入的结构及管理效率，规模效率主要衡量高校对资源投入的规模控制是否有效。在纯技术效率方面，2013 ～ 2017 年每一年相对于前一年的增长率分别为 −1.0%、4.5%、−7.8% 和 12.0%，其数值变动有增有减，2013 ～ 2017 年平均增长率为 1.9%，表明高校应当完善对教师以及科研人员的激励与管理制度，同时合理规划与利用拨入的科研经费。在规模效率方面，2013 ～ 2014 年、

2014～2015 年、2015～2016 年和 2016～2017 年规模效率的增长率分别为 −3.9%、8.3%、2.7% 和−2.1%，平均年增长率为 1.3%，这一变动表明 2013～2017 年高校总体规模效率较高，但在某几年存在一定的资源浪费现象。纯技术效率变动和规模效率变动共同导致了技术效率变动，2013～2014 年、2014～2015 年、2015～2016 年和 2016～2017 年增长率分别为 −4.8%、13.1%、−5.3% 和 9.7%，平均年增长率为 3.2%。这说明高校总体组织管理水平较高，但 2013～2014 年以及 2015～2016 年技术效率增长率为负，可见高校应当继续探索资源投入规模的合理性与管理的有效性。

另外，技术进步是影响全要素生产率的重要因素，对高校而言，技术进步衡量了教师与科研人员的综合素质以及专业水平。在技术进步方面，其五年间增长率变动较为明显，分别为 1.0%、−12.9%、6.6% 和−17.1%，平均增长率为−5.6%。五年间 2013～2014 年以及 2015～2016 年存在技术进步，其余年份均显示明显技术退步，并且 2016～2017 年相对于 2015～2016 年的较大降幅直接导致全要素生产率显著降低。总体上，技术效率的平均增长难以抵消技术进步指数降低带来的影响，这也是全要素生产率整体下降的主要原因。因此，高校在广纳人才的同时，应当对教师与科研人员综合素质的考核予以高度重视。

从横向分析角度，为了进一步探究各个高校 Malmquist 指数及其分解情况，本节将 31 所高校划分为 C9 联盟与非 C9 联盟两类进行比较分析，计算得到结果如表 6-3 所示。

表 6-3 31 所高校 Malmquist 指数及其分解情况（C9 联盟与非 C9 联盟）

学校分类	学校名称	技术效率变动	技术进步变动	纯技术效率变动	规模效率变动	全要素生产率变动
C9 联盟	西安交通大学	1.109	0.931	1.097	1.011	1.032
	复旦大学	1.118	0.892	1.040	1.075	0.998
	北京大学	1.029	0.962	1.010	1.018	0.990
	浙江大学	1.057	0.924	1.000	1.057	0.976
	上海交通大学	0.995	0.960	1.000	0.995	0.955
	南京大学	0.969	0.918	0.969	1.000	0.889
	清华大学	1.000	0.852	1.000	1.000	0.852
	C9 联盟平均值	1.040	0.920	1.017	1.022	0.956

学校分类	学校名称	技术效率变动	技术进步变动	纯技术效率变动	规模效率变动	全要素生产率变动
非 C9 联盟	东北大学	1.209	0.938	1.209	1.001	1.134
	湖南大学	1.115	0.941	1.121	0.994	1.049
	四川大学	1.058	0.977	1.000	1.058	1.034
	华东师范大学	1.033	0.988	1.058	0.976	1.020
	同济大学	1.111	0.915	1.117	0.995	1.016
	中国农业大学	1.141	0.888	1.142	0.999	1.013
	吉林大学	1.037	0.962	1.000	1.037	0.998
	北京师范大学	0.976	1.018	0.968	1.008	0.994
	大连理工大学	1.050	0.947	1.051	0.999	0.994
	华中科技大学	1.134	0.867	1.035	1.096	0.984
	兰州大学	1.000	0.983	1.000	1.000	0.983
	西北农林科技大学	0.987	0.996	0.973	1.014	0.983
	中南大学	1.000	0.980	1.000	1.000	0.980
	天津大学	1.006	0.971	1.012	0.994	0.977
	武汉大学	1.070	0.913	1.000	1.070	0.977
	华南理工大学	1.092	0.887	1.090	1.002	0.969
	南开大学	1.000	0.954	1.000	1.000	0.954
	山东大学	0.977	0.971	0.950	1.028	0.949
	电子科技大学	0.978	0.968	0.987	0.991	0.947
	重庆大学	1.000	0.928	1.000	1.000	0.928
	中国海洋大学	0.946	0.936	0.987	0.958	0.886
	厦门大学	0.982	0.896	0.983	0.998	0.879
	中山大学	0.853	0.989	0.845	1.010	0.844
	东南大学	0.927	0.876	0.942	0.984	0.812
	非 C9 联盟平均值	1.028	0.945	1.020	1.009	0.971
总平均值		1.031	0.940	1.019	1.012	0.968

由表 6-3 可知，C9 联盟高校的技术效率变动平均值与规模效率变动平均值略高于非 C9 联盟的高校，其差值分别为 0.012 和 0.013，然而其他指标均低于非 C9 联盟高校。这说明 C9 联盟高校对教师及科研人员的管理存在一定优势，对资源投入规模的规划相对具有合理性，而非 C9 联盟高校在高校科研人员综合能力方面并不逊于 C9 联盟高校。同时观察发现，C9 联盟高校与非 C9 联盟高校的平均技术进步变动均小于 1，直接导致两类高校平均全要素生产率

均小于 1。所有高校中技术进步变动大于 1 的仅有 1 所，这说明技术进步是大部分高校的短板，是阻碍高校科研创新发展的重要因素，因此提升高校教师及科研人员的专业水平是所有高校未来改革发展的重点方向。

6.4 政策建议

本节通过 DEA-BCC 模型、核密度估计法以及 Malmquist 指数模型对2013～2017 年教育部直属"双一流"高校的科研效率进行多维度的分析，研究显示，所选取高校整体科研效率偏低，并且样本内部两极分化趋势明显，技术退步导致全要素生产率整体下降。在"双一流"建设背景下，如何提升高校科研效率，为社会输送创新型人才是每个高校在未来改革发展中应当重视的问题。下面从高校与政府两个层面为我国高校科研效率提高提供相关建议。

第一，加强高校师资建设，完善科研激励机制。建立一支具备高水平科研能力的专业师资队伍，需要高校推动教师聘任制度改革，优化师资队伍结构，建立系统全面的考核指标体系，更加注重社会经济贡献等效益型指标考核；建立"效率优先，兼顾公平"的薪酬激励制度以及公开透明的晋升评审体制，通过合理的利益分配机制充分调动科研人员的主动性和创造性；创造开放融洽的良好学术氛围，有助于提升教师对学校目标与使命的认同与追求，进一步推动高校科研的蓬勃发展。

第二，创新人才培养模式，健全经费管理制度。因势而新，因新而进，高校应当时刻关注外部环境发展变化，结合本校学科布局特点，构建适合本校的个性化、多元化人才培养体系；同时重视科研经费的实际使用效率。完善科研经费使用管理制度，强化监管优化服务机制，推进"放管服"改革，优化教育资源配置，提高资源利用率，避免产生资源浪费。

第三，建立协同发展机制，推进科研成果转化。政府在加大科研活动投入力度的同时，应当发挥统筹协调作用，坚持互利互惠、合作共赢的原则，通过建立研究中心、共同研究开发等多种形式，加强企业与高校产学研互动合作；推动高校适应市场经济化的发展潮流，鼓励科技中介机构为科技成果转化提供服务，促进科研成果市场化与产业化；完善相关法律法规，建立流畅的运行机

· Investigation on the functions and development performance of higher education institutions in China

制，营造良好的产学研可持续发展的社会环境。

6.5　本 章 小 结

· Investigation on the functions and development performance of higher education institutions in China

本章以 31 所教育部直属"双一流"高校为例，将 DEA-BCC 模型引入 2013～2017 年高校科研效率的研究中，分析 5 年间 31 所高校的静态效率；然后运用核密度估计法及 Malmquist 指数法研究高校跨年份动态效率变化；最后根据实证结果，为"双一流"建设背景下我国高校如何提升科研效率提出建议。

第 7 章　基于两阶段 DEA 模型的中国 教育部直属高校科研绩效分析[①]

与世界上其他国家一样，中国高校也是取得科技成果的重要机构。2015 年 8 月中国科学院文献情报中心发布的《中国基础科学国际竞争力蓝皮书 2015》显示，2013 年中国发表的 SCI 论文数量超过了 21.6 万篇，约为同年美国的 62.2%。此外，中国高校和科研机构的论文被引用次数也大幅增加。2008 年被引用次数约占美国的 6.6%，而 2012 年相应比例达到了 12.4%。中国在环境生物技术和化学工程等学科中的 SCI 论文数量已经超过了美国，这主要归功于中国近年来对高等教育系统的巨大投资。经济合作与发展组织数据显示，2008~2012 年中国的科学研究与试验发展（research and development，R&D）支出翻了一番。2012 年国内 R&D 总支出为 2855[②] 亿美元。同年，美国、欧盟 28 国和日本的国内 R&D 总支出分别为 3967 亿美元、2825 亿美元和 1339 亿美元。如今，中国正在对科学系统进行改革，旨在资源有限的情况下提高资金的使用效率进而提高竞争力。

Johnes（2017）认为，在政府资金有限的情况下，高校应尽可能有效率地提供教育产出。Abbott 和 Doucouliagos（2003）、Avkiran（2001）、Casu 和 Tha-nassoulis（2006）也提出类似的观点。因此，对中国高等教育机构的效率分析和绩效评估具有重要意义。

DEA 是一种评估多个决策单元效率的数学工具，可以避免主观因素对评价结果的影响，被广泛用于科研效率评价。例如，DEA 已经被应用于教育效率分析中（Johnes et al., 2017）。虽然大多数传统的 DEA 模型 DMU 的运作视

[①]　本章主要内容已发表于如下文献：Yang G, Fukuyama H, Song Y. 2018. Measuring the inefficiency of Chinese research universities based on a two-stage network DEA model. Journal of Informetrics, 12 (1): 10-30.

[②]　按 2005 年购买力平价计算的美元。

为一个"黑箱"（Färe and Grosskopf，2000；Kao and Hwang，2008），不过近期的一些研究在尝试进入"黑箱"和 DMU 的内部结构（Tone and Tsutsui，2009）。近年来开发的网络 DEA 模型考虑到 DMU 的内部结构可以包括多个子过程或阶段，每个阶段有自己的投入和产出，并通过中间流与其他阶段相联系（Färe and Grosskopf，2000）。

大学的科研活动是一个涉及多种投入、内部流程和多种产出的复杂过程。一些投入–过程–产出（Input-Process-Output，IPO）模型被广泛用于描述团队效能对于生产单元的影响。Brandt 和 Schubert（1997）通过考虑投入转化为产出过程中的生产技术改进了 IPO 模型，将投入、过程和产出描述为三个相互关联的复合变量。但是通过文献调研发现，大多数基于 DEA 方法开展的相关研究都处于静态层面，没有讨论多个阶段的科学研究动态生产率。原因主要体现在两个方面：一是，很少有关于大学效率的研究集中在含有结转变量的两阶段网络 DEA 模型；二是，根据 IPO 模型的内涵，重要的是将大学视为一个两阶段的网络过程，而不是仅仅作为一个"黑箱"来描绘如何打开大学内部投入产出过程。

DEA 是评估大学效率的理想方法，但传统的（或"黑箱"型）DEA 模型没有考虑到 DMU 的内部结构。出于对这一局限的考虑，本章旨在研究中国 64 所研究型大学的效率和生产率及其在 2010 ~ 2013 年的变化情况。本章将每所研究型大学的生产过程刻画为一个包含两阶段的网络过程，在两个阶段之间存在着结转变量（总收入的一部分）。我们建立了一个带有结转变量的两阶段网络方向距离（network directional distance，NDD）框架来衡量大学的效率水平，用 Luenberger 生产率指数来衡量生产率随时间的变化并对其进行分解。需要注意的是，本章假设技术转让收入用于支持 R&D 产出和技术服务，从而作为高校生产的第 1 阶段投入。

7.1 文献综述

几十年来，教育效率一直是热点研究问题之一。Johnes（2017）指出前沿估计方法在很大程度上扩展了对教育效率的研究。DEA 方法（Banker et al.，

1984；Charnes et al.，1978）和随机前沿分析（Aigner et al.，1977；Battese and Corra，1977）是两个最常用的前沿估计方法，它们可以被用来估计 DMU 的成本函数或生产前沿面，并据此对效率进行估算。本小节中，我们将重点回顾在教育领域应用 DEA 方法的相关研究。

DEA 由 Charnes（1978）提出，是一种用于评估具有多种投入和产出的 DMU 的相对效率的数学规划方法。在 DEA 方法中，首先在生产前沿面上找到一个投影点，并将前沿面上的 DMU 评估为有效。之后，通过将非有效的 DMU 与其在前沿面上的投影点或其他 DMU 进行比较，可以测度其效率。传统的 DEA 相关研究将 DMU 的生产过程视为一个"黑箱"，然而近期的一些研究打算进入这个"黑箱"，并考虑 DMU 的内部结构（Färe and Grosskopf，2000；Tone and Tsutsui，2009）。例如，网络 DEA 模型考虑到 DMU 的内部结构中可以包括多个子过程或阶段，每个阶段都有自己的投入和产出，并通过中间流与其他阶段相联系（Färe and Grosskopf，2000）。其他与网络 DEA 相关的研究包括 Chen 和 Zhu（2004）、Liang 等（2008）、Chen 等（2009）、Cook 等（2010）、Sahoo 等（2014）等。

目前已有许多基于 DEA 方法的教育效率研究，大致可分为三类：第一类使用传统的"黑箱"型 DEA 模型测度效率，第二类使用"黑箱"型 DEA 模型测度生产率变化，第三类使用网络 DEA 方法打开"黑箱"测度效率和生产率变化。

7.1.1　研究方向一：使用传统的"黑箱"型 DEA 进行效率评估

此类研究使用传统的"黑箱"型 DEA 方法测度技术效率、规模效率以及成本效率或进行标杆设定。Avkiran（2001）从整体绩效、教育服务绩效以及付费入学绩效这三种绩效出发，使用 DEA 方法分析了澳大利亚大学的相对效率。Fandel（2007）测量了德国北莱茵-威斯特法伦州大学的表现。Deluyi 等（2014）测度了伊朗马什哈德菲尔多西大学的 16 个学院和研究所的效率。Nkonki 等（2014）通过分析一所大学的课程、院系和机构的效率，得出院系和课程的效率水平存在差异的结论。Abramo 等（2011）使用文献计量数据测度了意大利大学系统研究活动的技术效率。Rosenmayer（2014）比较了几个基

147

于 DEA 方法的大学效率研究的适当性和充分性。Larrán-Jorge（2015）调查了 47 所西班牙国立大学在教学、研究和知识转移三个方面的效率，并与大学使用财务方法得到的结果进行了比较。

Kao 和 Hung（2008）应用保证域 DEA 方法来评估台湾成功大学不同学术部门的相对效率。Herrero 和 Algarrada（2010）使用改进的 DEA 模型来区分管理效率和教育计划效率。Ho（2015）使用 DEA 和层次分析法比较了台湾和世界其他地区大学的效率。

DEA 也可以作为高等教育系统中的绩效标杆设定工具。Caballero 等（2004）在以效率为目标的情况下，基于 DEA 提出了一种高校经费资源配置和管理方法。Ruiz 等（2015）提出了一个最小距离 DEA 模型并对西班牙公立大学的教育绩效进行了评估。当在标杆分析和目标设定过程中考虑专家偏好时，该模型可以找到最接近的投影目标。

7.1.2 研究方向二：使用传统的"黑箱"型 DEA 进行跨期分析

Taylor 和 Harris（2004）评估了南非的大学在 1994～1997 年的技术效率。Johnes 和 Yu（2008）研究了 2003 年和 2004 年 109 所大学在取得科研成果方面的相对效率。Abramo 等（2011）利用文献计量数据测度了意大利大学系统在 2004～2008 年间的技术和配置效率。Sagarra 等（2017）将比值法与 DEA 模型相结合并用于测度墨西哥 55 所大学在 2007～2012 年的效率变化。Schubert 和 Yang（2016）利用传统的 DEA 模型研究了德国研究型大学在 2000～2011 年间规模效率和最佳运营规模的演变。Parteka 和 Wolszczak-Derlacz（2013）使用自助型 DEA-Malmquist 生产率指数研究了 7 个欧洲国家 266 所公立高等教育机构在 2001～2005 年的生产率演变特征。其他涉及评估生产率此组研究的主要特点是利用面板数据测度跨期的效率或生产率。

Johnson 和 Ruggiero（2014）扩展了非参数 DEA 方法，将 Färe（1994b）提出的 Malmquist 生产率指数（Malmquist Productivity Index，MPI）分解为技术效率、技术水平以及环境效率的变化，并以此分析了俄亥俄州不同学区的教育生产状况。之后，Brennan 等（2014）将该方法扩展至可变规模收益这一更一般的情况，将 Malmquist 生产率指数分解为技术效率、规模效率以及环境效率的变化。

7.1.3　研究方向三：使用网络 DEA 方法打开"黑箱"进行效率评估

如前文所示，前两组研究将 DMU 的运作视为一个黑箱，而近期的一些研究则试图进入黑箱并明确 DMU 的内部结构。沿着此思路，Rayeni 和 Saljooghi（2010）使用网络 DEA 估计了伊朗锡斯坦–俾路支斯坦省大学在 2004～2009 年间的效率，并分析了不同变量对效率的影响。Lu（2012）使用两阶段网络 DEA 评估了中国台湾公立大学的成本效率、教学效率和研究效率，并利用截断回归讨论了知识资本对大学运营效率的影响。Chang 等（2012）针对中国台湾 34 所大学的旅游休闲系，构建了一个包含第 1 阶段的研发绩效和第 2 阶段的教学绩效的两阶段网络 DEA 模型。Lee 和 Worthington（2016）构建了同时考虑质量属性和数量属性的网络 DEA 模型以评估澳大利亚大学的研究质量。第三组的大多数文献认为大学的活动发生在单期内而非多期，或只使用了静态网络 DEA 模型而没有考虑在不同连续两期之间延续的动态变量。

通过对上述文献的梳理，可以发现很少有效率与生产率研究能够构建一个适当的带有结转变量的两阶段网络 DEA 模型，并据此为中国当前的大学系统提供政策建议。而我们认为结转变量在教育系统的发展中具有重要作用。本章通过对 64 所中国研究型高校在 2010～2013 年间的效率和生产率变化的分析填补了这一空缺。

7.2　研究方法和数据来源

7.2.1　两阶段的高校系统

高校的三大职能为人才培养、科学研究和社会服务，这已成为世界高等教育体系的共识。Park（1996）指出，教学、研究及服务是大学在终身教职和人员晋升方面主要考虑的三个标准。我们参考 IPO 模型（Brandt and Schubert，1997），同时考虑到高校的三个主要职能，将中国大学模型化为一个将不同类型的人员和研究经费转化为多重产出的实体，刻画为一个两阶段的系统（图7-1）。

第 1 个阶段为教学和研究阶段，其中 R&D 经费（主要用于研发）以及政

Investigation on the functions and development performance of higher education institutions in China

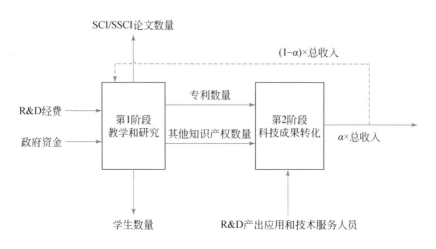

图 7-1　大学的两阶段过程

府资金（主要用于教学）为大学的初始投入，产出包括 SCI/SSCI 论文、学生、专利和其他知识产权。在第 1 阶段的 4 个产出中，专利和其他知识产权进一步成为第 2 个阶段科技成果转化阶段的两个投入。进入第 2 阶段的第 3 个投入是 R&D 产出应用和技术服务人员。第 2 阶段唯一的产出是总收入，等于技术转让收入和专利销售收入之和。在科技成果转化阶段，总收入的一部分将成为第 1 阶段的投入，而反映这一比例关系的系数 α 由政府部门的政策制定者决定。

7.2.2　两阶段网络 DEA 模型

本研究提出一个两阶段网络过程的大学决策问题。在第 t 年的第 1 阶段，每所大学将前一年产生的结转向量 $c^{t-1} \in \mathfrak{R}_+^{M^2}$ 和外生投入向量 $x^{1,t} \in \mathfrak{R}_+^N$ 转换为中间产品向量 $z^t \in \mathfrak{R}_+^Q$ 和最终产出 $y^{1,t} \in \mathfrak{R}_+^{M^1}$。在第 2 阶段，大学使用 z^t 作为中间投入，将其转换为两个产出向量：一个结转向量 $c^t \in \mathfrak{R}_+^{M^2}$ 和一个最终产出向量 $y^{2,t} \in \mathfrak{R}_+^{M^2}$。

第 1 阶段在第 t 期的生产可能性集定义为

$$T^{1,t} = \left\{ (c^{t-1}, x^{1,t}, y^{1,t}, z^t) \mid (x^{1,t}, y^{1,t}, z^t) \text{对于确定的} c^{t-1} \text{是可行的} \right\} \quad (7\text{-}1)$$

第 t 期第 1 阶段的生产可能性集是上期的所有结转和本期的外生投入以及中间产出的集合。第 t 年第 2 阶段的生产可能性集表示为

$$T^{2,t} = \left\{ (z^t, x^{2,t}, y^{2,t} + c^t) \mid (z^t, x^{2,t}, y^{2,t}, c^t) \text{是可行的} \right\} \quad (7\text{-}2)$$

第 2 阶段在第 t 期的生产可能集是用于生产本期最终产出的所有本期中间产品和外生投入以及下一期将要使用的结转变量的集合。我们假设第 2 阶段决定与技术转让和销售专利的总收入相关的最终产出和结转变量:

$$\boldsymbol{y}^{2,t}+\boldsymbol{c}^t \tag{7-3}$$

7.2.2.1　两阶段的网络定向距离测量

在本节中,我们提出了一个非参数 DEA 框架。假设有 $j=1,\cdots,J$ 所大学。设 $\lambda^{1,t}=(\lambda_1^{1,t},\cdots,\lambda_J^{1,t})\in\mathfrak{R}_+^J$ 和 $\lambda^{2,t}=(\lambda_1^{2,t},\cdots,\lambda_J^{2,t})\in\mathfrak{R}_+^J$ 分别为与第 1 阶段和第 2 阶段相关的活动或强度向量。在本章中,假设所有投入产出的观察值 c_j^{t-1} ($\forall j$, $\forall t-1$),$x_{n,j}^{1,t}$ ($\forall n$, $\forall j$, $\forall t$),$x_{n,j}^{2,t}$ ($\forall n$, $\forall j$, $\forall t$),$y_{mj}^{1,t}$ ($\forall m$, $\forall j$),$y_j^{2,t}$ ($\forall j$, $\forall t$),$z_{q,j}^t$ ($\forall q$, $\forall j$, $\forall t$),c_j^t ($\forall j$, $\forall t$) 均为正,其中下标 "j" 表示其为对大学 j 的观测值。将式 (7-3) 写为

$$\boldsymbol{y}_o^{2,t}+\boldsymbol{c}^t\leqslant\sum_{j=1}^J(\boldsymbol{y}_j^2+\boldsymbol{c}_j^t)\lambda_j^2 \tag{7-4}$$

这里调整了 Färe 等 (2011) 以及 Fukuyama 和 Weber (2015) 对不同行业使用的约束。这里的 $\boldsymbol{c}^t$ 是一个内生变量的向量。在 Akther 等 (2013) 以及 Fukuyama 和 Weber (2015) 的基础上,与图 7-1 相对应的两阶段 NDD 测量的形式为

$$\mathrm{NDD}^t(\boldsymbol{c}_o^{t-1},\boldsymbol{x}_o^{1,t},\boldsymbol{y}_o^{1,t},\boldsymbol{x}_o^{2,t},\boldsymbol{y}_o^{2,t};\boldsymbol{g}_x^1,\boldsymbol{g}_y^1,\boldsymbol{g}_x^2,\boldsymbol{g}_y^2)=\max\beta$$

$$\text{s.t.}\begin{cases}\boldsymbol{c}_o^{t-1}\geqslant\displaystyle\sum_{j=1}^J\boldsymbol{c}_j^{t-1}\lambda_j^{1,t},\boldsymbol{x}_o^{1,t}-\beta\,\boldsymbol{g}_x^1\geqslant\displaystyle\sum_{j=1}^J\boldsymbol{x}_j^{1,t}\lambda_j^{1,t},\boldsymbol{y}_o^{1,t}+\beta\,\boldsymbol{g}_y^1\leqslant\displaystyle\sum_{j=1}^J\boldsymbol{y}_j^{1,t}\lambda_j^{1,t}\\[3mm]\boldsymbol{z}^t\leqslant\displaystyle\sum_{j=1}^J\boldsymbol{z}_j^t\lambda_j^{1,t},\boldsymbol{z}^t\geqslant\displaystyle\sum_{j=1}^J\boldsymbol{z}_j^t\lambda_j^{2,t},\boldsymbol{x}_o^{2,t}-\beta\,\boldsymbol{g}_x^2\geqslant\displaystyle\sum_{j=1}^J\boldsymbol{x}_j^{2,t}\lambda_j^{2,t}\\[3mm]\boldsymbol{y}_o^{2,t}+\beta\,\boldsymbol{g}_y^2+\boldsymbol{c}^t=\displaystyle\sum_{j=1}^J(\boldsymbol{y}_j^{2,t}+\boldsymbol{c}_j^t)\lambda_j^{2,t},\boldsymbol{z}^t\geqslant0,\boldsymbol{c}^t\geqslant0,\boldsymbol{\lambda}^{1,t}\geqslant0,\boldsymbol{\lambda}^{2,t}\geqslant0\end{cases} \tag{7-5}$$

标准的方向距离函数最初是由 Luenberger (1992,1995) 开发的收益和短缺函数,而 "方向距离函数" 这一名称是由 Chambers 等 (1996) 使用的。

7.2.2.2　随时间变化的 Luenberger 生产率指数

将开发的静态测量方法扩展到 Luenberger 生产率框架中。Caves 等 (1982)

Investigation on the functions and development performance of higher education institutions in China

以及 Färe 等（1994a）构建了乘法形式的 Malmquist 指数，然后 Chambers（2002）引入了加法形式的 Luenberger 生产率指数。在两阶段网络设置中，用滞后的结转变量定义 Luenberge 生产率指数为

$$\text{NL}^{t,t+1}(\boldsymbol{c}_o^{t-1},\boldsymbol{x}_o^{1,t},\boldsymbol{y}_o^{1,t},\boldsymbol{x}_o^{2,t},\boldsymbol{y}_o^{2,t},\boldsymbol{c}_o^{t},\boldsymbol{x}_o^{1,t+1},\boldsymbol{y}_o^{1,t+1},\boldsymbol{x}_o^{2,t+1},\boldsymbol{y}_o^{2,t+1};\boldsymbol{g}) \tag{7-6}$$

$$= \frac{1}{2}\left[\{\text{NDD}^t(\boldsymbol{c}_o^{t-1},\boldsymbol{x}_o^{1,t},\boldsymbol{y}_o^{1,t},\boldsymbol{x}_o^{2,t},\boldsymbol{y}_o^{2,t};\boldsymbol{g})-\text{NDD}^t(\boldsymbol{c}_o^{t},\boldsymbol{x}_o^{1,t+1},\boldsymbol{y}_o^{1,t+1},\boldsymbol{x}_o^{2,t+1},\boldsymbol{y}_o^{2,t+1};\boldsymbol{g})\}\right.$$

$$\left.+\{\text{NDD}^{t+1}(\boldsymbol{c}_o^{t-1},\boldsymbol{x}_o^{1,t},\boldsymbol{y}_o^{1,t},\boldsymbol{x}_o^{2,t},\boldsymbol{y}_o^{2,t};\boldsymbol{g})-\text{NDD}^{t+1}(\boldsymbol{c}_o^{t},\boldsymbol{x}_o^{1,t+1},\boldsymbol{y}_o^{1,t+1},\boldsymbol{x}_o^{2,t+1},\boldsymbol{y}_o^{2,t+1};\boldsymbol{g})\}\right]$$

其中，$\boldsymbol{g}=(\boldsymbol{g}_x^1,\boldsymbol{g}_y^1,\boldsymbol{g}_x^2,\boldsymbol{g}_y^2)$。在式（7-6）中，定义

$$\text{NDD}^t(c_o^{t-1},\boldsymbol{x}_o^{1,t},\boldsymbol{y}_o^{1,t},\boldsymbol{x}_o^{2,t},\boldsymbol{x}_o^{2,t};\boldsymbol{g})=\max\beta$$

$$\text{s. t.}\begin{cases} c_o^{t-1}\geqslant\sum_{j=1}^{J}c_j^{t-1}\lambda_j^{1,t}, \quad x_o^{1,t}-\beta\boldsymbol{g}_x^1\geqslant\sum_{j=1}^{J}x_j^{1,t}\lambda_j^{1,t}, \quad y_o^{1,t}+\beta\boldsymbol{g}_y^1\leqslant\sum_{j=1}^{J}y_j^{1,t}\lambda_j^{1,t}, \\ z^t\leqslant\sum_{j=1}^{J}z_j^t\lambda_j^{1,t}, \quad z^t\geqslant\sum_{j=1}^{J}z_j^t\lambda_j^{2,t}, \\ x_o^{2,t}-\beta g_x^2\geqslant\sum_{j=1}^{J}x_j^{2,t}\lambda_j^{2,t}, \quad y_o^{2,t}+\beta g_y^2+c^t=\sum_{j=1}^{J}(y_j^{2,t}+c_j^t)\lambda_j^{2,t}, \\ z^t\geqslant\boldsymbol{0},c^t\geqslant\boldsymbol{0},\boldsymbol{\lambda}^{1,t}\geqslant\boldsymbol{0},\boldsymbol{\lambda}^{2,t}\geqslant\boldsymbol{0} \end{cases}$$

$$\tag{7-7a}$$

$$\text{NDD}^{t+1}(c_o^{t-1},\boldsymbol{x}_o^{1,t},\boldsymbol{y}_o^{1,t},\boldsymbol{x}_o^{2,t},\boldsymbol{y}_o^{2,t};\boldsymbol{g})=\max\beta$$

$$\text{s. t.}\begin{cases} c_o^{t-1}\geqslant\sum_{j=1}^{J}c_j^t\lambda_j^{1,t+1}, \quad x_o^{1,t}-\beta\boldsymbol{g}_x^1\geqslant\sum_{j=1}^{J}x_j^{1,t+1}\lambda_j^{1,t+1}, \\ y_o^{1,t}+\beta\boldsymbol{g}_y^1\leqslant\sum_{j=1}^{J}y_j^{1,t+1}\lambda_j^{1,t+1}, \quad z^t\leqslant\sum_{j=1}^{J}z_j^{t+1}\lambda_j^{1,t+1}, \\ z^t\geqslant\sum_{j=1}^{J}z_j^{t+1}\lambda_j^{2,t+1}, \quad x_o^{2,t}-\beta g_x^2\geqslant\sum_{j=1}^{J}x_j^{2,t+1}\lambda_j^{2,t+1}, \\ y_o^{2,t}+\beta g_y^2+c^t=\sum_{j=1}^{J}(y_j^{2,t+1}+c_j^{t+1})\lambda_j^{2,t+1}, \\ z^t\geqslant\boldsymbol{0},c^t\geqslant\boldsymbol{0},\boldsymbol{\lambda}^{1,t+1}\geqslant\boldsymbol{0},\boldsymbol{\lambda}^{2,t+1}\geqslant\boldsymbol{0} \end{cases}$$

$$\tag{7-7b}$$

$$\text{NDD}^t(c_o^t,\boldsymbol{x}_o^{1,t+1},\boldsymbol{y}_o^{1,t+1},\boldsymbol{x}_o^{2,t+1},\boldsymbol{y}_o^{2,t+1};\boldsymbol{g})=\max\beta$$

$$
\text{s. t.}\begin{cases}
c_o^t \geqslant \displaystyle\sum_{j=1}^{J} c_j^{t-1}\lambda_j^{1,t}, \quad x_o^{1,t+1}-\beta\,\boldsymbol{g}_x^1 \geqslant \sum_{j=1}^{J} x_j^{1,t}\lambda_j^{1,t}, \quad y_o^{1,t+1}+\beta\,\boldsymbol{g}_y^1 \leqslant \sum_{j=1}^{J} y_j^{1,t}\lambda_j^{1,t}, \\[3mm]
z^{t+1} \leqslant \displaystyle\sum_{j=1}^{J} z_j^t\lambda_j^{1,t}, \quad z^{t+1} \geqslant \sum_{j=1}^{J} z_j^t\lambda_j^{2,t}, \\[3mm]
x_o^{2,t+1}-\beta\,\boldsymbol{g}_x^2 \geqslant \displaystyle\sum_{j=1}^{J} x_j^{2,t}\lambda_j^{2,t}, \quad y_o^{2,t+1}+\beta g_y^2+c^{t+1} = \sum_{j=1}^{J}(y_j^{2,t}+c_j^t)\lambda_j^{2,t}, \\[3mm]
z^{t+1} \geqslant \boldsymbol{0}, c^{t+1} \geqslant \boldsymbol{0}, \boldsymbol{\lambda}^{1,t} \geqslant \boldsymbol{0}, \boldsymbol{\lambda}^{2,t} \geqslant \boldsymbol{0}
\end{cases}
$$

$$(7\text{-}7c)$$

对于由式（7-1）和式（7-2）设定的特定生产技术，指数测度沿着方向 $\boldsymbol{g}$ 的生产力变化。

$$\text{NL}=\text{NL}^{t,t+1}\,(c_o^{t-1},\ x_o^{1,t},\ y_o^{1,t},\ x_o^{2,t},\ y_o^{2,t},\ c_o^t,\ x_o^{1,t+1},\ y_o^{1,t+1},\ x_o^{2,t+1},\ y_o^{2,t+1};\ \boldsymbol{g})$$

可以按照如下方式被分解为低效变化（EFFCH）和技术变化（TECH）：

$$
\text{NL}^{t,t+1}(\bullet\,;\boldsymbol{g})=\underbrace{\text{NDD}^t(c_o^{t-1},x_o^{1,t},y_o^{1,t},x_o^{2,t},y_o^{2,t};\boldsymbol{g})-\text{NDD}^{t+1}(c_o^t,x_o^{1,t+1},y_o^{1,t+1},x_o^{2,t+1},y_o^{2,t+1};\boldsymbol{g})}_{\text{EFFCH}}
$$

$$
+\frac{1}{2}\underbrace{\begin{bmatrix}
\{\text{NDD}^{t+1}(c_o^{t-1},x_o^{1,t},y_o^{1,t},x_o^{2,t},y_o^{2,t};\boldsymbol{g})-\text{NDD}^t(c_o^{t-1},x_o^{1,t},y_o^{1,t},x_o^{2,t},y_o^{2,t};\boldsymbol{g})\} \\
+\{\text{NDD}^{t+1}(c_o^t,x_o^{1,t+1},y_o^{1,t+1},x_o^{2,t+1},y_o^{2,t+1};\boldsymbol{g}) \\
-\text{NDD}^t(c_o^t,x_o^{1,t+1},y_o^{1,t+1},x_o^{2,t+1},y_o^{2,t+1};\boldsymbol{g})\}
\end{bmatrix}}_{\text{TECH}}
\quad(7\text{-}8)
$$

每个指标 NL、EFFCH 或 TECH 的值大于（小于）零表示生产率提高（下降）。

7.2.3　变量和数据集

在图 7-1 构建的评价框架下，我们选择了第 1 阶段和第 2 阶段的变量。

7.2.3.1　投入和产出变量

使用 DEA 进行效率分析时，对投入和产出变量进行阐述非常重要，因为这些变量会对分析结果的信度和效度产生重大影响。需要指出的是，本文中所有的货币变量均用消费者价格指数（Customer Price Index，CPI）进行处理以避免通货膨胀的影响，其数据见表 7-1。

表 7-1　中国 2009～2013 年的 CPI 数据

年份	CPI
2009	96.783
2010	100.000
2011	105.471
2012	108.222
2013	111.070

注：CPI 数据来自 OECD（2010），2010 年 CPI＝100。

在第 1 阶段，投入指标包括 R&D 经费以及政府资金。在这个阶段，产出指标包括 SCI/SSCI 论文数量、学生数量（包括本科生、硕士生和博士生）、专利数量（包括专利申请量和授权量）以及其他知识产权数量（如软件著作权）。

（1）R&D 经费：指从外部（如企业、民间社会组织、基金会）获得的研究资金。一般而言，此类经费通过竞争性项目分配，用于解决特定的科学和技术问题。

（2）政府资金：指由上级部门直接拨付的研究经费，包括教育经费、科学支出和技术设备更新费用。换言之，政府资金是由中央政府一次性提供款项。

（3）SCI/SSCI 论文数量：Merton（1957，1968）指出发表论文是确立科学发现的优先权的重要步骤，是科学家的主要目标之一。因此，大多数研究机构（包括大学和科研机构）都倾向于用出版物和引文来评估科研人员的表现（Zhang et al.，2011）。在实践中，出版物是衡量研究机构效率或规模特征最重要的产出变量之一（Rousseau and Rousseau，1997；Schubert，2009；Schmoch and Schubert，2009；Schubert，2014；Yang et al.，2014；Schubert and Yang 2016）。

（4）学生总数：指各大学每年培养或训练的本科生、硕士生及博士生人数之和。尽管研究是研究型大学的一个重要使命，但仅仅关注研究会掩盖高等教育的另一个核心使命——教学。有必要认识到，为未来提供高质量的人力资源而教育或培养学生也是大学的核心职能。许多研究开发并应用了各种衡量教育或培养学生水平的标准（Avkiran，2001；Glass et al.，2006；Worthington and Lee，2008；Schubert，2014；Schubert and Yang，2016）。

（5）专利总数：此变量由专利总数来代表，包括专利申请和专利授权。其数值为国家知识产权局的专利申请和专利授权数量的总和。

（6）其他知识产权数量：指除专利外的设计者被法律赋予垄断权的知识产权，如软件版权和工业设计权。

在第 2 阶段，除了作为第 1 阶段产出的两个投入（专利数量、其他知识产权数量）之外，还有一个反映 R&D 产出应用和技术服务人员情况的额外投入。第二阶段的单一产出是总收入，即技术转让收入和专利销售收入之和。

（7）R&D 产出应用和技术服务人员：指负责将 R&D 阶段产生的新产品、材料和设备转化进实际生产的人员。换言之，它指的是从事研发和技术服务的人员数量。

（8）总收入：指技术转让收入和专利销售收入之和，可从已有数据中直接获得。技术转让是将大学开发的技术信息和产品提供给潜在用户以鼓励和加快其评估或使用的过程。技术转让收入指大学的 R&D 产出和技术服务的收入。专利销售收入指大学在某一统计年度出售授权专利的收入。

7.2.3.2　数据来源

我们从所有的教育部直属高校中剔除了几类不以科技成果产出和技术转移为目标的特色高校，包括艺术类院校、金融类院校和语言类院校（如中央音乐学院和中央美术学院）。最终的研究样本包含的 64 所高校均为"211 工程[①]"大学，可被视为中国高水平研究型大学的代表。除 SCI/SSCI 出版物来自 InCites [②]数据库外（Thomson Reuters 于 2015 年 8 月 15 日提供），其他投入和产出变量的数据均来自 2010 年至 2014 年中国教育部发布的统计年鉴。

7.2.3.3　描述性统计

投入和产出指标的描述性统计见表 7-2。图 7-2 展示了研究期间各个指标均值的变化情况。可以发现，除了 R&D 产出应用和技术服务人员外，几乎所有指标在研究期间都有所增长。例如，R&D 经费的平均值从 2009 年的 54 143.10 万元

---

① "211 工程"是由中国教育部于 1995 年发起的国家重点大学和学院项目，旨在提高高水平大学的研究水平和培养社会经济发展战略（Li，2004）。截至目前，中国共有 116 所高等院校被指定为"211 工程"院校，这些院校达到了一定的科学、技术和人力资源标准，拥有一批重点学科。中国的"211 工程"大学涵盖了约四分之一的博士研究生、三分之二的硕士研究生、一半的留学生以及三分之一的本科生。

② http://incites.isiknowledge.com/Home.action。

表 7-2 投入和产出指标的描述性统计分析

年份	统计数据	投入和产出指标								
		R&D 经费/千元	教学和研究人员/人	政府资金/千元	SCI/SSCI 论文数量/篇	学生数量/人	专利数量/件	其他知识产权数量/个	R&D 产出应用和技术服务人员/FTE	总收入/千元
2009	最小值	5 685.89	62.00	4 342.69	12.00	2 010.00	2.00	0.00	0.00	0.00
	最大值	2 290 112.77	12 709.00	1 438 534.91	4 824.00	16 720.00	3 052.00	165.00	1 368.00	370 698.00
	中位数	428 913.95	1 829.00	216 827.99	684.00	7 122.00	328.00	0.00	114.50	4 212.00
	平均值	541 430.97	3 148.33	306 256.52	1 082.41	7 855.98	434.72	14.78	198.95	22 683.83
	标准差	462 282.08	3 191.59	292 123.78	1 047.26	3 223.80	510.79	32.31	279.38	55 773.55
2010	最小值	10 527.00	68.00	5 813.00	24.00	2 819.00	6.00	0.00	0.00	0.00
	最大值	2 612 051.00	13 138.00	1 561 000.00	4 977.00	34 570.00	3 445.00	334.00	873.00	531 038.00
	中位数	459 555.50	1 940.50	239 318.50	777.00	7 701.50	429.50	6.00	102.50	5 895.00
	平均值	576 053.31	3 275.34	319 957.45	1 188.72	8 717.41	550.22	28.00	155.05	28 215.14
	标准差	491 612.05	3 356.68	306 593.61	1 103.58	4 624.08	619.69	58.65	186.81	71 933.95
2011	最小值	10 374.46	69.00	8 553.09	21.00	2 183.00	8.00	0.00	0.00	0.00
	最大值	3 445 268.16	13 671.00	2 293 000.13	5 723.00	17 715.00	4 266.00	211.00	979.00	673 849.00
	中位数	575 394.94	1 971.50	318 114.72	895.00	7 776.00	530.50	9.00	116.50	5 100.00
	平均值	741 517.94	3 380.41	468 823.33	1 397.30	8 353.91	710.55	30.30	160.31	32 309.11
	标准差	659 251.42	3 553.06	495 685.74	1 272.99	3 368.33	821.83	49.98	185.62	88 552.36

续表

年份	统计数据	R&D 经费/千元	教学和研究人员/人	政府资金/千元	SCI/SSCI 论文数量/篇	学生数量/人	专利数量/件	其他知识产权数量/个	R&D 产出应用和技术服务人员/FTE	总收入/千元
	最小值	8 467.77	69.00	6 965.31	20.00	2 461.00	6.00	0.00	0.00	0.00
	最大值	3 595 552.11	14 229.00	2 365 003.08	6 406.00	17 875.00	4 798.00	240.00	854.00	749 347.00
2012	中位数	539 111.24	2 037.50	321 197.33	1 027.50	7 985.50	669.50	7.50	86.50	6 150.00
	平均值	755 069.70	3 377.11	453 399.44	1 614.58	8 552.36	882.44	24.81	145.95	35 937.67
	标准差	670 294.01	3 462.05	474 915.14	1 457.73	3 297.08	1 012.39	42.63	167.80	100 653.43
	最小值	14 013.65	79.00	6 440.07	22.00	2 525.00	0.00	0.00	0.00	0.00
	最大值	3 917 371.25	15 026.00	2 713 444.55	7 354.00	17 955.00	5 138.00	385.00	1 583.00	806 801.00
2013	中位数	605 579.98	2 056.50	326 466.66	1 200.50	8 153.50	890.50	21.50	86.50	7 261.00
	平均值	817 651.69	3 477.39	486 110.73	1 888.81	8 761.61	1 155.50	50.92	168.98	41 473.67
	标准差	725 829.44	3 599.23	504 163.38	1 688.30	3 290.79	1 075.81	72.13	240.14	111 650.99

投入和产出指标

注：为展示真实数据，表中涉及人数的变量没有取整

Investigation on the functions and development performance of higher education institutions in China

增加到 2013 年的 81 765.16 万元，政府资金的平均值从 2009 年的 30 625.65 万元增加到 2013 年的 48 611.07 万元，不过 R&D 产出应用和技术服务人员数量的平均值从 198.95 人年①下降到 168.98 人年。

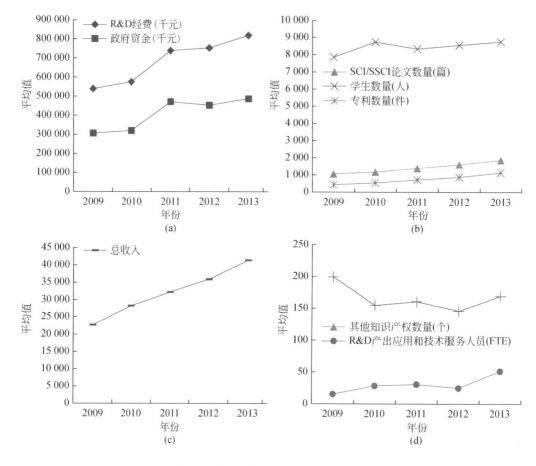

图 7-2　投入和产出变量平均值的变化

7.3　实证分析结果

7.3.1　不同年份的效率分析

我们设置 α=50% 作为图 7-1 中总收入的使用比例。基于式（7-5）得到中

---

① 全时当量（full-time equivalence，FTE），单位为人年。

国 64 所研究型大学在不同年份的 NDD 结果，详见表 7-3。图 7-3 为四个不同年份 NDD 测量值的截断核密度图，展示了 NDD 值的分布情况。在 2010 年、2011 年和 2013 年，大多数 DMU 的 NDD 值都分布在 [0，0.6] 区间内，这意味着这些大学的整体效率水平相对较高（NDD 值代表无效程度，即 NDD 值越高，效率越低）。然而，在 2012 年，较多大学的 NDD 值大于 0.6，这表明该年整体效率水平变差。

表 7-3　不同年份的 NDD 以及相应排名

DMU	2010 年		2011 年		2012 年		2013 年	
	NDD	排名	NDD	排名	NDD	排名	NDD	排名
DMU_1	0.597	17	0.873	1	0.904	2	0.722	1
DMU_2	0.000	60	0.000	61	0.000	63	0.000	62
DMU_3	0.538	22	0.664	18	0.811	21	0.603	6
DMU_4	0.691	7	0.722	11	0.875	6	0.523	16
DMU_5	0.773	1	0.713	14	0.892	3	0.534	15
DMU_6	0.460	33	0.559	29	0.712	43	0.419	27
DMU_7	0.487	29	0.703	16	0.747	37	0.431	24
DMU_8	0.656	12	0.787	5	0.846	12	0.552	13
DMU_9	0.714	5	0.749	10	0.758	34	0.320	41
DMU_{10}	0.000	60	0.421	45	0.619	57	0.213	55
DMU_{11}	0.164	55	0.356	54	0.699	46	0.140	58
DMU_{12}	0.082	57	0.241	57	0.426	62	0.344	35
DMU_{13}	0.000	60	0.000	61	0.000	63	0.000	62
DMU_{14}	0.180	54	0.369	52	0.695	47	0.328	38
DMU_{15}	0.703	6	0.828	2	0.910	1	0.579	8
DMU_{16}	0.671	11	0.806	3	0.867	7	0.647	3
DMU_{17}	0.688	8	0.757	9	0.877	5	0.491	17
DMU_{18}	0.290	49	0.427	44	0.595	58	0.116	60
DMU_{19}	0.536	23	0.571	25	0.829	17	0.407	29
DMU_{20}	0.318	46	0.351	55	0.689	49	0.323	40
DMU_{21}	0.385	41	0.403	47	0.806	24	0.591	7
DMU_{22}	0.349	43	0.466	41	0.781	30	0.367	31
DMU_{23}	0.104	56	0.000	61	0.592	59	0.076	61
DMU_{24}	0.496	27	0.372	50	0.674	52	0.215	54
DMU_{25}	0.293	48	0.559	28	0.792	26	0.369	30
DMU_{26}	0.607	16	0.597	24	0.840	14	0.577	10

Investigation on the functions and development performance of higher education institutions in China

续表

DMU	2010 年		2011 年		2012 年		2013 年	
	NDD	排名	NDD	排名	NDD	排名	NDD	排名
DMU$_{27}$	0.481	31	0.551	32	0.788	28	0.430	25
DMU$_{28}$	0.457	34	0.387	48	0.705	44	0.319	42
DMU$_{29}$	0.198	53	0.145	59	0.624	56	0.230	52
DMU$_{30}$	0.454	35	0.452	42	0.755	35	0.293	45
DMU$_{31}$	0.298	47	0.405	46	0.693	48	0.275	48
DMU$_{32}$	0.528	25	0.515	36	0.772	31	0.325	39
DMU$_{33}$	0.433	37	0.524	33	0.749	36	0.276	47
DMU$_{34}$	0.672	10	0.720	12	0.854	9	0.476	19
DMU$_{35}$	0.260	51	0.236	58	0.704	45	0.346	33
DMU$_{36}$	0.736	4	0.766	8	0.781	29	0.476	20
DMU$_{37}$	0.000	60	0.710	15	0.636	54	0.316	43
DMU$_{38}$	0.540	21	0.600	23	0.817	19	0.466	22
DMU$_{39}$	0.519	26	0.517	35	0.722	42	0.365	32
DMU$_{40}$	0.339	45	0.370	51	0.743	38	0.330	37
DMU$_{41}$	0.248	52	0.256	56	0.740	39	0.259	51
DMU$_{42}$	0.483	30	0.568	26	0.808	23	0.579	9
DMU$_{43}$	0.678	9	0.770	7	0.817	20	0.617	4
DMU$_{44}$	0.487	28	0.556	31	0.759	33	0.344	34
DMU$_{45}$	0.529	24	0.617	21	0.833	15	0.467	21
DMU$_{46}$	0.580	19	0.681	17	0.888	4	0.554	12
DMU$_{47}$	0.343	44	0.495	39	0.790	27	0.550	14
DMU$_{48}$	0.752	3	0.777	6	0.847	11	0.605	5
DMU$_{49}$	0.024	59	0.366	53	0.668	53	0.139	59
DMU$_{50}$	0.637	15	0.618	20	0.841	13	0.411	28
DMU$_{51}$	0.564	20	0.474	40	0.771	32	0.307	44
DMU$_{52}$	0.391	40	0.513	37	0.738	40	0.171	57
DMU$_{53}$	0.589	18	0.556	30	0.833	16	0.564	11
DMU$_{54}$	0.473	32	0.505	38	0.683	50	0.184	56
DMU$_{55}$	0.440	36	0.449	43	0.674	51	0.273	49
DMU$_{56}$	0.266	50	0.380	49	0.635	55	0.265	50
DMU$_{57}$	0.410	38	0.612	22	0.808	22	0.425	26
DMU$_{58}$	0.378	42	0.560	27	0.730	41	0.341	36
DMU$_{59}$	0.403	39	0.521	34	0.794	25	0.289	46
DMU$_{60}$	0.652	13	0.641	19	0.826	18	0.477	18

续表

DMU	2010 年		2011 年		2012 年		2013 年	
	NDD	排名	NDD	排名	NDD	排名	NDD	排名
DMU$_{61}$	0.759	2	0.792	4	0.862	8	0.709	2
DMU$_{62}$	0.651	14	0.717	13	0.851	10	0.445	23
DMU$_{63}$	0.038	58	0.000	61	0.548	60	0.229	53
DMU$_{64}$	0.000	60	0.107	60	0.499	61	0.000	62
平均值	0.429		0.511		0.732		0.375	

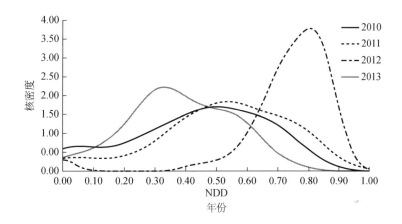

图 7-3　不同年份的 NDD 的截断核密度图

在这四年中，NDD 的均值呈现倒 U 形，这意味着中国 64 所研究型大学的平均效率水平在 2010～2012 年持续上升；之后，在 2013 年效率水平明显下降。该趋势详见图 7-4 和表 7-3 的最后一行。

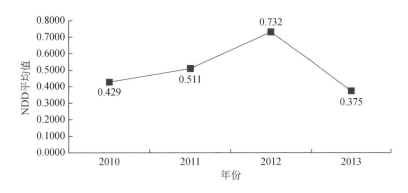

图 7-4　不同年份的 NDD 的平均值

Investigation on the functions and development performance of higher education institutions in China

7.3.2 不同时期的生产率表现

接下来，我们研究了中国这 64 所研究型大学的生产率随时间变化的情况。图 7-5 展示了 NL 及其分解在研究期间的变化。可以看出，从 2010～2011 年到 2011～2012 年，NL 明显下降。然而，从 2011～2012 年和 2012～2013 年期间，NL 明显增加，达到了 0.375。NL 的变化主要由低效变化驱动。在整个研究期间内，NL 与低效变化特征相似。

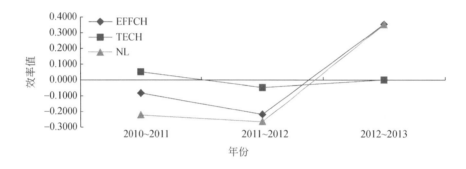

图 7-5 Luenberger 生产率指数及其分解在研究期间的变化

随着 2012 年到 2013 年 NDD 的改善，2011～2012 年到 2012～2013 年 NL 值的显著提高表明《国家中长期教育改革和发展规划纲要（2010–2020 年）》（见第 5.5 节）对生产率的提高有积极的影响。然而，在 2011～2012 年和 2012～2013 年期间 NL 值为负，说明技术水平出现了退步。

表 7-4 Luenberger 生产率指数的变化及其随时间的分解

DMU	2010～2011 年			2011～2012 年			2012～2013 年		
	EFFCH	TECH	NL	EFFCH	TECH	NL	EFFCH	TECH	NL
DMU_1	−0.276	0.185	−0.031	−0.031	−0.054	−0.086	0.181	−0.010	0.172
DMU_2	0.000	−0.091	0.000	0.000	−0.431	−0.431	0.000	0.601	0.601
DMU_3	−0.126	0.035	−0.147	−0.147	0.007	−0.139	0.209	−0.032	0.177
DMU_4	−0.031	0.014	−0.152	−0.152	−0.034	−0.186	0.352	−0.083	0.269
DMU_5	0.060	−0.060	−0.179	−0.179	0.009	−0.170	0.358	−0.108	0.251
DMU_6	−0.099	0.118	−0.153	−0.153	−0.123	−0.276	0.293	0.072	0.365
DMU_7	−0.216	0.184	−0.044	−0.044	−0.206	−0.250	0.316	0.055	0.370
DMU_8	−0.132	0.075	−0.059	−0.059	−0.096	−0.155	0.294	0.003	0.298

DMU	2010~2011 年			2011~2012 年			2012~2013 年		
	EFFCH	TECH	NL	EFFCH	TECH	NL	EFFCH	TECH	NL
DMU$_9$	−0.035	−0.017	−0.008	−0.008	−0.199	−0.207	0.437	−0.004	0.434
DMU$_{10}$	−0.421	0.342	−0.198	−0.198	−0.141	−0.339	0.406	0.112	0.518
DMU$_{11}$	−0.191	0.108	−0.343	−0.343	0.011	−0.332	0.558	−0.072	0.487
DMU$_{12}$	−0.159	0.196	−0.185	−0.185	0.043	−0.142	0.082	0.071	0.153
DMU$_{13}$	0.000	0.081	0.000	0.000	−0.157	−0.157	0.000	0.091	0.091
DMU$_{14}$	−0.188	0.138	−0.326	−0.326	−0.044	−0.370	0.367	0.074	0.441
DMU$_{15}$	−0.125	0.122	−0.082	−0.082	−0.048	−0.131	0.331	−0.096	0.235
DMU$_{16}$	−0.134	0.126	−0.062	−0.062	−0.093	−0.155	0.220	0.013	0.233
DMU$_{17}$	−0.069	0.046	−0.121	−0.121	−0.058	−0.179	0.386	−0.104	0.282
DMU$_{18}$	−0.137	−0.095	−0.168	−0.168	−0.042	−0.210	0.479	−0.075	0.404
DMU$_{19}$	−0.035	0.005	−0.258	−0.258	0.005	−0.253	0.422	−0.104	0.318
DMU$_{20}$	−0.033	0.050	−0.338	−0.338	−0.022	−0.360	0.366	0.044	0.410
DMU$_{21}$	−0.019	0.010	−0.403	−0.403	0.108	−0.295	0.215	0.073	0.288
DMU$_{22}$	−0.116	0.091	−0.315	−0.315	0.007	−0.308	0.414	−0.041	0.373
DMU$_{23}$	0.104	−0.124	−0.592	−0.592	0.143	−0.449	0.516	0.038	0.554
DMU$_{24}$	0.124	−0.136	−0.302	−0.302	−0.054	−0.356	0.459	0.001	0.460
DMU$_{25}$	−0.266	0.242	−0.232	−0.232	−0.009	−0.241	0.423	−0.037	0.386
DMU$_{26}$	0.010	−0.005	−0.243	−0.243	0.005	−0.238	0.263	0.004	0.267
DMU$_{27}$	−0.070	0.063	−0.237	−0.237	−0.037	−0.274	0.357	0.008	0.366
DMU$_{28}$	0.070	−0.051	−0.318	−0.318	0.010	−0.309	0.387	−0.031	0.355
DMU$_{29}$	0.053	−0.051	−0.480	−0.480	0.060	−0.421	0.395	0.070	0.465
DMU$_{30}$	0.002	−0.054	−0.303	−0.303	0.019	−0.285	0.462	−0.034	0.428
DMU$_{31}$	−0.107	0.096	−0.288	−0.288	−0.061	−0.349	0.418	0.001	0.419
DMU$_{32}$	0.013	0.003	−0.257	−0.257	0.013	−0.244	0.447	−0.125	0.322
DMU$_{33}$	−0.091	0.106	−0.225	−0.225	−0.053	−0.277	0.473	−0.064	0.409
DMU$_{34}$	−0.048	0.047	−0.134	−0.134	−0.062	−0.196	0.378	−0.076	0.302
DMU$_{35}$	0.024	−0.023	−0.468	−0.468	0.090	−0.378	0.358	0.049	0.407
DMU$_{36}$	−0.030	−0.004	−0.015	−0.015	−0.180	−0.195	0.305	0.063	0.368
DMU$_{37}$	−0.710	0.713	0.074	0.074	−0.363	−0.289	0.320	0.147	0.467
DMU$_{38}$	−0.060	0.067	−0.217	−0.217	−0.026	−0.244	0.351	−0.036	0.315
DMU$_{39}$	0.001	−0.751	−0.205	−0.205	−0.042	−0.247	0.357	−0.344	0.013
DMU$_{40}$	−0.030	0.039	−0.373	−0.373	0.023	−0.350	0.413	0.009	0.423
DMU$_{41}$	−0.008	0.032	−0.484	−0.484	0.115	−0.369	0.481	−0.044	0.437
DMU$_{42}$	−0.085	0.044	−0.240	−0.240	−0.030	−0.270	0.229	0.071	0.299

DMU	2010~2011 年			2011~2012 年			2012~2013 年		
	EFFCH	TECH	NL	EFFCH	TECH	NL	EFFCH	TECH	NL
DMU$_{43}$	−0.093	0.086	−0.046	−0.046	−0.131	−0.177	0.200	0.072	0.271
DMU$_{44}$	−0.069	0.068	−0.203	−0.203	−0.093	−0.296	0.415	−0.037	0.379
DMU$_{45}$	−0.088	0.070	−0.216	−0.216	−0.020	−0.236	0.366	−0.052	0.314
DMU$_{46}$	−0.101	0.053	−0.207	−0.207	0.012	−0.194	0.334	−0.071	0.263
DMU$_{47}$	−0.152	0.145	−0.295	−0.295	0.011	−0.284	0.240	0.071	0.311
DMU$_{48}$	−0.024	0.012	−0.071	−0.071	−0.092	−0.163	0.242	0.046	0.287
DMU$_{49}$	−0.342	0.253	−0.302	−0.302	−0.054	−0.356	0.528	0.007	0.536
DMU$_{50}$	0.019	−0.019	−0.223	−0.223	0.001	−0.223	0.430	−0.110	0.320
DMU$_{51}$	0.090	−0.093	−0.297	−0.297	−0.006	−0.303	0.464	−0.074	0.390
DMU$_{52}$	−0.122	0.071	−0.225	−0.225	−0.070	−0.295	0.567	−0.104	0.462
DMU$_{53}$	0.033	−0.022	−0.276	−0.276	0.029	−0.247	0.268	0.008	0.276
DMU$_{54}$	−0.032	0.032	−0.178	−0.178	−0.147	−0.325	0.500	−0.047	0.453
DMU$_{55}$	−0.008	−0.010	−0.226	−0.226	−0.069	−0.294	0.401	0.024	0.425
DMU$_{56}$	−0.114	0.130	−0.255	−0.255	−0.120	−0.375	0.370	0.066	0.436
DMU$_{57}$	−0.202	0.157	−0.196	−0.196	−0.043	−0.239	0.383	−0.040	0.344
DMU$_{58}$	−0.183	0.140	−0.169	−0.169	−0.126	−0.296	0.389	−0.028	0.361
DMU$_{59}$	−0.118	0.130	−0.273	−0.273	0.000	−0.273	0.505	−0.126	0.380
DMU$_{60}$	0.011	−0.015	−0.185	−0.185	−0.056	−0.241	0.349	−0.036	0.313
DMU$_{61}$	−0.033	0.071	−0.070	−0.070	−0.028	−0.098	0.153	−0.014	0.139
DMU$_{62}$	−0.066	0.032	−0.134	−0.134	−0.043	−0.177	0.406	−0.074	0.332
DMU$_{63}$	0.038	−0.091	−0.548	−0.548	0.063	−0.485	0.319	0.209	0.528
DMU$_{64}$	−0.107	0.061	−0.392	−0.392	−0.094	−0.486	0.499	0.022	0.521
平均值	−0.082	0.050	−0.220	−0.220	−0.048	−0.268	0.356	−0.002	0.354

表 7-5 展示了每个时期对低效变化和技术变化贡献最大的五所高校。2010~2011 年到 2011~2012 年期间，对低效变化贡献最大的五所大学为 DMU$_1$、DMU$_{62}$、DMU$_{27}$、DMU$_{22}$ 和 DMU$_{34}$。2011~2012 年到 2012~2013 年期间，对低效变化贡献最大的五所大学为 DMU$_{28}$、DMU$_{63}$、DMU$_{20}$、DMU$_{46}$ 和 DMU$_1$。

技术变化与低效变化具有相似的特征。2010~2011 年到 2011~2012 年，技术变化指标的均值有所下降。然而，在接下来的 2011~2012 年到 2012~2013 年出现了技术进步的倾向。在 2010~2011 年到 2011~2012 年的转变中，DMU$_{57}$、DMU$_{64}$、DMU$_{37}$、DMU$_{15}$ 和 DMU$_{56}$ 是造成技术衰退的前 5 名高校。从

2011～2012 年到 2012～2013 年，DMU_{56}、DMU_{16}、DMU_{57}、DMU_{64} 和 DMU_{35} 是技术进步贡献度排名前 5 的高校。

表 7-5　对低效变化和技术变化贡献最大的 5 所高校

	低效变化		技术变化	
	从 2010～2011 年到 2011～2012 年	从 2011～2012 年到 2012～2013 年	从 2010～2011 年到 2011～2012 年	从 2011～2012 年到 2012～2013 年
前 5 所大学	DMU_1	DMU_{28}	DMU_{57}	DMU_{56}
	DMU_{62}	DMU_{63}	DMU_{64}	DMU_{16}
	DMU_{27}	DMU_{20}	DMU_{37}	DMU_{57}
	DMU_{22}	DMU_{46}	DMU_{15}	DMU_{64}
	DMU_{34}	DMU_1	DMU_{56}	DMU_{35}

7.3.3　"985 工程" 与非 "985 工程" 大学的异质性分析

"985 工程" 是中国政府于 1998 年提出的计划，旨在创建世界一流的高水平大学[①]。目前中国有 38 所 "985 工程" 大学。Yang 等（2017）对 38 所 "985 工程" 大学的绩效进行了评估，Zhang 等（2013）也有相关研究。在我们的研究样本中，64 所大学均为教育部直属高校。其中有 31 所是 "985 工程" 大学，33 所是非 "985 工程" 大学。详细信息见表 7-6。

表 7-6　"985 工程" 与非 "985 工程" 大学

序号	"985 工程" 大学	非 "985 工程" 大学
1	DMU_1	DMU_4
2	DMU_2	DMU_5
3	DMU_3	DMU_6
4	DMU_8	DMU_7
5	DMU_{11}	DMU_9
6	DMU_{18}	DMU_{10}

---

① https://www.sicas.cn/Students/Info/Content 110720132652705.shtml 该项目最初的名单包括国防科技大学，但由于该大学缺乏相关数据，我们从分析中将其删除。

序号	"985 工程" 大学	非"985 工程"大学
7	DMU_{19}	DMU_{12}
8	DMU_{20}	DMU_{13}
9	DMU_{21}	DMU_{14}
10	DMU_{22}	DMU_{15}
11	DMU_{25}	DMU_{16}
12	DMU_{26}	DMU_{17}
13	DMU_{27}	DMU_{23}
14	DMU_{30}	DMU_{24}
15	DMU_{31}	DMU_{28}
16	DMU_{32}	DMU_{29}
17	DMU_{38}	DMU_{33}
18	DMU_{40}	DMU_{34}
19	DMU_{41}	DMU_{35}
20	DMU_{42}	DMU_{36}
21	DMU_{44}	DMU_{37}
22	DMU_{45}	DMU_{39}
23	DMU_{50}	DMU_{43}
24	DMU_{51}	DMU_{46}
25	DMU_{52}	DMU_{47}
26	DMU_{54}	DMU_{48}
27	DMU_{56}	DMU_{49}
28	DMU_{58}	DMU_{53}
29	DMU_{59}	DMU_{55}
30	DMU_{62}	DMU_{57}
31	DMU_{64}	DMU_{60}
32		DMU_{61}
33		DMU_{63}

我们首先研究了"985 工程"和非"985 工程"大学在四个不同年份的 NDD 数值，"985 工程"大学在表现上更加优越。除了在 2012～2013 年差距略有缩小外，其他年份两类大学的 NDD 的差距较为明显，更多细节请参见图 7-6。

我们进一步研究了 NL 指标的异质性及"985 工程"大学和非"985 工程"大学各自的生产率分解指标：①这两组大学的 NL 和技术变化显示出类似的演

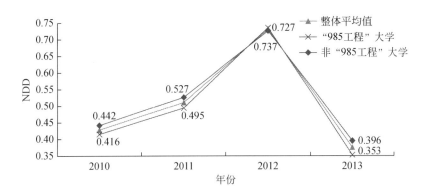

图 7-6　"985 工程"与非"985 工程"大学 NDD 值

变趋势；②在 2012~2013 年，非"985 工程"大学的技术变化是正的，并显示出改善。然而，在 2011~2012 年和 2012~2013 年，"985 工程"大学的技术变化为负值，在研究期间持续恶化；③在 2011~2012 年，"985 工程"大学的低效变化表现较非"985 工程"大学落后。然而在 2012~2013 年，"985 工程"大学的表现比非"985 工程"大学要好得多。这一证据表明，在研究期间"985 工程"大学比非"985 工程"大学的效率提高得更快，见图 7-7。

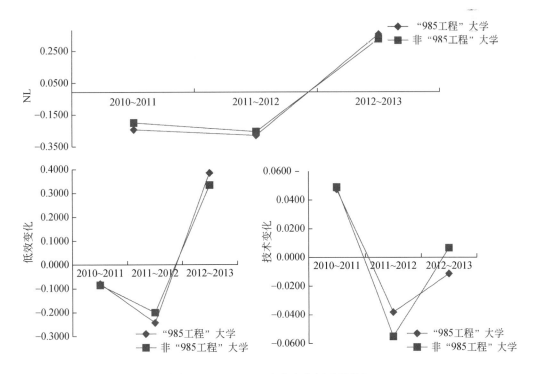

图 7-7　Luenberger 生产率指标及其分解

7.3.4 敏感性分析

在本节中，我们首先对不同年份中每个大学的 NDD（使用动态网络 DEA 模型求得）和"黑箱"方向距离（black-box directional distances，BDD）进行比较。BDD 的计算过程如表 7-7 和式（7-9）所示。

表 7-7　黑箱模型中的指标（$\alpha=50\%$）

指标类型	指标
投入	R&D 经费
	政府资金
	R&D 产出应用和技术服务人员
产出	学生数量
	SCI/SSCI 论文数量
	$\alpha\times$总收入

$$\text{BDD}^t(x_o^t, y_o^t; g_x, g_y) = \max \beta$$

$$\text{s. t.} \begin{cases} x_o^t - \beta g_x \geq \sum_{j=1}^{J} x_j^t \lambda_j^t, \ y_o^t + \beta g_y \leq \sum_{j=1}^{J} y_j^t \lambda_j^t, \\ \lambda^t \geq 0 \end{cases} \tag{7-9}$$

表 7-8　不同年份的 BDD 以及相应排名

DMU	2010 年 NDD	排名	2011 年 NDD	排名	2012 年 NDD	排名	2013 年 NDD	排名
DMU$_1$	0.296	35	0.777	2	0.501	43	0.696	1
DMU$_2$	0.000	57	0.000	58	0.000	58	0.000	61
DMU$_3$	0.067	52	0.000	58	0.025	56	0.388	27
DMU$_4$	0.683	5	0.707	9	0.869	2	0.523	13
DMU$_5$	0.715	1	0.658	15	0.823	5	0.527	12
DMU$_6$	0.358	32	0.057	56	0.263	53	0.389	26
DMU$_7$	0.000	57	0.606	18	0.640	30	0.431	23
DMU$_8$	0.653	8	0.723	7	0.814	7	0.547	11
DMU$_9$	0.707	2	0.746	6	0.706	19	0.305	39

续表

DMU	2010 年		2011 年		2012 年		2013 年	
	NDD	排名	NDD	排名	NDD	排名	NDD	排名
DMU$_{10}$	0.019	56	0.439	30	0.619	33	0.213	50
DMU$_{11}$	0.185	48	0.356	42	0.000	58	0.106	57
DMU$_{12}$	0.082	51	0.241	48	0.353	52	0.344	31
DMU$_{13}$	0.000	57	0.000	58	0.000	58	0.000	61
DMU$_{14}$	0.220	45	0.359	40	0.695	21	0.324	36
DMU$_{15}$	0.540	20	0.828	1	0.513	42	0.579	7
DMU$_{16}$	0.638	11	0.688	10	0.644	28	0.647	3
DMU$_{17}$	0.669	6	0.759	4	0.693	22	0.471	18
DMU$_{18}$	0.000	57	0.000	58	0.000	58	0.020	60
DMU$_{19}$	0.604	15	0.388	36	0.672	24	0.315	37
DMU$_{20}$	0.243	40	0.279	46	0.602	34	0.315	38
DMU$_{21}$	0.351	33	0.409	33	0.440	48	0.590	6
DMU$_{22}$	0.390	30	0.449	28	0.769	13	0.367	29
DMU$_{23}$	0.030	55	0.000	58	0.433	49	0.076	58
DMU$_{24}$	0.275	38	0.107	53	0.201	54	0.061	59
DMU$_{25}$	0.169	49	0.362	39	0.532	39	0.366	30
DMU$_{26}$	0.609	14	0.593	19	0.825	4	0.576	8
DMU$_{27}$	0.484	23	0.412	32	0.494	45	0.372	28
DMU$_{28}$	0.234	41	0.065	55	0.000	58	0.248	45
DMU$_{29}$	0.000	57	0.100	54	0.518	41	0.209	52
DMU$_{30}$	0.407	29	0.282	45	0.750	16	0.267	41
DMU$_{31}$	0.223	44	0.379	37	0.643	29	0.266	43
DMU$_{32}$	0.269	39	0.150	50	0.188	55	0.210	51
DMU$_{33}$	0.341	34	0.441	29	0.592	35	0.227	48
DMU$_{34}$	0.652	9	0.687	12	0.847	3	0.475	17
DMU$_{35}$	0.226	43	0.137	51	0.424	50	0.331	33
DMU$_{36}$	0.702	3	0.672	14	0.680	23	0.434	22
DMU$_{37}$	0.000	57	0.673	13	0.442	47	0.255	44
DMU$_{38}$	0.473	24	0.493	25	0.671	25	0.441	21
DMU$_{39}$	0.218	46	0.000	58	0.000	58	0.000	61

· Investigation on the functions and development performance of higher education institutions in China

DMU	2010 年		2011 年		2012 年		2013 年	
	NDD	排名	NDD	排名	NDD	排名	NDD	排名
DMU_{40}	0.295	36	0.357	41	0.705	20	0.328	34
DMU_{41}	0.000	57	0.235	49	0.631	32	0.225	49
DMU_{42}	0.484	22	0.579	20	0.746	17	0.552	10
DMU_{43}	0.669	7	0.760	3	0.756	14	0.606	4
DMU_{44}	0.486	21	0.562	21	0.669	26	0.332	32
DMU_{45}	0.561	16	0.551	22	0.798	9	0.455	19
DMU_{46}	0.611	13	0.687	11	0.879	1	0.554	9
DMU_{47}	0.229	42	0.278	47	0.553	37	0.496	15
DMU_{48}	0.693	4	0.747	5	0.775	12	0.603	5
DMU_{49}	0.049	53	0.365	38	0.632	31	0.139	56
DMU_{50}	0.560	17	0.467	27	0.663	27	0.407	25
DMU_{51}	0.548	18	0.393	35	0.751	15	0.240	46
DMU_{52}	0.380	31	0.512	24	0.717	18	0.171	54
DMU_{53}	0.432	27	0.477	26	0.796	10	0.517	14
DMU_{54}	0.410	28	0.399	34	0.454	46	0.166	55
DMU_{55}	0.101	50	0.000	58	0.000	58	0.273	40
DMU_{56}	0.205	47	0.302	44	0.412	51	0.204	53
DMU_{57}	0.447	26	0.612	17	0.788	11	0.425	24
DMU_{58}	0.450	25	0.546	23	0.013	57	0.326	35
DMU_{59}	0.295	37	0.315	43	0.555	36	0.266	42
DMU_{60}	0.625	12	0.636	16	0.817	6	0.477	16
DMU_{61}	0.544	19	0.414	31	0.525	40	0.653	2
DMU_{62}	0.639	10	0.710	8	0.803	8	0.443	20
DMU_{63}	0.044	54	0.002	57	0.534	38	0.228	47
DMU_{64}	0.000	57	0.112	52	0.499	44	0.000	61
平均值	0.351		0.407		0.537		0.344	

表 7-9 展示了 NDD 和 BDD 之间的 Pearson 相关性，可以发现 NDD 和 BDD 之间存在显著差异。特别是在 2012 年，二者的 Pearson 相关系数只有 0.515。这一事实说明动态网络 DEA 模型可以打开"黑箱"并进入 DMU 内部以考虑不

同年份以及两个子阶段之间的关系。此外，我们计算了在系数 α 取不同值的情况下各高校的 NDD，发现 NDD 的均值随着系数 α 的增长而下降。详见表 7-10。

表 7-9　Pearson 相关系数

	2010	2011	2012	2013
2010	0.860			
2011		0.788		
2012			0.515	
2013				0.950

表 7-10　系数 α 的敏感性分析结果

相关系数 α	NDD 平均值			
	2010	2011	2012	2013
0.1	0.434	0.747	0.401	0.377
0.2	0.434	0.515	0.738	0.377
0.3	0.434	0.514	0.736	0.376
0.4	0.433	0.513	0.734	0.376
0.5	0.429	0.511	0.732	0.375
0.6	0.425	0.510	0.729	0.375
0.7	0.420	0.508	0.727	0.374
0.8	0.415	0.507	0.724	0.374
0.9	0.411	0.505	0.721	0.373

7.4　政策建议

截至 2013 年底，中国共有普通高等教育院校 2491 所，其中部委直属院校 113 所（包括教育部直属院校 75 所），具有研究生培养资格的院校 830 所。高等教育在学总数达到 3460 万人，其中普通高等教育本专科在校生 2468.1 万人，在学研究生 179.4 万人，成人高等教育本专科在校生 626.4 万人。

近年来，中国高等教育得到了长足的发展。①2011 年中国高等教育财政投入占 GDP 总量的比例达到 0.87%，全国教育总投入占 GDP 的 4%（不包括专项资金和科研投入资金等）。②教育部公布的数据显示，截至 2013 年底中国高等教育系统的工作人员总数为 229.63 万人，其中 149.69 万人是专职教师。2007～2011 年，累计被授予硕士学位和博士学位的人数分别达到 58 万和 100 万人。中国每年授予的博士学位数量已达到全球第一，完成高等教育的全国人口比例从 2007 年的 6.2%增加到 2010 年的 8.9%。③中国大学承担了 60%以上的国家重大科研项目和 80%以上的国家自然科学基金项目。④2011 年，在 Quacquarelli Symonds （QS）世界大学排名、Times Higher Education （THE）（英国）和上海交通大学 Academic Ranking of World University （ARWU）中，中国分别有 7 所、3 所和 1 所大学进入世界前 200 名，这一成绩在发展中国家中名列前茅。⑤中国发表的论文数量也在增加。2011 年，中国研究机构在工程类索引期刊上发表的论文数量最多；在自然科学类索引期刊上发表的论文数量仅次于美国，排名第二。相比之下，中国社会科学领域的研究水平还需要进一步提高。

中国高等教育系统的发展与中国高等教育政策的实施密切相关。为了确保高等教育的可持续发展，中国的高等教育政策和改革应该充分考虑效率和质量。

《国家中长期教育改革和发展规划纲要（2010-2020 年)》（下文简称《纲要》）指出，"把提高质量作为教育改革发展的核心任务"，以及"到 2020 年，高等教育结构更加合理，特色更加鲜明，人才培养、科学研究和社会服务整体水平全面提升，建成一批国际知名、有特色、高水平的高等学校，若干所大学达到或接近世界一流大学水平，高等教育国际竞争力显著增强"。此外，《纲要》还要求高校提高科研水平，加强基础研究，促进产学研结合，加快科技成果的转化；加强社会服务能力，开展科学普及工作，提高公众的科学素质和人文素养。

由于实证结果中发现存在资源分配不当、技术进步缓慢甚至退步、"985 工程"与非"985 工程"大学之间存在绩效差异等问题，我们提出以下政策建议：①引入基于绩效的预算管理制度，将政府拨款与一些指定的绩效指标挂钩，如 Luenberger 生产率指标。②大学需要更加重视技术转让，通过对技术转让活动的合理财政分配，促进研究成果的产出，服务经济和社会发展。③政府应特别关注非"985 工程"大学（如非一流大学），在当前有限资源投入的基础上提高产出能力和绩效，如非"985 工程"高校可以全面实施"常任轨"教职制度。大多数"985 工程"大学已经实施此制度，以更好地激励教职工并增加人员的流动性，这有利于提升教职工的能力并改善非"985 工程"大学的低效率状态。

关于建议②，样本中的研究型大学没有显示出技术进步；事实上，在两个时期内出现负值的指标表示技术退步。鉴于中国在教学、创新和技术进步方面尚处于发展阶段，因此从国外吸引更多人才的政策对于中国高等教育目前的发展状况可能是合理的举措。近年来，中国政府在吸引合格的海外人才方面已经做出了努力，但仍有进一步发展的空间，特别是可以邀请更多华裔大学教授，他们更容易适应中国的生活，并且可以帮助提高教学质量与科研产出。与此同时，中国政府也需要加大对本土人才的培训力度，以达到国际一流水平。

关于建议③，"常任轨"制度可以将学术研究绩效作为重要的人员评价标准，即要求教师在教学之余进行研究。如果中国政府对非"985 工程"大学也强调研究的重要性，实施"常任轨"制度将有助于：①有效地帮助教师们提升能力并发挥最大潜力；②给予符合条件的教师更大的自由度，让他们能够攻克学术难题，取得突破。Chang 等（2012）强调了研究活动对于台湾大学旅游专业教师专业能力发展的重要性。目前，大部分"985 工程"院校已经实行了"常任轨"制度，并取得了良好的效果。政府可以在非"985 工程"大学中推广这一制度，以进一步提高其创新潜力。

美国国家科学基金会指出，"今天还被认为是跨学科的内容，明天可能就被认为属于同一学科"。考虑到这一观点，我们建议中国研究型大学以具有前瞻性的科学视角充分考虑高校的跨学科研究。由团队或个人牵头、整合两个或多个学科的概念和理论的跨学科研究，将有助于产生更多的科学突破并培养更多合格的学生。由于近期在国际合作中采用跨学科研究理念对中国的高等教育产生了积极的影响，对于这一工作的持续努力将有助于实现中国政府以国际标准建设世界一流大学的目标。

Investigation on the functions and development performance of higher education institutions in China

7.5　本章小结

本章首先建立了一个基于两阶段网络 DEA 模型的 NDD 框架，以测度中国教育部直属研究型大学的效率表现。之后，我们提出用网络 Luenberger 生产率指标以衡量生产率随时间的变化及其分解。实证结果显示，64 所样本大学的平均效率在 2010～2013 年有所提高。然而，后期的技术变化指标为负，说明这些大学的技术在这一时期出现了退步。此外，"985 工程"大学的效率变化优于非"985 工程"大学。在第 2 阶段，系数 α 代表专利收入中由技术转让收入和专利销售收入组成的比例。我们根据现有规定将其设定为 50%。最后，我们为中国研究型大学的可持续发展提出了一些政策建议。在未来的研究中，我们可以进一步研究当比例不同且低于 50% 时，作为新的政策门槛与中央政府对中国大学技术转让活动的新规定相互作用时的效率和生产率演变。

第8章　中国教育部直属高校和欧洲精英大学的高等教育绩效对比[①②]

世界很多国家和地区以创建和发展世界一流和精英大学为目标，并制定了相关政策（Deem et al.，2008；Salmi，2009；Shin，2009；Yang and Welch，2012）。虽然学界还没有就世界一流大学或精英大学的定义达成共识（Huisman，2008），但 Salmi（2009）确定了现在被大多数学者所接受的三个关键要素：人才集中、资源丰富、良好治理。这些维度虽然在概念上很明确，但执行起来有一定的困难，因为"衡量"大学可以被定义为"精英"的程度的指标很少。各国普遍采用的方法是使用各种权威机构发布的排名，如 QS、THE、Financial Times 以及 ARWU。考虑到精英大学会带来的积极影响，许多国家将资源集中推动精英大学或者顶级学术机构的发展。例如，德国（Kehm and Pasternack，2009）、俄罗斯（Yudkevich，2013）、中国（Zhang et al.，2013）和法国（Boudard and Westerheijden，2017）。

伴随着全球高等教育水平的不断发展，各国的精英大学越来越关注改进效率，从而提升学术排名。一般来说，学术排名以高水平教学、科研和知识转化能力作为绩效指标（Buela-Casal et al.，2007；Lukman et al.，2010；Johnes，2018）。高校致力于探索如何有效分配资源，从而提高人才培养、科学研究和社会服务的效率。从已有研究来看，高校也开始关注国际上高等教育领域的

---

① 本章的中国数据未包括港澳台的数据。

本章主要内容已发表于如下文献：Agasisti T，Yang G，Song Y，et al. 2021. Evaluating the higher education productivity of Chinese and European "elite" universities using a meta-frontier approach. Scientometrics，126（7）：5819-5853. 学术文献目前正在讨论传统 Malmquist 指数具体扩展的有效性，如 Afsharian 等（2018）。本文没有进行方法方面的讨论，我们决定使用最近一些关于生产率变化测量的文献中最常用的方法。然而未来的研究须致力于不同假设下生产率的变化情况和采用不同方法时检验结果的有效性。

② 截至 2013 年底，教育部直属院校 75 所，剔除一些特色高校，如艺术院校、财经院校和语言院校（因为这类院校不以科技成果产出和技术转移为目标）后，选取中国 64 所高校作为研究样本。

"竞争对手"（Grewal et al.，2008）及其与世界各地的潜在竞争对手的比较结果（Stromquist，2007）。

一些研究者认为，这场争夺世界一流和精英大学的"战争"（Hazelkorn，2015）是有代价的。为了提高排名指标数据（毕业生数量、就业能力和研究成果等），高校必须投入大量的人力和财力资源，然而，为完成目标而必须实现的创新和高质量成果很可能产生意想不到的后果。例如，某些没有反映在产出数量和质量上的"过度支出"。从这个角度来看，分析精英大学的效率，衡量其用最小的成本生产既定产出的能力，或者用既定成本生产最大产出的能力来提高高校产出效率是十分必要的。换言之，从资源利用的角度进行分析，而不是仅限于对产出成果的分析，可以为高校更好地利用资源提供参考。

2015年，中国提出建设世界一流大学和一流学科，目标是到2050年建成一批世界一流大学和一流学科，进一步提升中国高等教育质量。起步较早的欧洲经过半个多世纪的发展，已经建立了世界一流的现代高等教育体系和众多精英大学，极大地促进了世界范围内科学技术的快速进步。因此，开展中国高校与欧洲精英大学的对比研究，从效率的角度分析进一步提升中国高校实力的途径和方法具有重要的现实意义。

本章对2011~2015年中国高校和欧洲的精英大学样本进行了研究，回答了以下问题：中国的高校是否比欧洲同行更有效率；中国高校和欧洲精英大学的生产率水平如何以及分解因素有哪些；中国高校和欧洲精英大学的效率和生产率是如何演变的。

8.1　文献综述

近年来，跨国比较视角下的教育效率研究引起了研究者的广泛关注（Aparicio et al.，2018）。一些研究者对欧洲国家的大学效率和生产率进行了跨国评估。例如，Bonaccorsi 和 Daraio（2007）比较了6个经济合作与发展组织国家高等教育机构的效率。Wolszczak-Derlacz 和 Parteka（2011）使用以产出为导向的两阶段 DEA 方法对七个经济合作与发展组织国家的表现进行了研究，结果表明，高校的低效率可能与规模经济、部门数量和资金等因素有关。

Agasisti 和 Johnes（2009）基于 Malmquist 指数方法研究了意大利和英国高等教育机构的效率演化特征。结果显示，在 2002 年 3 月至 2004 年 5 月，意大利大学技术效率逐步提高，而英国高校技术效率较为稳定。Agasisti 和 Pérez-Esparrells（2010）分析了意大利和西班牙国立大学的效率变化情况，发现意大利高等教育机构的效率变化是由于技术进步，西班牙同行的效率变化来自纯技术效率改进，而区域效应也分别被发现是这些大学效率低下的决定因素；Agasisti 和 Wolszczak-Derlacz（2015）使用 Malmquist 指数比较了 2001～2011 年意大利和波兰大学的效率，采用的是基于规模收益可变假设的产出导向 DEA 模型，并使用 Simar 和 Wilson（2002）的 Bootstrap 截断回归程序来检验外部因素对意大利和波兰大学的 DEA 结果的影响。研究结果表明，两国大学的表现存在很大差异，意大利的效率前沿的改善幅度比波兰更大。Agasisti 和 Gralka（2019）使用随机前沿分析模型测算了 70 所意大利大学和 76 所德国大学在 2001～2011 年的当期和跨期效率。研究结果表明，从长期视角来看意大利大学比德国大学更有效率。

可以看出，上述研究主要集中在对两个或两个以上国家的大学效率进行估计并根据其大小进行比较。目前，关于大学效率和生产率的跨国比较主要集中在欧洲高校，以中国高校为对象的研究较少。中国大学效率的研究仅局限在中国范围内，而没有与其他国家进行比较。此外，上述研究常使用 DEA 模型（如 DEA、网络 DEA、Malmquist 指数和随机前沿分析）开展比较研究，如 Johnes 和 Li（2008）、Ng 和 Li（2009）、Yaisawarng 和 Ng（2014）、Hu 等（2017）、Yang 等（2018）和 Wu 等（2020）。鉴于中国高等教育改革旨在提高 21 世纪重点大学的发展水平（Zong and Zhang，2019），本章将开展中国和欧洲大学之间的比较研究，并探讨中国和欧洲大学间是否存在差距。

许多文献已经就什么是精英大学，以及如何定义和描述精英大学进行了论证。一些研究者认为精英大学是"具备高素质的教师、有才华的学生、丰富的资源、自主权和高效治理能力的组织"（Abramo and D'Angelo，2014）。Palfreyman 和 Tapper（2009）认为精英大学应该在教育资质、教学和研究方面表现优异。然而，精英大学不一定是世界一流大学，但就其在教育和研究质量方面的竞争优势而言，其很可能会成为世界一流大学，从而产生社会和市场价值（Abramo and D'Angelo，2014）。有研究者指出，精英大学的发展应该是与有利的政策环境和大学充分的自治权相辅相成的（Aghion et al.，2010）。否则，缺乏高素质的教职员工和学生，精英大学也就无从发展，从而导致进一步的人才流失现象，人才会流向拥有世界一流大学的国家（Abramo and D'Angelo，2014；Auranen and Nieminen，2010）。

研究者们还对高等教育体系建设开展了相关研究。有研究者得出结论，通过国际排名系统进入世界一流大学行列，有助于提高高校科研项目和出版物的学术产出（Shin，2009；Song，2018；Altbach，2004）。Deem 等（2008）提出欧洲大学已将诸如 THE、ARWU 等排行榜作为其改革进程的核心目标，建议高等教育 GDP 投资每年增长 2% 以上。与此同时，旨在整合欧盟高等教育资源的博洛尼亚进程（Bologna Process）受到了一些批评，因为它没有完全解决全球化和国际化带来的广泛问题（Kwiek，2004）。除此之外，Kwiek（2005）认为博洛尼亚进程和其他欧盟高等教育改革可能不太成功，因为公立大学缺乏资金并且各个大学在其他公共服务方面的效果各不相同。THE、ARWU、QS 和 Webometrics 等国际排名目前已经影响到了亚洲国家的高等教育。在中国香港，大学领导者十分关注所在学校在国际排名联盟中的排名，而科研人员也面临着在顶级期刊上发表论文的挑战（Deem et al.，2008；Chan，2007）。同样，中国台湾的科研人员也十分关注国际出版物的成果（Chen and Lo，2007）。世界大学排名标准启动后，日本政府投入了更多的资源以促进国际合作和交流方面的国际化（Furushiro，2006；Yonezawa，2006）。中国政府也实施了一些高等教育项目，以提高中国大学的国际化竞争力（Deem et al.，2008）。例如，1995年启动的"211 工程"，旨在提高中国精英大学的研究水平，大幅度增加了对一些学校的资助。2015 年启动的"985 工程"，将 39 所大学列为重点建设的群体。此外，"985 工程"中有 9 所大学划入中国 C9 联盟，以培养更好的学生并实现资源的共享（Deem et al.，2008；Yonezawa，2006）。

尽管国际排名系统可能存在一定的争议，但目前还是作为认知世界高校水平的基准而得到广泛使用，各国政府以提高国际排名为指导方针制定了本国高等教育政策和战略。然而，一个国家的精英大学在其可投入资源和学术成果的基础上，在力争世界一流排名的道路上表现如何却鲜有争论。但这是一个值得探索的领域，研究结果可以为精英大学发展提供决策建议。

8.2　研究方法和数据来源

8.2.1　研究方法

传统的绩效评估方法通常假设 DMU 位于同质环境中，从而确定单个生产函数或参考集内不同单元的绩效。然而在实际生活中，被评估的 DMU 通常因个体特征和环境而异，被评估组织的环境具有异质性特征。例如，不同国家、地区的大学面临着不同的评估和激励机制、资金和人员配置模式等不同的经济社会环境特征。这就导致了使用传统方法时的一个缺点，即当评估的 DMU 不同质时，传统方法可能会失去实用性。参考 Battese 和 Rao（2002）为不同的群体构建单独的生产前沿和共同的元前沿的研究思路，本节使用一种非参数元前沿技术（O'Donnell et al.，2008；Oh and Lee，2010）并结合 Malmquist 指数（Färe et al.，1994a；Malmquist，1953；Caves et al.，1982）来考察中国和欧洲大学的不同表现。Sickles 和 Zelenyuk（2019）指出"效率的概念和生产率的概念是不同的概念，但都属于同一范畴——绩效"。本节使用了生产率和效率这两个术语来指代大学的绩效，其中生产率变化的概念可能是来源于不同的因素，如生产技术的差异、运营规模的差异、运营效率的差异以及生产所处的经营环境的差异（Fried et al.，2008；Coelli et al.，2005）。因此，对效率进行推断，需要排除环境差异和其他外生因素对生产率的影响（Oum et al.，1999）。

假设有 n 个 DMU 需要评估，每个 DMU_j（$j=1,2,\cdots,n$）使用时间 t（$t=1,2,\cdots,T$）内的 M 个投入（$m=1,2,\cdots,M$）生成 S 个产出（$s=1,2,\cdots,S$），样本观察值可以表示为（x^t,y^t）$\in R_m^+ \times R_s^+$。进一步假设在整个样本中存在 K 个分离的子组（$k=1,2,\cdots,K$），并且每个子组中的成员共享相同的技术，本节假设欧洲精英大学和中国教育部直属高校是不同的群体。

在元前沿分析的框架内，可以引入三种基础技术集或生产可能性集，即①同期技术集；②跨期技术集；③全局技术集。

同期技术集的前沿（或边界）由一组绩效最好的 DMU 组成，它们被表示为同一时期同一组内的 DMU 之间的基准。在实践中允许用两组大学（欧洲精英大学和中国教育部直属高校）来估计各组内最有效的大学。具体来说，同期技术集被定义为组 k 在时间 t 内的所有观察值的参考集，并表示为

$$T_k^t = \{(x^t, y^t) \mid x^t \text{ 可产出 } y^t\}, t = 1, 2, \cdots, T \tag{8-1}$$

因此，组 k 的观察值很容易根据不同时期划分为 T 个同期技术集。根据 Farrell（1957）技术效率的测度和 Shephard（1970）产出距离函数的定义，同期技术集内的观测效率可定义为

$$D^t(x^t, y^t) = \inf\{\theta \mid (x^t, y^t\theta) \in T_k^t, \theta > 0\}, t = 1, 2, \cdots, T \tag{8-2}$$

其中，$D^t(x^t, y^t)$ 衡量的是可行域内实际产出与最大产出的比值，因此可以表示当前评估的 DMU 相对于时间 t 的前沿的技术效率。

跨期技术集消除了不同时期之间的分隔，构建了组 k 在可辨别的整个时间段内的观测参考集，组 k 中的跨期技术集表示为

$$T_k = \{(x^t, y^t) \mid x^t \text{ 可产出 } y^t, \forall t\}, k = 1, 2, \cdots, K \tag{8-3}$$

因此，在所有观测值的范围内有 K 个分离的跨期技术集。跨期技术集上的产出距离函数定义为

$$D^k(x^t, y^t) = \inf\{\theta \mid (x^t, y^t \mid \theta) \in T_k, \theta > 0\}, k = 1, 2, \cdots, K \tag{8-4}$$

建立全局技术集是为了覆盖研究期间和所有子组内的所有样本，因此全局技术集也可以被视为是所有跨期技术集的并集。总之，全局技术集的定义为

$$T^G = \text{conv}\{T_1 \cup T_2 \cup \cdots \cup T_K\} \tag{8-5}$$

因此，在全局技术集上，相应的产出距离函数表示为

$$D^G(x^t, y^t) = \inf\{\theta \mid (x^t, y^t \mid \theta) \in T^G, \theta > 0\} \tag{8-6}$$

为了便于以下公式的表达，产出距离函数内的变量用其时间表示，如 $D^t(t)$、$D^k(t)$ 和 $D^G(t)$。具体地说，我们使用基于产出的 DEA 模型来指定三个距离函数的测度方法，详见附录 1。

当考虑某一技术集时，提高产出的方法定义如下：①对同期技术集内部的观测点，减少其与前沿投影点之间的距离；②位于同期技术集前沿的观测点，有效方法是提高技术水平，使该前沿进一步向跨期前沿靠近；③对跨期前沿上的观测点，建议通过改进技术来提高该组的领先地位。

遵循改进分解思想，Oh 和 Lee（2010）定义了元前沿 Malmquist 指数

（MMPI），并将其进一步分解为三个不同的成分，如下所示：

$$M(t,t+1)=\frac{D^{G}(t+1)}{D^{G}(t)}$$

$$=\frac{D^{t+1}(t+1)}{D^{t}(t)}\times\frac{D^{k}(t+1)/D^{t+1}(t+1)}{D^{k}(t)/D^{t}(t)}\times\frac{D^{G}(t+1)/D^{k}(t+1)}{D^{G}(t)/D^{k}(t)} \quad (8\text{-}7)$$

$$=\frac{\mathrm{TE}^{t+1}}{\mathrm{TE}^{t}}\times\frac{\mathrm{BPG}^{t+1}}{\mathrm{BPG}^{t}}\times\frac{\mathrm{TGR}^{t+1}}{\mathrm{TGR}^{t}}$$

$$=\mathrm{EC}\times\mathrm{BPC}\times\mathrm{TGC}$$

其中，TE^{l}（$l=t$，$t+1$）表示一定时期内的综合效率（技术效率），EC 测度了两个相邻时期之间的效率变化。EC>（=、<）1 的结果可以看作是观测结果与其所属的同期前沿之间的相对距离的缩短（不变、增加）。此外，BPG^{l}（$l=t$，$t+1$）表示同时期前沿与其相应的跨期前沿之间的差距。BPC 用来表示组内两个时期之间的技术改进。BPC>（=、<）1 代表这两期间的技术进步（稳定、倒退）情况。此外，TGR^{l}（$l=t$，$t+1$）表示同一组内的技术与全局技术之间的技术差距比，反映了一组 DMU 在技术上的领先地位。TGC 表示一组 DMU 的技术水平与全局技术水平间技术差距比的变化。TGC>（=、<）1 代表跨组技术水平的进步（稳定、倒退）。

根据以往对高等教育效率的研究（Abbott and Doucouliagos，2003；Casu and Thanassoulis，2006；Ruiz et al.，2015），我们在产出距离函数的求解中采用规模收益可变的假设（Banker et al.，1984），从而构建 MMPI。同时，对非参数规模收益进行检验，以验证该假设的合理性。

8.2.2　样本与数据

本节选择的精英大学皆来源于被广泛认可的国际大学排名系统，其中被广泛认可的排名系统充分考虑了广泛的影响因素，比如科研人员进行学术活动并获得资助的情况、学校本身的建设等（Luque-Martínez and Faraoni，2019；Souto-Otero and Enders，2017）。Anowar 等（2015）指出了四个被广泛接受的排名系统，其中包括 THE、ARWU、QS 和 Webometrics 排名。我们观察到由于每个排名系统都使用了不同的衡量标准来获得每个大学的排名分数，因此很难说哪个排名系统更可靠。尽管排名系统因方法和概念本身而受到广泛批评，但仍然对大学有着强大的影响，比如可以了解自身情况并且被其他人认知（Luque-Martínez and Faraoni，2019；Souto-Otero and Enders，2017）。Hazelkorn（2011）的一项调查显示，大约70%的高校希望在全国范围内达到前10%，在国际范围内达到前25%。高校负责人的目标通常是提高高校的排名（Souto-Otero and Enders，2017）。虽然没有任何一个排名系统是完美的，但其在提高学业成绩的过程中对高校起着至关重要的指导作用。简而言之，虽然目前的研究仍然在寻找更好的国际大学排名方法，但一些被广泛接受的排名系统，即THE、ARWU、Webometrics 和 QS 在高等教育研究中也出于不同目的而被使用，比如识别不同国家或地区的精英学校。

在此背景下，选择大学的研究样本对中国高校和欧洲精英大学绩效分析的结果至关重要。已有的一些权威大学排名为本研究提供了合理选择样本的参考。在三个被广泛接受的国际大学排名之中，QS 重视主观声誉指标，权重接近50%。ARWU 注重科研指标，使得专注于本科教育的大学排名相对落后。THE 在其排名系统中使用了更多的指标使其排名更加平衡，并且提供了更多可用于效率分析的量化信息。同时 THE 中文献和经济指标的权重远高于QS（Olcay and Bulu，2017）。因此，THE 指标体系更加符合中国提高研究质量和科研人员待遇，以实现追赶西方发达高等教育的愿望。本节根据 2011~2019 年的数据，选择了一些中国高校和欧洲的候选精英大学，利用大学的年度排名来确定所选大学的平均排名。

在剔除 2011~2019 年列入 THE 排名不超过 7 次的大学后，以欧洲国家平均排名最高的 50 所大学作为欧洲精英大学的样本。由于中国大学的建设发展起步晚于欧洲，因此 2011~2019 年仅有 7 所中国大学进入 THE 排行榜 7 次以上，相对于庞大的欧洲精英大学的样本数量，中国的 7 所高校并不能体现中国高校的全貌。为此，我们搜索了 2011~2019 年的 THE 排名，收集了 74 所在榜中国大学作为候选样本。由于其中的几所大学不直接隶属于中国教育部，数据发布不完整，这些大学的数据无法收集。最终根据教育部直属候选大学的平均排名选择前 40 名作为样本，这些大学均属于"211 工程"，是一组中国高水平研究型的大学群体，详见附录2。

中国高校的数据主要来自教育部编著的《高等学校科技统计资料汇编》

（CSTS-HEI）、各高校发布的《毕业生就业质量报告》（GEQR）和 InCites 数据库。欧洲精英大学的数据主要来自 InCites 数据库和 European Tertiary Education Register（ETER）数据库。

根据现有学术文献中实证分析选择的投入变量和产出变量，通过两种数据源中具有的相关指标，选择了两个投入变量和三个产出变量。表 8-1 详细说明了这些变量的名称、单位和数据来源。变量的选取参考了现有文献，考虑了数据的可获得性并兼顾了高校的职能和运营特点。投入变量包括人力投入和资金投入，产出变量同时考虑了教学活动和科研活动两方面。

Investigation on the functions and development performance of higher education institutions in China

表 8-1　选择的投入和产出变量

类型	变量	单位	数据来源
投入变量	经常性支出总额	10^6 欧元	EU：ETER CN：CSTS-HEI
	学术人员	人	EU：ETER CN：CSTS-HEI
产出变量	学生	人	EU：ETER CN：GEQR
	出版物	部	InCites 数据库
	引文	—	InCites 数据库

注：—是指没有单位，用标准化引文影响指数表示；EU 和 CN 代表所属的样本组，即欧洲和中国

欧洲大学的经常性支出总额反映精英大学在研发、教学和其他运营活动中的总支出。具体来说"按购买力平价计算的当前总支出"是从 ETER 数据库中挑选的指标。对中国大学来说，该变量的数据是研发经费、政府基金和企业经费的总和。其中，研发经费是指上级拨付的用于科教的经费，主要用于开展基础性运营活动。政府基金是指政府部门为支持高校参与科研活动而提供的研究经费。企业经费是指从高校和政府部门以外的企事业单位获得的研究经费，也用于支持高校的科研活动。为消除通货膨胀和货币汇率的影响，将研发经费、政府基金和企业经费三个子项汇总后，采用人民币对欧元的平均汇率对中国"经常性支出总额"数据进行处理。

学术人员是指每所精英大学从事学术活动的人员（人数）。欧洲数据直接来自 ETER 数据库，中国数据来自教学、研发人员的总和。其中，教学人员是

指从事教学和研究活动的人员。研发人员是指从事研发、成果应用和服务的人员。但是人员职称、级别等的结构没有详细的说明，所以我们只能依靠简单的人数统计。

学生是根据国际教育标准分类（International Standard Classification of Education，ISCED）选择级别为 ISCED 6~8 的在读学生，对应本科、硕士和博士阶段的学生总数。从 2013 年开始，毕业生就业质量报告成为中国大多数大学学生人数的主要披露方式，然而在 2013 年之前，并没有统一的官方数字。因此学生人数的数据由两个来源组成。第一部分是指这些大学发布的官方招生计划，其中包含了汇总招生数据。第二部分是从毕业生就业质量报告中收集的大学年度毕业生人数。将学生视为投入还是产出，不同的文献有不同的讨论。考虑到精英大学的资源（人员、教学时间等）是根据学生人数来定义的，即使在他们辍学和没有毕业的情况下也是如此。从这个角度来看，学生人数更好地代表了精英大学实际的教学活动量——而不是狭隘地关注学生数量。因此，我们将学生作为产出变量之一。

出版物选择 Web of Science 数据库收录的论文数量，引文表示为 Category Normalized Citation Impact（CNCI）[①]。CNCI 是一个消除了不同人员规模和学科差异影响的文献计量指标。有关文献计量指标的数据是从 InCites 数据库收集的，该数据库是 Clarivate Analytics 的产品之一。我们将"Retrieval Type"设置为"Organization"，"Time Period"选择"2011-2015"，填写各精英大学名称，"Research Output"选择"Document Type"（包括文章和综述），选择"Schema"为"ESI"（包括 SCI 和 SSCI）。然后，我们可以获得每所精英大学的"Web of Science 文档"和 CNCI 数据。因此，出版物和引文的数据来自同一来源，并且在不同情况下都具有可比性。

表达各精英大学运营过程的模型较为简单，这是为了在不同的背景下对精英大学进行最大限度的比较。模型的简单性使得所描述的运营过程具有通用性，并可用于比较不同精英大学在实现其基础活动（即教学和研究）方面的

Investigation on the functions and development performance of higher education institutions in China

---

① 文献的 CNCI 是将实际引用项目数除以具有相同文献类型、出版年份和主题领域的文献的预期引用率来计算的。更多详细的信息请访问：https://incites-help-clarivate-com-s.webvpn.las.ac.cn/Content/Indicators-Handbook/ih-normalized-indicators.htm#[2020-10-30]。

效率。

欧洲样本数据从 2019 年 4 月 1 日的 ETER 数据库中收集，最新的数据是 2015 年的数据。考虑到中国和欧洲样本数据可用的时间间隔，本研究的时间范围仅限于 2011～2015 年。此外，2013 年中国学生的两种不同数据源存在重叠的情况，因此中国样本数据的跨期计算和比较分为 2011～2013 年和 2013～2015 年两个时间段。值得注意的是，中国的货币数据每年按中国国家统计局的平均汇率转换为欧元，如表 8-2 所示。为了消除不同年份欧元的通货膨胀因素，使用经济合作与发展组织数据库中欧盟国家的 CPI 来处理数据，以 2011 年为基年的 CPI 数据如表 8-2 所示。

表 8-2　2011～2015 年的汇率和 CPI

年份	欧元兑人民币的汇率	CPI
2011	9. 0011	1. 0000
2012	8. 1067	1. 0285
2013	8. 2219	1. 0472
2014	8. 1651	1. 0603
2015	6. 9141	1. 0682

一般来说，原始数据在不同组别内的不同分布情况可以反映大学运营策略的差异。因此，可以通过对中欧大学的描述性统计分析对两组进行比较，见附录 3。此外，图 8-1 的折线图所示变量的年平均值描绘了数据的变化趋势。对图 8-1（c）中的学生进行分段展示，显示中国教育部直属高校的不同数据来源。

图 8-1 中变量均值的变化趋势揭示了中国教育部直属高校和欧洲精英大学的三个主要差异。第一，欧洲精英大学的经常性支出总额远远超过中国，这是因为它们的平均规模更大。在如此大量投入的基础上，其支出保持每年 5. 94% 的增长速度。中国尽管支出基数相对较小，但年增长率保持在 14. 13% 。第二，中欧大学学术人员分布存在显著差异，中国教育部直属高校聘请的科研人员往往远多于欧洲精英大学。欧洲精英大学的科研人员总体呈稳步上升趋势，而中国教育部直属高校则保持相对稳定。第三，在出版物和引文数量方

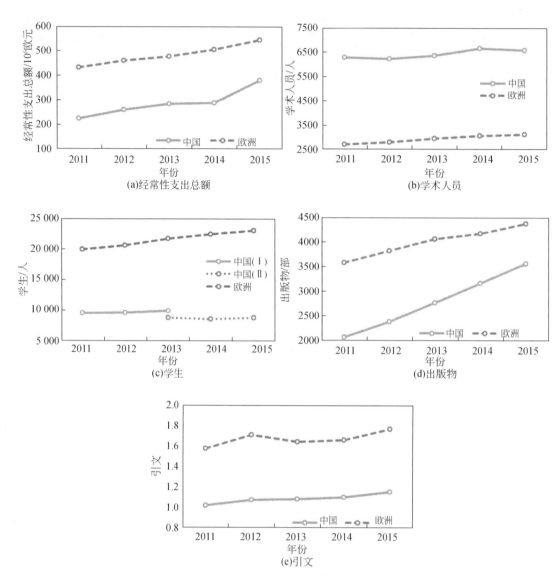

图 8-1　研究期间的变量折线图

面，中国正试图在薄弱落后的基础上以较高的速度追赶欧洲水平。就出版物而言，中国教育部直属高校和欧洲的精英大学在研究期间都实现了快速增长，年均增长率分别为 14.57% 和 5.10%。但从引文数量来看，中国教育部直属高校虽然增长稳定，但仍处于较低水平，而欧洲精英大学在 2012 年达到第一个高峰后先减后增。由于中国数据源的中断，难以准确地判断中国高校培养学生的趋势，欧洲精英大学的学生人数以每年 3.72% 的速度不断增长。

总体来看，从投入产出变量值的角度来说，欧洲精英大学明显领先于中国高校。为了确定两组大学进一步提高教育绩效的方式，我们在下文中使用元前沿方法来求解效率和生产率，从而对其绩效进行更公平和稳健的比较。

8.3　实证分析结果

8.3.1　基准模型结果

我们采用了非参数规模收益的检验方法（Simar and Wilson，2002；Tran and Dollery，2021），检验研究对象满足的规模收益假设。在设定规模收益不变的情况下，中国和欧洲精英大学数据都拒绝了零假设，P 值小于 0.05 。因此，我们在下文中采用基于可变规模收益假设的模型。

由于本研究使用的非参数 DEA 技术受异常值的影响较大，因此在进行计算和分析之前，有必要检查是否存在离群值（Clermont and Schaefer，2019）。针对研究中的两组数据，使用超效率 DEA 模型分别计算中国和欧洲精英大学的超效率。结果表明，2011 年和 2012 年只有欧洲第 33 所精英大学和中国第 2 所高校存在不可行性的问题，其他大学未出现此类问题。为了纳入尽可能多的精英大学，以下分析保留了所有数据。

求解出的元前沿生产率及其分解指标结果详见附录 4。虽然基于 VRS 的模型可能会出现不可行的问题，但计算过程中并没有出现这种情况。

从整个中欧大学体系全周期视角来看，MMPI 年均增长 5.68%。然而，MMPI 在研究期内存在波动和下降的趋势，表明中国和欧洲高等教育体系的整体生产率增长正在放缓。EC 与 MMPI 具有相似的变化模式，其下降幅度也十分显著，从 1.0482 大幅下降至 0.9837。BPC 是唯一一个始终大于 1 的指数，波动范围介于 1.0211 ~ 1.0538。平均 BPC 的值排名最高，是影响精英大学整体表现的最主要因素。在此期间，TGC 在 0.9814 ~ 1.0184 的范围内波动。具体计算结果见表 8-3，对应的折线图为图 8-2。正如预期的那样，中国教育部直属高校总体生产率及其分解指标受到学生指标不连续的影响，我们用虚线将 2012 ~ 2013 年和 2013 ~ 2014 年这两个点连接起来。

表 8-3   所有精英大学的整体生产率及其分解

年份	EC	BPC	TGC	MMPI
2011~2012	1.0482	1.0538	1.0139	1.0958
2012~2013	1.0580	1.0211	0.9948	1.0582
2013~2014	1.0377	1.0278	1.0184	1.0774
2014~2015	0.9837	1.0368	0.9814	0.9959
平均数	1.0319	1.0349	1.0021	1.0568

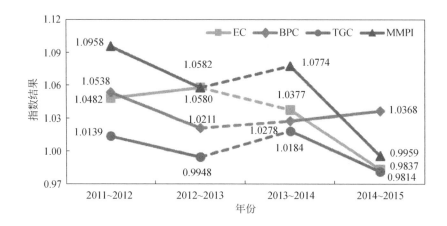

图 8-2   整体生产率及其分解的折线图

在对中欧高等教育体系整体状况进行评估的基础上，进一步对 50 所欧洲精英大学进行组内考察。数值结果如表 8-4 所示，相应的趋势图如图 8-3 所示。值得注意的是，欧洲组数据来源是连续的，因此图 8-4 中没有虚线。2012~2013 年，欧洲组经历了先降后升的过程，达到了 MMPI 的最低值 0.9994。MMPI 的年均增长率为 4.51%，低于所有样本的平均值。从 MMPI 的分解指标来看，EC 的年均增长率为 0.85%，而 BPC 的年均增长率为 2.05%。EC 和 BPC 在变化的过程中呈现出一种替代关系。TGC 在该组中与 MMPI 的表现最为一致，其得分在 2011~2013 年从 1.0637 降至 0.9884，并在 2014~2015 年反弹至 1.0267。

表 8-4   欧洲精英大学的生产率及其分解

年份	EC	BPC	TGC	MMPI
2011~2012	0.9812	1.0724	1.0637	1.1176
2012~2013	1.0161	0.9965	0.9884	0.9994

续表

年份	EC	BPC	TGC	MMPI
2013～2014	1.0474	0.9700	0.9990	1.0084
2014～2015	0.9894	1.0429	1.0267	1.0551
平均数	1.0085	1.0205	1.0194	1.0451

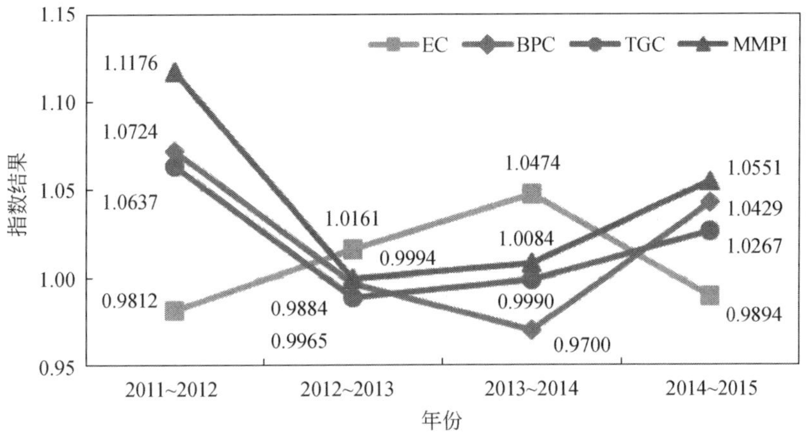

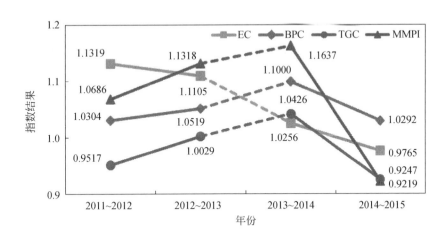

图 8-3　欧洲精英大学生产率及其分解的折线图

图 8-4　中国教育部直属高校生产率及其分解的折线图

中国组的生产率及其分解指标见表 8-5，相应的折线图见图 8-4（虚线表示学生数据的不连续性）。MMPI 的平均增长率达到 7.15%，明显高于欧洲精英大学。然而，该指标在 2014～2015 年也显示出明显的下降趋势，数值下降至 0.9219。其中 EC 是影响 MMPI 的关键因素，年均增长率为 6.11%，但增长幅度存在逐年下降的趋势。BPC 指标表现较为优越，平均每年增长 5.29%。这些指标说明在研究期间内个体效率有所提升并且与群体前沿的差距在不断缩小。部分 TGC 指标小于 1，表明组内技术在研究期间出现了衰退。

表 8-5　中国教育部直属高校的生产率及其分解指标

年份	EC	BPC	TGC	MMPI
2011 ~ 2012	1.1319	1.0304	0.9517	1.0686
2012 ~ 2013	1.1105	1.0519	1.0029	1.1318
2013 ~ 2014	1.0256	1.1000	1.0426	1.1637
2014 ~ 2015	0.9765	1.0292	0.9247	0.9219
平均数	1.0611	1.0529	0.9805	1.0715

已获得的 TGC 分数为了解前沿技术水平的变化提供了一定的信息。然而，仍然有必要研究每个组别的 TGR 结果，即两个组别之间的技术差距比，以确定在调查期间哪个群体在技术效率方面发挥了主导作用。为了更好地识别组间的差异，我们使用核密度图描绘了两组 TGR 结果，见图 8-5。欧盟组的 TGR 分数集中分布在 0.6 ~ 1.0，而中国组集中分布在 0.2 ~ 1.0，与欧洲相比，中国组跨度较大且平均值较低。说明欧洲精英大学在技术上处于绝对的领先地位，中国的国际领先大学数量较少，并且两者之间存在持续的技术差距。

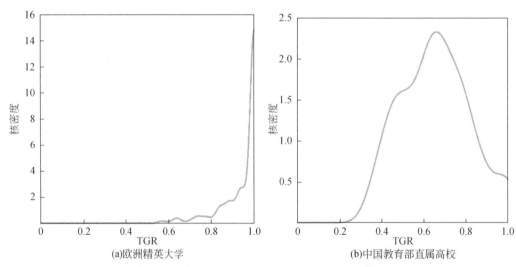

(a)欧洲精英大学　　　　　(b)中国教育部直属高校

图 8-5　中欧大学 TGR（技术差距比）的核密度图

8.3.2　稳健性分析

现实中，8.2.1节中的测算结果可能受到中欧大学在变量含义上细微差异的影响。一方面，出版物的质量内涵会影响效率。以期刊论文为例，在期刊分区的条件下，高级别分区的期刊论文体现高校更高的产出水平。另一方面，中国和欧洲学术人员工资的差异会对经常性支出总额产生影响，因此再次影响到了对技术效率的衡量。考虑到这两个因素，本节将对相关变量进行调整开展两项稳健性检验。

具体来说，我们重新运行了所有的实证分析，修改效率测度中使用的变量集。

（1）稳健性测试#1。使用两个投入（经常性支出总额和学术人员）和三个产出［学生、高质量出版物（由 Web of Science 分类的发表在 Q1 和 Q2 期刊上的论文）以及对高质量出版物的引用］。

（2）稳健性测试#2。只使用一个投入（学术人员）和三个产出，即基准模型中的学生、出版物和引文。

这些稳健性测试揭示了一些有趣的结果，讨论如下：

当仅考虑高质量出版物时（表8-6），该时期估计的 MMPI（1.0211）低于基准模型报告的结果（1.0568）。这和我们的预期是一致的，因为高质量出版物的数量低于出版物的总数。此外，生产率提高的关键驱动因素可能是 BPC，而不是由组内的 EC，因为后者几乎等于1.00。欧洲和中国精英大学在指标上的表现情况非常相似，但前者的生产率增长（2.39%）略高于后者（1.83%）。

表 8-6　整体生产率及其分解，稳健性测试#1

组别	年份	EC	BPC	TGC	MMPI
A组：所有大学	2011～2012	1.0041	1.0491	0.9965	1.0467
	2012～2013	1.0263	0.9885	0.9939	1.0057
	2013～2014	0.9990	1.0117	1.0107	1.0199
	2014～2015	0.9929	1.0321	0.9876	1.0119
	平均数	1.0056	1.0203	0.9972	1.0211

Investigation on the functions and development performance of higher education institutions in China

续表

组别	年份	EC	BPC	TGC	MMPI
B组：欧洲精英大学	2011～2012	0.9625	1.0993	1.0062	1.0635
	2012～2013	1.0436	0.9533	0.9994	0.9923
	2013～2014	0.9918	1.0117	0.9991	0.9991
	2014～2015	1.0011	1.0375	1.0025	1.0407
	平均数	0.9997	1.0255	1.0018	1.0239
C组：中国教育部直属高校	2011～2012	1.0457	0.9989	0.9869	1.0300
	2012～2013	1.0091	1.0237	0.9884	1.0192
	2013～2014	1.0063	1.0116	1.0223	1.0407
	2014～2015	0.9847	1.0267	0.9727	0.9831
	平均数	1.0114	1.0152	0.9926	1.0183

在稳健性测试#2 中，不考虑经常性支出总额（计算所有出版物和引文，而不仅仅是高质量出版物），MMPI 的增长再次低于基准模型中的增长（1.0351 低于 1.0568），但高于稳健性测试#1（1.0211），结果见表8-7。EC 和 TGC 对 MMPI 的贡献很小，主要的影响依然来自 BPC。中国教育部直属高校和欧洲精英大学的生产率及分解指标的结果没有显著的区别，在表现形式上非常相似（表8-7)[①]。

表8-7　整体生产率及其分解，稳健性测试#2

组别	年份	EC	BPC	TGC	MMPI
A组：所有大学	2011～2012	1.0065	1.0500	1.0077	1.0611
	2012～2013	1.0267	0.9820	1.0065	1.0113
	2013～2014	0.9935	1.0136	1.0084	1.0151
	2014～2015	1.0023	1.0433	1.0068	1.0528
	平均数	1.0072	1.0222	1.0074	1.0351

---

① 这里必须注意的是，使用 DEA 来确定效率在某种程度上是导致结果的原因。事实上，随着投入数量的减少，计算效率的算法在确定最大化效率本身的最佳虚拟权重方面的自由度会降低——当然，这是在跨机构生产产出的投入使用的异质性的假设下。这种稳健性测试的主要目的是检查结果的定性相似性，而不是它们的定量同质性。

续表

组别	年份	EC	BPC	TGC	MMPI
B组：欧洲精英大学	2011～2012	0.9620	1.1009	1.0085	1.0658
	2012～2013	1.0435	0.9433	1.0073	0.9883
	2013～2014	0.9979	1.0114	0.9987	1.0074
	2014～2015	1.0036	1.0484	1.0000	1.0522
	平均数	1.0017	1.0260	1.0036	1.0284
C组：中国教育部直属高校	2011～2012	1.0509	0.9990	1.0070	1.0564
	2012～2013	1.0100	1.0207	1.0056	1.0342
	2013～2014	0.9892	1.0159	1.0182	1.0229
	2014～2015	1.0009	1.0382	1.0135	1.0534
	平均数	1.0127	1.0184	1.0111	1.0417

综上所述，提出的两个稳健性测试在一定程度上证明了来自基准模型的研究结果的有效性。当放宽一些关于大学不同群体生产函数一致性的假设（即所有出版物的质量相当，投入相似）时，对生产率增长的估计存在一定幅度的下降。我们可以将对于生产率的基准估计（5.68%）作为真实值的上限，而仅基于高质量出版物的估计（2.11%）作为真实值的下限。

8.4　进一步讨论

本节创造性地使用MMPI[①]，衡量了2011～2015年中国和欧洲精英大学的生产率。实证结果表明，样本大学在分析期间的生产率平均增长了5.68%。MMPI的分解指标包括EC、BPC、TGC，三者平均增幅分别为3.19%、3.49%、0.21%。其中，BPC是提高整体生产率的驱动因素。中国和欧洲的大学试图不断提高生产率，以达到精英大学的标准。中国高等教育体系的进程虽然起步较晚，但从生产率提升来看，其成果有目共睹。但是，欧洲精英大学在

---

① 学术文献目前正在讨论传统Malmquist指数具体扩展的有效性，如Afsharian等（2018）。本章没有进行方法方面的讨论，我们决定使用最近一些关于生产率变化测量的文献中最常用的方法。然而未来的研究须致力于不同假设下生产率的变化情况和采用不同方法时检验结果的有效性。

人力和财力方面的投资（包括学术成果的数量和质量），都超过了中国的高校。

结果显示：欧洲精英大学的平均生产率增长约为 4.51%。与总体样本相比，欧洲精英大学在生产率变化方面的进步较小。较高的初始水平导致研究期间所取得的进展不大。中国高校表现出明显的进步，生产率提高了 7.15%，其中组间的技术追赶是关键的推动因素。这一结论与 Song 等（2019）对中国 58 所大学的生产率增长情况的研究（10.3%）相符，同样证实了中国大学在学术成果方面取得的巨大进步。此外，生产率的提高也体现出政府目前对中国高等教育制定的发展道路是正确的，应该继续支持和发展高等教育。但就各自的前沿来说，中国高校仍然落后于欧洲精英大学当前的领先技术水平，表明中国高校仍有提高绩效的空间，这一增长可以通过增加更多的出版物和引文来实现。

本研究通过调查和比较欧洲和中国高校的 MMPI，为高等教育的跨国比较研究提供了新的思路。实证结果为教育领导者和政策制定者提供了有用的信息，可以在一定程度上推动国家高等教育机构的发展。虽然欧洲大学在精英大学建设方面的经验更为丰富并在排名系统中占据了强势地位，但最近的研究显示：高校仍然面临着严峻的挑战（Zhu and Zayim-Kurtay，2018）。例如，欧洲高等教育机构缺少跨学科、跨高校、跨产业的合作研究[1]；欧洲范围内青年人口比例减少与学生群体面临不平等问题；欧洲大学研究与创新竞争力不足（van Vught，2011）[2]。为此，Aghion 等（2010）指出大学的自主权和对学术的外在激励可以进一步提高生产效率，这些干预措施可能对精英高等教育机构群体产生更加积极的影响。有学者指出，中国高校在建设世界一流大学的道路上

---

[1] European Commission. 2005. European higher education in a worldwide perspective. http://aei. pitt. edu/42885[2020-10-30].

LERU. 2006. Universities and innovation：the challenge for Europe. http://www. europarl. europa. eu/hearings/20070502/itre/leru background_en. pdf[2020-10-30].

European Commission. 2008. Strengthening research institutions with a focus on university based research. https://era. gv. at/object/document/335[2020-10-30].

[2] Eurydice. 2000. Two decades of reform in higher education in Europe：1980 onwards. https://publications. europa. eu/en/publication-detail/-/publication/%2099ee4754-0b47-47ae-9a3f-276eb133d494[2020-10-30].

European Commission. 2005. Mobilising the brainpower of Europe：enabling universities to make their full contribution to the Lisbon Strategy. http://eur-lex. europa. eu/legal-content/EN/ALL/? uri=CELEX:52005DC0152[2020-10-30].

同样面临巨大的挑战，更透明的管理体系将成为中国大学向世界一流大学迈进的重要推动力（Luo，2013；Ngok and Guo，2008）。此外，人事改革和全球竞争也是影响中国大学精英地位的重要因素（Song，2018；Yang，2000）。当提高高校绩效成为重要目标时，通过控制投入成本来保持高效率的方法可能并不适用。事实上，最新的战略是通过更高的报酬吸引最优秀的学术人才，同时推动一流设施和实验室的建设。

本研究中提出了一些明确的结论，未来可以通过探究环境因素对生产率指数的影响来进一步拓展。此外，可以在模型中适当地调整产出，以探索高校生产过程中的不同模式，尤其是大学在服务社会过程中取得的产出（Wolszczak-Derlacz，2017）。

本章使用了 2011～2015 年期间欧洲精英大学和中国教育部直属高校的样本，未来需要新的研究工作来评估精英大学的效率和生产力的长期发展动态。2011～2012 年是一个特殊的经济时期，可能会影响本研究所分析的大学的生产过程。其间，各国对大学的资金扶持方式表现出明显的差异。中国政府采取了多种政策措施应对严峻的毕业生就业形势，市场对国内高等教育人才需求下降的问题，如加大对高等教育的财政投入、制定相关法律政策。引进的国际教育资源为扩大多区域合作交流提供了额外的机会。从方法论的角度来看，虽然我们使用面板数据可以追踪两组大学的生产率变化，但更长的数据跨度将更稳健地描绘生产率指数，从而更准确地评估大学的可持续发展进程。

本节研究是科学、客观的，但对于非精英大学，尤其是表现不佳的学校还需要谨慎地的得出结论。事实上，后一类大学可能比精英大学更有效率——即更有能力利用现有资源发挥最大作用。此外，欧洲和中国大学的整体效率分布也可能与精英高校的情况有所不同。对二、三线高校的绩效比较也是一个值得研究的方向，为提高不同地区高等教育系统的整体质量提供更具有针对性的指导。

此外，中国和欧洲大学在学校运营、校内讲座、国际招生等方面受到新冠疫情的不同程度影响，从国际视角探究新冠疫情对大学运营效率的影响或许将成为未来高等教育研究的重要话题。

Investigation on the functions and development performance of higher education institutions in China

8.5 本 章 小 结

本章主要从三个方面对现有研究进行了拓展。首先，介绍了评估精英大学的必要性：既考虑到精英大学的表现（传统观点），还考虑到它们的效率——生产率。其次在研究对象方面，虽然对欧洲不同国家大学的比较研究已经存在，但还没有文献对欧洲和中国的大学进行比较。本章是对欧洲和中国大学量化比较的首次尝试。最后，基于元前沿方法比较了中国和欧洲精英大学的生产率及其分解指标 EC、BPC 和 TGC 的表现情况，得到的研究结论可以为高校进一步的政策制定提供参考。

参 考 文 献

安康，韩兆洲，舒晓惠．2012．中国省域经济协调发展动态分布分析——基于核密度函数的分解．经济问题探索，（1）：20-25.

安沛旺．2010．我国高校科技成果转化模式研究．哈尔滨：哈尔滨工程大学．

奥尔德里奇 R．1987．简明英国教育史．诸惠芳，李洪绪，尹斌苗，译．北京：人民教育出版社．

巴玺维．2013．日本大学的竞争性科研经费．山西高等学校社会科学学报，25（9）：100-103.

鲍健强．2001．论日本大学科学研究的特点．科技进步与对策，18（11）：120-122.

贝格拉 P．1994．威廉·冯·洪堡传．袁杰，译．北京：商务印书馆．

毕娟．2008．借鉴创新型国家经验构建国家级技术市场．理论与改革，（6）：86-88.

毕宪顺，张济洲．2012．我国大学学术管理与行政管理的制度建构．中国教育政策评论，（1）：229-237.

布鲁贝克 J S．2001．高等教育哲学．王承绪，郑继伟，张维平，等译．杭州：浙江教育出版社．

蔡蕾．2016．研究型大学多元化教师分类评价机制改革探析．浙江社会科学，（10）：145-150.

蔡亭亭．2009．斯坦福大学的人才培养模式研究．长春：东北师范大学．

常雷朋．2006．日本高校教师人事制度借鉴．教育（周刊），（14）：52-53.

陈桂生．2000．教育原理．上海：华东师范大学出版社．

陈娟丽．2015．中美高校科研经费管理比较与启示．中国管理信息化，18（19）：237-239.

陈俊英．2004．战后日本大学的课程设置与教育内容改革．外国教育研究，31（10）：44-47.

陈明．2017．大学科学研究职能内涵流变及其趋势．嘉应学院学报，35（4）：77-81.

陈明华，刘华军，孙亚男．2016．中国五大城市群金融发展的空间差异及分布动态：2003～2013年．数量经济技术经济研究，33（7）：130-144.

陈伟，葛金国，周元宽．2017．服务社会：现代大学的核心职能——兼论大学三大社会职能的内在关系．高等理科教育，（4）：8-13.

陈武元．2019．日本高校三大职能与其经费筹措能力的关系研究．现代大学教育，（2）：17-27.

陈霞玲，王彩萍．2009．美国高校科研经费拨款方式对我国的启示．世界教育信息，（9）：48-51.

陈志军．2019．地方高校人才培养质量保障体系建构研究——以西北大学为例．西安：西北大学．

程媛．2012．高校科技成果转化的促进机制研究．杭州：浙江大学．

迟宝旭．2005．国外高校科技成果转化机制及借鉴．科技与管理，7（1）：118-122.

崔金贵．2014．大学的卓越灵魂：通识教育、教学改革与管理——哈佛大学哈佛学院前院长哈瑞·刘易斯教授访谈录. 高校教育管理, 8 (4): 1-6.

党蓓. 2014. 基于三螺旋模型的中美韩石墨烯领域官产学合作关系研究. 北京: 中国科学技术信息研究所.

邓桦. 2006. 20 世纪 90 年代以来的英国高等教育国际化研究. 昆明: 云南师范大学.

邓泽民, 董慧超. 2017. 德国应用科学大学研究. 北京: 科学出版社.

丁建洋. 2014. 学术取向: 日本"科研费"制度演进与运行的基本逻辑——日本大学高层次科学创新能力形成的一个视角. 清华大学教育研究, 35 (1): 63-75.

丁建洋, 洪林. 2010. 论日本大学科学研究定位的"巴斯德象限"取向. 复旦教育论坛, 8 (5): 83-87.

丁任重. 2010. 英国大学教学质量控制与管理体系及启示. 中国高等教育, (10): 61-62.

董泽芳. 2012. 高校人才培养模式的概念界定与要素解析. 大学教育科学, 3 (3): 30-36.

窦效民. 2014. 美国高校人才培养模式及对我国的启示. 郑州轻工业学院学报 (社会科学版), 15 (5): 16-19.

段存广. 2014. 德国高校的技术转移模式及启示——以德国波鸿鲁尔大学为例. 高科技与产业化, (10): 28-34.

方艳. 2014. 大学职能及职能定位的再思考——基于职教改革的视野. 湖北第二师范学院学报, 31 (12): 100-103.

付淑琼. 2013. 改革开放以来我国中央政府的高校科研资助政策研究. 高教探索, (5): 22-26.

付瑶瑶. 2005. 从斯坦福大学看美国研究型大学中独立科研机构的发展. 清华大学教育研究, 26 (3): 16-22.

傅维利, 刘靖华. 2014. 高校专业调整与建设中应当处理好的基本关系. 教育科学, 30 (6): 65-68.

甘宓. 2011. 我国大学学术管理研究述评. 四川省干部函授学院学报, (1): 106-108.

高洁. 2013. 提高民营科技企业科技成果转化效率的策略研究. 东方企业文化, 134 (6): 37-38.

高勇. 2015. 中美高校科研经费管理比较浅析. 中国管理信息化, 18 (1): 21-22.

高有华, 王银芬. 2009. 当代日本大学课程改革发展研究. 黑龙江教育 (高教研究与评估), (9): 57-59.

耿同劲. 2010. 我国大学经费来源格局及其未来演进——基于西方大学经费来源格局变迁的视角. 黑龙江高教研究, (3): 33-37.

龚旭. 2007. 中美科学政策比较研究——以 NSF 和 NSFC 的同行评议为中心. 北京: 中国科学院自然科学史研究所.

顾露雯, 汪霞. 2013. 英国大学毕业生可雇佣性研究: 内涵、维度与课程模式. 扬州大学学报 (高教研究版), 16 (5): 3-7.

郭德侠. 2010. 中美英三国政府资助大学科研方式的比较. 清华大学教育研究, (3): 47-54.

郭德侠, 郭德红. 2013. 高校科研间接成本补偿问题的比较研究. 当代教育科学, (7): 45-47.

郭飞, 宋伟. 2005. 论日本高校技术转移的政策模式. 中国科技产业, (8): 113-115.

郭军鹏. 2014. 美国高等院校科研管理体制分析及启示. 大学教育, (10): 120-121.

韩伏彬，董建梅．2019．地方本科高校科研工作转型思考——基于德国应用科学大学的启示．衡水学院学报，21（1）：94-97．

韩海彬，李全生．2009．基于 AHP/DEA 的高校投入产出效率评价研究．复旦教育论坛，（1）：64-68．

韩阳．2012．日本大学教师科研绩效管理策略探微．知识经济，（18）：176．

贺佃奎．2008．当代英国高校的人才培养模式．高教研究：西南科技大学，24（4）：5-7．

贺国庆．1998．从莫雷尔法案到威斯康星观念——美国大学服务职能的确立．河北大学学报（哲学社会科学版），（3）：91-97．

贺国庆，王保星，朱文富，等．2003．外国高等教育史．北京：人民教育出版社．

洪艺敏．2010．美国高等学校本科教学管理经验与启示．中国大学教学，（4）：93-96．

侯邦臻．2019．"985 高校"建设世界一流大学成效比较研究．太原：山西大学．

胡成功，田志宏．2003．我国高校学术组织结构现状研究．大学教育科学，（4）：5-8．

胡德鑫，纪璇．2021．世界一流大学产教融合的组织建构研究——以加州大学伯克利分校为例．中国人民大学教育学刊，（4）：63-78．

胡建华．2001．现代中国大学制度的原点：50 年代初期的大学改革．南京：南京师范大学出版社．

胡建华．2006．大学科学研究的性质、地位、作用之比较分析．高等教育研究，27（5）：29-33．

胡建华．2007．中国大学课程体系改革分析．南京师大学报（社会科学版），（3）：76-81．

胡永红，罗先锋．2020．日本一流大学招考改革新动向及其启示——以东京大学、早稻田大学为例．教育与考试，（4）：12-18．

胡智慧，李宏．2013．主要国家的技术转移政策及支持计划．高科技与产业化，（3）：49-52．

黄传慧，郑彦宁，吴春玉．2011．美国科技成果转化机制研究．湖北社会科学，（10）：81-84．

黄春香．2008．美国研究型大学独立科研机构建设的分析与借鉴．上海：上海交通大学．

黄福涛．2001．面向 21 世纪中日本科课程改革的比较研究．清华大学教育研究，22（4）：126-133．

黄钦，司林波，夏芳．2009．理工科高校文科科研效率的 DEA 评价模型分析．科技管理研究，29（10）：212-213，211．

黄勇荣．2008．日本高校教学质量保障的特点及启示．产业与科技论坛，7（2）：218-219．

季波，张怡凡，吕薇，等．2019．美国"以学生为中心"的新型人才培养模式的特征与启示——基于欧林、密涅瓦和斯坦福 2025 的分析．教育发展研究，39（23）：71-77．

江涌，冯志军．2005．日本大学的通识教育改革及其启示．教育研究，（9）：88-92．

蒋平．2020．高校人才培养的开放性：英国的经验与启示．江西社会科学，40（11）：238-245．

康小明，薛澜．2008．发达国家科研资助体系及鉴借．中国高等教育，（5）：60-62．

雷鸣．2017．财政金融支持科技成果转化研究．成都：西南交通大学．

李丹．2012．优质教学背景下的美国高校教师绩效评价．长春：东北师范大学．

李丹．2013．日本大学特色人才培养模式初探．中国校外教育，（3）：18．

李栋．2006．论我国研究型大学社会服务职能．长沙：湖南师范大学．

李芳.2007.我国大学学术管理的现状及对策研究.太原：山西大学.

李恒.2010.产学研结合创新的法律制度研究.武汉：华中科技大学.

李杰，孙娜娜，李镇，等.2008.德国应用技术大学的教学体系及其借鉴意义.北京理工大学学报（社会科学版），10（3）：104-107.

李曼丽.1999.通识教育——一种大学教育观.北京：清华大学出版社.

李萌.2012.面向促进科技成果转化的研发人员职业体系研究——以国立科研机构和大学为例.北京：中国科学院大学.

李娜.2006.基于模式选择的高校技术转移研究.天津：河北工业大学.

李培培，张晶.2017.德国工科大学应用型人才培养的经验与启示——以柏林工业大学为例.煤炭高等教育，35（5）：25-29.

李武.2014.基于SFA的"985"高校科研管理评价与改革研究.科学管理研究，32（6）：33-36.

李晓红.2016.回归人才培养本位 加快"双一流"建设步伐.中国大学教学，（5）：4-8.

李晓军.2009.本科技术教育人才培养的比较研究.上海：华东师范大学.

李新超.2017.科技转化政策与医疗器械创新成果转化模式研究.北京：北京协和医学院.

李学林，刘碧辉.2020.应用型大学发展的实践育人协同机制研究.教育教学论坛，（19）：18-19.

李雪梅.2008.战后日本大学评价制度的变化和发展研究.北京：首都师范大学.

林耕，傅正华.2008.美国国家实验室技术转移管理及启示.科学管理研究，26（5）：116-120.

刘昌明.1989.国外高校科研经费的来源.情报科学研究学报，（3）：6-7.

刘春红.2008.生活化责任教育初探.广州：华南师范大学.

刘国军.2015.日本大学教师发展制度研究.长春：东北师范大学.

刘莉.2014.英国大学科研评价改革：从RAE到REF.科学学与科学技术管理，35（2）：39-45.

刘沛清.2011.漫谈现代大学之内涵.世界教育信息，（6）：25-29.

刘强，方锦清，李永.2009.高新科技园-大学科技园联合网络的初步分析.复杂系统与复杂性科学，6（1）：62-68.

刘瑞芹.2006.英国高校科技成果转化体系及其对我国的启示.厦门：厦门大学.

刘文杰.2019.可持续性共创：大学社会服务职能的新拓展.高教文摘，（10）：16-19.

刘献君.2012.论"以学生为中心".高等教育研究，33（8）：1-6.

刘兴凯，梁珣.2015.英国高校科研评估的制度改革、效应及其借鉴意义.清华大学教育研究，（3）：82-88.

刘兴凯，左小娟.2015.英国大学科研影响力评估机制及其启示.中国高教研究，（8）：67-71，75.

刘娅，王玲.2010.日本公共科研体系经费机制研究.科技进步与对策，（4）：99-106.

刘正发.2005.日本高校管理制度评述.民族教育研究，16（3）：40-44.

陆根书，张晓磊，席酉民，等.2006.构建高校科研评价系统 提高我国自主创新能力.高等工程教育研究，（6）：37-43，47.

罗侃 . 2008. 英国高校科研评估研究 . 重庆：西南大学 .

罗焰 . 2014. 高校科研经费项目化管理研究 . 南昌：南昌大学 .

吕西欧 . 2014. 英国高等教育评估中的学生参与 . 吉林省教育学院学报，（12）：90-92.

吕彦为，刘洪民 . 2003. 以高校为依托的国家科技中介服务体系的构建 . 科技进步与对策，20（17）：
116-117.

毛捷 . 2017. 世界一流大学本科人才培养模式研究——以斯坦福大学为例 . 西安：西安外国语大学 .

毛艳，黄侃，赵丹丹 . 2015. 美国高校科研管理体制分析及对我国高校科研管理的启示 . 科技创新导报，
（19）：184，186.

孟艳 . 2019. 《斯坦福大学 2025》计划：高等教育人才培养模式的革命式变革 . 现代教育管理，（11）：
124-128.

聂智 . 2011. 英国高等教育模式研究与启示 . 出国与就业：就业教育，（10）：227-228.

纽曼 J H . 2001. 大学的理想 . 徐辉，顾建新，何曙荣，译 . 杭州：浙江教育出版社 .

欧阳迪 . 2010. 我国高校科技成果转化机制的比较研究 . 曲阜：曲阜师范大学 .

彭奥，郭丽君 . 2016. 英国高校人才培养特点及其启示 . 湖南科技学院学报，37（2）：160-162.

彭春丽 . 2008. 研究型大学本科生创新精神与实践能力培养研究 . 重庆：重庆大学 .

齐运锋，景海燕 . 2015. 独立学院教学与学生管理一体化的研究与探索 . 教育现代化，（15）：22-24.

钱大军 . 2013. 学习权视野下的大学本科课程设置 . 教育发展研究，33（Z1）：98-103.

邱均平，吴建华 . 2007. 人文社会科学研究评价之国际比较研究（下）. 山东社会科学，（12）：49-55.

邱泠坪，郭明顺，张艳，等 . 2017. 基于 DEA 和 Malmquist 的高等农业院校科研效率评价 . 现代教育管
理，（2）：50-55.

邱秀芳 . 2010. 国外高等学校教师聘用制度探析 . 黑龙江高教研究，（11）：36-39.

屈喜琴 . 2011. 基于关联分析以能力培养为导向的课程体系构建方法 . 南昌：南昌航空大学 .

饶凯，孟宪飞，Andrea Piccaluga，等 . 2011. 英国大学专利技术转移研究及其借鉴意义 . 中国科技论坛，
（2）：148-154.

任景波 . 2010. 大学科研评价的误区与改革 . 北京信息科技大学学报（自然科学版），25（S1）：20-24.

人民教育出版社《外国教育丛书》编辑组 . 1979. 六国著名大学 . 北京：人民教育出版社 .

任平 . 2020. 德国劳动教师教育课程体系构成、特征及其启示——以柏林工业大学为例 . 湖南师范大学教
育科学学报，19（5）：91-99.

石睿 . 2010. 日本私立大学的经费筹措对我国民办教育的启示 . 大众商务：教育版（民办教育研究），
（7）：41-45.

史琪 . 2010. 我国重点高校建设的政策演变 . 第十届江苏省高等教育学青年学者论坛 .

宋鸿雁 . 2012. 美国与英国高校科研管理专业化探析 . 黑龙江高教研究，30（2）：10-13.

隋毅，孙仁诚，李淑静，等 . 2019. 日本东京大学计算机本科课程设置分析与启示 . 计算机教育，（10）：
168-172.

孙淑芹. 2000. 德国高校教师职务的聘任与启示. 中国林业教育,（4）: 57-58.

孙彤. 2015. 美国高校科研机制探究及启示. 青年文学家, 8: 176-177.

孙卫, 肖红, 原长弘. 2006. 美国高校科技成果转化的成功经验及其启示. 科学管理研究, 24（3）: 114-117.

孙晓亮. 2019. 科技成果转化过程中公共服务问题及对策研究. 北京: 对外经济贸易大学.

汤建. 2017. 大学精神培育对大学职能实践困境的现实关照. 扬州大学学报（高教研究版）, 21（6）: 10-14.

唐虎梅. 1996. 德国和日本高等教育经费筹措和管理的特点及启示. 教育财会研究,（6）: 50-54.

唐忠, 陈春莲. 2015. 我国高校教学评价体系历史及现状分析. 吉林省教育学院学报（下旬）, 30（1）: 1-2.

陶东梅, Isabel Steinhardt, 杨东平. 2018. 德国应用技术大学研究功能的扩展及启示. 江苏高教,（7）: 104-107.

田闯. 2010. 弗劳恩霍夫模式及其对我国科技体制创新的启示. 第三届全国科技哲学暨交叉学科研究生论坛文集.

田东平, 苗玉凤, 崔瑞锋. 2005. 我国重点高校科研效率的 DEA 分析. 科技管理研究,（8）: 42-44, 59.

万红波, 秦兴丽, 康明玉. 2012. 国内外高校科研经费监管比较研究. 甘肃科技, 28（24）: 13-17, 22.

汪茧. 2010. 美国私立大学校友捐赠研究. 重庆: 西南大学.

汪利兵. 1995. 英国高校双重科研拨款制度述略. 杭州大学学报（哲学社会科学版）,（2）: 80-86.

王爱民. 2015. 关于大学社会职能演变、异化问题的思考. 现代教育管理,（5）: 50-54.

王策三. 2008. "新课程理念" "概念重建运动" 与学习凯洛夫教育学. 课程·教材·教法,（7）: 3-21.

王桂月. 2009. 基于知识管理的高校科技成果转化研究. 天津: 天津大学.

王佳. 2016.《斯坦福大学 2025 计划》: 创业教育新图景. 世界教育信息, 29（10）: 23-26, 32.

王嘉蔚, 贾延江. 2015. 美国约翰·霍普金斯大学创新团队的实践和启示. 实验技术与管理, 32（1）: 218-221.

王建惠. 2010. 我国高校课程价值取向与课程体系构建研究. 兰州: 兰州大学.

王剑, 王洪斌. 2009. 试论高等教育评估对高校实现三大职能的促进作用. 辽宁工业大学学报（社会科学版）, 11（4）: 86-89.

王璐, 尤锐. 2008. 评估与竞争: 英国高校科研拨款的基础与原则. 外国教育研究,（2）: 65-69.

王敏康. 1998. 日本大学教学与科研的一些特点. 云南师范大学学报: 对外汉语教学与研究版,（1）: 85-88.

王娜. 2010. 英国高校科研水平评估的发展与创新. 出国与就业（就业版）,（10）: 128-129.

王清, 江海宁. 2007. 美国研究型大学科研管理对我国高校的启示. 煤炭经济研究,（11）: 83-84.

王松婵, 林杰. 2019. 大学本科人才培养体系改革基本理念: 争论、反思及超越——再论 "大学以教学为中心与教学以学生为中心". 国内高等教育教学研究动态,（1）: 11.

Investigation on the functions and development performance of higher education institutions in China

王文强.2017. 我国高校科学研究的公共性缺失及其应对策略研究. 宁波：宁波大学.

王晓阳.2013. 科研评估——复旦大学代表性成果制度初探. 计算机教育,（20）：68-69，86.

王阳, 齐欣.2014. 中美研发创新联盟法律环境比较研究. 河北学刊, 34（2）：249-252.

王周秀, 徐玲, 钱小龙.2021. 世界一流大学人工智能人才培养研究——以英国爱丁堡大学为例. 河北师范大学学报（教育科学版）, 23（3）：128-133.

威廉·布罗迪, 王晓阳.2009. 美国研究型大学的使命与管理——约翰·霍普金斯大学校长布罗迪访谈录. 清华大学教育研究, 30（1）：1-7.

魏丹.2006. 大学的三大职能探析. 继续教育研究,（3）：74-76.

魏淑丽.2009. 日本大学课堂教学和期末评价方式的几点启示. 中国成人教育,（17）：97-98.

吴建国.2005. 我国高校科研经费结构及其变化趋势分析. 江苏技术师范学院学报, 11（3）：6-10.

吴晶.2011. 德国高校教师制度的特点及其对我国的启示. 考试周刊,（27）：26-28.

吴康宁.2017. 人才培养：强化大学的根本职能. 江苏高教,（12）：1-4.

吴玲, 葛金国, 王琪.2014. 职业使命与教师文化建设. 芜湖：安徽师范大学出版社.

吴桐.2013. 国内外高校科研经费监管比较研究. 劳动保障世界（理论版）,（8）：179-181.

吴卫红, 董诚, 彭洁, 等.2015. 美国促进科技成果转化的制度体系解析. 科技管理研究, 35（14）：16-20.

吴湘.2010. 近年来我国高校课程建设研究. 苏州：苏州大学.

吴艳茹.2008. 德国高等教育评估制度及其特点. 高校教育管理,（3）：22-25.

武恺.2010. 山西省高校融资问题研究. 太原：山西财经大学.

徐芳, 刘文斌, 李晓轩.2014. 英国 REF 科研影响力评价的方法及启示. 科学学与科学技术管理, 35（7）：9-15.

徐理勤.2008. 博洛尼亚进程中的德国高等教育改革及其启示. 德国研究,（3）：72-76，80.

徐小军, 沈萍.2006. 英国大学科研管理的特点与启示. 江苏高教,（6）：134-136.

徐孝.2010. 我国高校科研经费项目化管理浅析. 中国高校科技与产业化,（11）：6-7.

徐征.2006. 在摇摆中寻求超越——二战后日本学力论争史研究. 南京：南京师范大学.

薛国凤.2009. 美国大学科研发展运行机制及其启示. 河北大学学报（哲学社会科学版）, 34（5）：97-101.

杨国梁.2011. 美国科技成果转移转化体系概况. 科技促进发展,（9）：87-93.

杨国梁, 刘文斌, 徐芳, 等.2013. 知识创新过程中知识转化与科技政策学研究. 科学学与科学技术管理, 34（12）：22-28.

杨红霞.2003.20 世纪 80、90 年代加强独创性的日本大学科研. 咸宁学院学报, 23（2）：73-75.

杨涛, 陈敏, 黄安贻, 等.2001. 德国高等教育体制、特色和借鉴. 高等教育研究学报, 24（2）：85-87.

杨文斌.2012. 国外著名大学本科人才培养模式特征分析及经验启示——以伯克利加州、牛津、东京和柏林工业大学为例（高等理科教育）, 13（4）：80-85.

杨有振，王书华，卫博．2010. 高校人才培养目标与课程体系设置改革研究．山西财经大学学报（高等教育版），13（4）：10-15.

杨舟．2016. 国外高校科技对北京的启示．第十四届北京迈向国际化大都市论坛暨2016北京经济论坛论文集．

姚慧丽．2012. 浙江省海外高层次人才引进政策研究．杭州：浙江大学．

应梦姣．2014. 德国高校人才培养模式探究．商情，（16）：173.

俞崇武．2010. 产业技术转移之英国经验：平等参与的商业合作——访英国"ICUK"（中英科技创新计划）主任柴曼怡女士．华东科技，（7）：27-28.

袁本涛．2002. 教育新生：面向未来的日本高等教育改革．清华大学教育研究，23（2）：28-36.

袁川．2017. 适应与务实：日本东京大学创新型人才培养的经验分析．贵州师范学院学报，33（7）：64-69.

苑泽明，张永贝，宁金辉．2018. 京津冀高校科研创新绩效评价——基于DEA-BCC和DEA-Malmquist模型．财会月刊，（24）：26-32.

臧金灿．2010. 地方高校科研资助现状分析与对策．高等农业教育，（5）：22-24.

湛毅青．2007. 中国高校科研间接成本及其分摊方法研究．长沙：中南大学．

湛毅青，刘爱东，程楠，等．2008. 中美高校政府科研经费成本控制机制比较研究．科学学研究，26（3）：539-545.

张爱梅，刘卫萍．2003. 略论二战后日本大学课程改革的发展与特点．日本问题研究，（4）：56-58.

张帆．2007. 德国大学"卓越计划"述评．比较教育研究，28（12）：66-70.

张凤娟．2011. 美国大学本科课程设置的模式、特点与发展趋势．教育发展研究，31（3）：76-80.

张富生．2010. 日本大学课程设置制度及其执行有效性．高教探索，（4）：35-38，52.

张洪峰．2015. 英国高校管理机制给我国职业院校的启示——以英国贝德福特大学及其关联院校为例．河南教育（职成教版），（1）：53-54.

张画眉，李成东．2009. 美英日在高等教育专业课程设置上的改革经验综述．科技信息，（22）：306-307.

张换兆，秦媛．2017. 美国国家技术转移体系建设经验及对我国的启示．全球科技经济瞭望，32（8）：50-55.

张健华．2010. 高校科技成果转化中的政府职能研究．天津：南开大学．

张俊超，刘献君．2009. 改革开放30年我国大学理念的转变．江苏高教，（2）：9-12.

张磊．2016. 科教融合的结构化与研究型大学的起源——约翰·霍普金斯大学的制度创新．高等教育研究，37（5）：79-86.

张山，谭建立．2016. PPP模式与高校发展路径的思考．教育理论与实践，36（33）：3-6.

张素智．2014. 美国高校科研管理特点及对我们的启示．郑州轻工业学院学报（社会科学版），15（5）：20-22.

张韬略，黄洋．2009.《德国专利法之简化和现代化法》评述——浅析德国专利法律的最新修改．电子知识产权，（10）：49-54.

张小桃 . 2011. 德国高等教育理念及体制改革对我国人才培养的启示 . 华北水利水电学院学报（社科版），
（2）：144-146.

张晓鹏 . 2004. 日本高教：超越教养教育与专业教育的对立 . 上海教育，（8）：54-55.

张新婷 . 2015. 教学服务型大学职能发挥应然状态的探讨 . 铜仁学院学报，17（6）：72-75.

张兄武，陆丽，唐忠明 . 2011. 中国大学本科人才培养目标的历史演进与发展趋势 . 现代教育管理，4：
66-69.

张演迪 . 2009. 大学技术转移激励机制研究 . 天津：天津大学 .

张艳博 . 2011. 日本大学教育变革对我国人才培养的启示 . 教育与职业，（14）：77-78.

张应强 . 2001. 制度创新与我国建设世界一流大学 . 现代大学教育，（6）：3-6.

张泳，凌宗萍 . 2008. 高校科研经费管理的国际经验借鉴及对我国的启示 . 现代企业教育，（10）：
133-134.

赵飞，艾春艳，游越，等 . 2014. 基于文献计量开展高校科研评估的探索与思考——以北京大学科研竞争
力评估为例 . 大学图书馆学报，32（1）：97-101.

赵章靖 . 2010. 世界一流大学经费筹措体制的比较研究 . 中国教育学会比较教育分会第 15 届学术年会暨
庆祝王承绪教授百岁华诞国际学术研讨会论文集 .

郑英姿，朱星 . 2005. 德国科研机构评估及其启示 . 中国科学基金，（2）：37-40，32.

周锋，蔡晖 . 2009. 高校科研为地方经济发展服务——以约翰·霍普金斯大学为例 . 中国基础科学，11
（2）：57-60.

周国平，李艺璇 . 2019. 知识生产模式Ⅱ视野下美国校企合作机制研究——兼论《高等教育法》的完善 .
宁波大学学报（教育科学版），41（4）：89-94.

周海涛 . 1999. 大学科学研究中的价值取向 . 辽宁高等教育研究，（6）：46-49.

周红香 . 2008. 高校科研管理法制化研究——兼论《高等教育法》的完善 . 长沙：湖南师范大学 .

周文泳，金为开，柏方云 . 2018. 研究型大学科研效率分类评价 . 科研管理，39（S1）：44-51.

周媛媛 . 2012. 我国建设高水平大学的政府行为研究 . 成都：电子科技大学 .

朱佳妮 . 2007. 德国"卓越计划"与"精英大学"初探 . 世界教育信息，（5）：25-29，93.

朱佳妮，韩友耿 . 2022. 重振德国大学的全球地位：从"卓越计划"到"卓越战略" . 比较教育研究，
44（5）：25-33.

宗晓华，陈静漪 . 2014. 英国大学科研绩效评估演变及其规制效应分析 . 全球教育展望，43（9）：
101-111.

Abbott M，Doucouliagos C. 2003. The efficiency of Australian universities：a data envelopment analysis.
Economics of Education Review，22（1），89-97.

Abramo G，Cicero T，D'Angelo C A. 2011. A field-standardized application of DEA to national-scale research as-
sessment of universities. Journal of Informetrics 5（4）：618-628.

Abramo G, D'Angelo C A. 2014. The spin-off of elite universities in non-competitive, undifferentiated higher education systems: an empirical simulation in Italy. Studies in Higher Education, 39 (7): 1270-1289.

Afsharian M, Ahn H, Harms S G. 2018. A non-convex meta-frontier Malmquist index for measuring productivity over time. IMA Journal of Management Mathematics, 29 (4): 377-392.

Agasisti T, Gralka S. 2019. The transient and persistent efficiency of Italian and German universities: a stochastic frontier analysis. Applied Economics, 51 (46): 5012-5030.

Agasisti T, Johnes G. 2009. Beyond frontiers: comparing the efficiency of higher education decision-making units across more than one country. Education Economics, 17 (1): 59-79.

Agasisti T, Pérez-Esparrells C. 2010. Comparing efficiency in a cross-country perspective: the case of Italian and Spanish state universities. Higher Education, 59 (1): 85-103.

Agasisti T, Wolszczak-Derlacz J. 2015. Exploring efficiency differentials between Italian and Polish universities, 2001-2011. Science and Public Policy, 43 (1): 128-142.

Agasisti T, Yang G, Song Y, et al. 2021. Evaluating the higher education productivity of Chinese and European "elite" universities using a meta-frontier approach. Scientometrics, 126 (7): 5819-5853.

Aghion P, Dewatripont M, Hoxby C, et al. 2010. The governance and performance of universities: evidence from Europe and the US Economic Policy, 25 (61): 7-59.

Akther S, Fukuyama H, Weber W L . 2013. Estimating two-stage network Slacks-based inefficiency: an application to Bangladesh banking. Omega, 41 (1): 88-96.

Altbach P G. 2004. Asian Universities. Baltimore: Johns Hopkins University Press.

Altbach P G. 2015. The dilemmas of ranking. International Higher Education, (42): 2-3.

Anowar F, Helal M A, Afroj S, et al. 2015. A Critical Review on World University Ranking in Terms of Top Four Ranking Systems// Elleithy K, Sobh T. New Trends in Networking, Computing, E-learning, Systems Sciences, and Engineering. Cham: Springer.

Aparicio J, Cordero J M, Gonzalez M, et al. 2018. Using non-radial DEA to assess school efficiency in a cross-country perspective: an empirical analysis of OECD countries. Omega, 79: 9-20.

Archibald R B, Feldman D H. 2008. Explaining increases in higher education costs. The Journal of Higher Education, 79 (3): 268-295.

Auranen O, Nieminen M. 2010. University research funding and publication performance−An international comparison. Research Policy, 39 (6): 822-834.

Avkiran N K. 2001. Investigating technical and scale efficiencies of Australian universities through data envelopment analysis. Socio-Economic Planning Sciences, 35 (1): 57-80.

Banker R D, Charnes A, Cooper W W. 1984. Some models for estimating technical and scale inefficiencies in data envelopment analysis. Management Science, 30 (9): 1078-1092.

Battese G E, Rao D S. 2002. Technology gap, efficiency, and a stochastic meta frontier function. International

Journal of Business and Economics, 1 (2): 87-93.

Bonaccorsi A, Daraio C. 2007. Universities and Strategic Knowledge Creation: Specialization and Performance in Europe. Cheltenham, UK: Edward Elgar.

Boudard E, Westerheijden D F. 2017. France: Initiatives for Excellence//de Boer H, File J, Huisman J. Policy Analysis of Structural Reforms in Higher Education : Processes and Outcomes. Cham, Switzerland: Palgrave Macmillan-Springer.

Brennan S, Haelermans C, Ruggiero J. 2014. Nonparametric estimation of education productivity incorporating nondiscretionary inputs with an application to Dutch schools. European Journal of Operational Research, 234 (3): 809-818.

Buela-Casal G, Gutiérrez-Martínez O, Bermúdez-Sánchez M P, et al. 2007. Comparative study of international academic rankings of universities. Scientometrics, 71 (3): 349-365.

Caballero R, Galache T, Gómez T, et al. 2004. Budgetary allocations and efficiency in the human resources policy of a university following multiple criteria. Economics of Education Review, 23 (1): 67-74.

Casu B, Thanassoulis E. 2006. Evaluating cost efficiency in central administrative services in UK universities. Omega, 34 (5): 417-426.

Caves D W, Christensen L R, Diewert W E. 1982. The Economic theory of index numbers and the measurement of input, output and productivity. Econometrica, 50: 1393-1414.

Chambers R G. 2002. Exact nonradial input, output, and productivity measurement. Economic Theory, 20: 751-765.

Chambers R G, Chung Y, Färe R. 1996. Benefit and distance functions. Journal of Economic Theory, 70 (2): 407-419.

Chan D. 2007. Global agenda, local responses: changing education governance in Hong Kong's higher education. Globalisation, Societies and Education, 5 (1): 109-124.

Chang T Y, Chung P H, Hsu S S. 2012. Two-stage performance model for evaluating the managerial efficiency of higher education: application by the Taiwanese tourism and leisure department. Journal of Hospitality, Leisure, Sport & Tourism Education, 11 (2): 168-177.

Charnes A, Cooper W W, Rhodes E L. 1978. Measuring the efficiency of decision making units. European Journal of Operational Research, 2 (6): 429-444.

Chen D I R, Lo W Y W. 2007. Critical reflections of the approaches to quality in Taiwan's higher education. The Journal of Comparative Asian Development, 6 (1): 165-186.

Clermont M, Schaefer J. 2019. Identification of outliers in data envelopment analysis. Schmalenbach Business Review, 71: 475-496.

Coelli T J, Rao D S P, O'Donnell C J, et al. 2005. An introduction to efficiency and productivity analysis. New York: Springer.

Deem R, Mok K H, Lucas L. 2008. Transforming higher education in whose image? Exploring the concept of the 'world-class' university in Europe and Asia. Higher Education Policy, 21 (1): 83-97.

Deluyi A H M, Rashed F, Sofian S, et al. 2014. Measurement efficiency of entrepreneurial universities by using mathematical programming (DEA) approach. Journal Teknologi (Sciences and Engineering), 69 (6): 33-36.

Fandel G. 2007. On the performance of universities in North Rhine-Westphalia, Germany: Government's redistribution of funds judged using DEA efficiency measures. European Journal of Operational Research, 176 (1): 521-533.

Färe R, Grosskopf S. 2000. Network DEA. Socio-Economic Planning Sciences, 34 (1): 35-49.

Färe R, Grosskopf S, Lindgren B, et al. 1994a. Productivity Developments in Swedish Hospitals: A Malmquist Output Index Approach//Charnes A, Cooper W W, Lewin A Y, et al. Data Envelopment Analysis: Theory, Methodology, and Applications. Dordrecht : Springer.

Färe R, Grosskopf S, Margaritis D. 2011. Chapter 5: Malmquist Productivity Indexes and DEA //Cooper W W, Seiford L, Zhu J. Handbook on Data Envelopment Analysis. New York: Springer.

Färe R, Grosskopf S, Norris M, et al. 1994b. Productivity growth technical progress, and efficiency change in industrialized countries. American Economic Review, 84 (1): 66-83.

Farrell M J. 1957. The measurement of productive efficiency. Journal of the Royal Statistical Society. Series A (General), 120 (3): 253-290.

French J C. 1946. A History of the University Founded by Johns Hopkins . Baltimore: the Johns Hopkins Press.

Fried H O, Lovell C K, Schmidt S S, et al. 2008. The measurement of productive efficiency and productivity growth. Oxford : Oxford University Press.

Fukuyama H, Weber W. 2015. Measuring Japanese bank performance: A dynamic network DEA approach. Journal of Productivity Analysis, 44 (3): 249-264.

Furushiro N. 2006. Final Report of Developing Evaluation Criteria to Assess the Internationalization of Universities. Kwansei: Osaka University.

Glass J C, McCallion G, McKillop D G, et al. 2006. Implications of variant efficiency measures for policy evaluations in UK higher education. Socio-Economic Planning Sciences, 40 (2): 119 -142.

Gnolek S L, Falciano V T, Kuncl R W. 2014. Modeling change and variation in U. S. News & World Report College Rankings: what would it really take to be in the Top 20? . Research in Higher Education, 55: 761-779.

Grewal R, Dearden J A, Llilien G L. 2008. The university rankings game: modeling the competition among universities for ranking. The American Statistician, 62 (3): 232-237.

Guccio C, Martorana M F, Mazza I. 2016. Efficiency assessment and convergence in teaching and research in Italian public universities. Scientometrics, 107: 1063-1094.

Haelermans C, Ruggiero J. 2017. Non-parametric estimation of the cost of adequacy in education: the case of

Dutch schools. Journal of the Operational Research Society, 68（4）：390-398.

Hazelkorn E. 2011. Measuring World- Class Excellence and the Global Obsession with Rankings// King R, Marginson S, Naidoo R. Handbook on Globalization and Higher Education. Cheltenham, UK：Edward Elgar.

Hazelkorn E. 2015. Rankings and the Reshaping of Higher Education：the Battle for World-Class Excellence. London：Palgrave Macmillan.

Herrero I, Algarrada I. 2010. Is the new ECTS system better than the traditional one? An application to the ECTS pilot-project at the University Pablo de Olavide. European Journal of Operational Research, 204（1）：164-172.

Hu Y, Liang W, Tang Y. 2017. Evaluating Research Efficiency of Chinese Universities. Singapore：Springer.

Huisman J. 2008. World-class universities. Higher Education Policy, 21（1）：1-4.

Jaspers K. 1965. The Idea of the University. London：Peter Owen Ltd.

Johnes J. 2018. University rankings：what do they really show? . Scientometrics, 115（1）：585-606.

Johnes J, Li Y U. 2008. Measuring the research performance of Chinese higher education institutions using data envelopment analysis. China Economic Review, 19（4）：679-696.

Johnson A L, Ruggiero J. 2014. Nonparametric measurement of productivity and efficiency in education. Annals of Operations Research, 221（1）：197-210.

Kao C, Hung H T. 2008. Efficiency analysis of university departments：an empirical study. Omega, 36（4）：653 664.

Kehm B, Pasternack P. 2009. The German "Excellence Initiative" and Its Role in Restructuring the National Higher Education landscape//Palfreyman D, Tapper T. Structuring Mass Higher Education. The Role of Elite Institutions, London：Routledge.

Kumar A, Thakur R R. 2019. Objectivity in performance ranking of higher education institutions using dynamic data envelopment analysis. International Journal of Productivity and Performance Management, 68（4）：774-796.

Kwiek M. 2004. The emergent educational policies under scrutiny：the Bologna process from a central European perspective. European Educational Research Journal, 3（4）：1-24.

Kwiek M. 2005. The university and the State in a global age：renegotiating the traditional social contract? . European Educational Research Journal, 4（4）：324-342.

Larrán-Jorge M, García-Correas Á. 2015. Do the autonomous region financial models influence the efficiency of Spanish national universities? . Revista de Contabilidad, 18（2）：162-173.

Lee B L, Worthington A C. 2016. A network DEA quantity and quality-orientated production model：an application to Australian university research services. Omega, 60：26-33.

Lissoni F, Lotz P, Schovsbo J, et al. 2009. Academic patenting and the professor's privilege：evidence on Denmark from the KEINS database. Science and Public Policy, 36（8）：595-607.

Lu W M. 2012. Intellectual capital and university performance in Taiwan. Economic Modelling, 29（4）: 1081-1089.

Luenberger D G. 1992. Benefit functions and duality. Journal of Mathematical Economics, 21: 461-481.

Luenberger D G. 1995. Microeconomic Theory. New York: McGraw Hill.

Lukman R, Krajnc D, Glavič P. 2010. University ranking using research, educational and environmental indicators. Journal of Cleaner Production, 18（7）: 619-628.

Luo Y. 2013. Building World-class Universities in China// Shin J C, Kehm B M. Institutionalization of World-Class University in Global Competition. Dordrecht: Springer.

Luque-Martínez T, Faraoni N. 2019. Meta-ranking to position world universities. Studies in Higher Education, 45（4）: 819-833.

Malmquist S. 1953. Index numbers and indifference surfaces. Trabajos de Estadistica, 4: 209-242.

Merton R K. 1957. Priorities in scientific discovery: a chapter in the sociology of science. American Sociological Review, 22（6）: 635-659.

Merton R K. 1968. The Matthew effect in science. Science, 159: 56-63.

Ng Y C, Li S K. 2009. Efficiency and productivity growth in Chinese universities during the post-reform period. China Economic Review, 20（2）: 183-192.

Ngok K, Guo W. 2008. The quest for world class universities in China: critical reflections. Policy Futures in Education, 6（5）: 545-557.

Nkonki V, Ntlabathi S, Ncanywa T. 2014. Efficiency in foundation provisioning in a selected university. Mediterranean Journal of Social Sciences, 5（11）: 57-67.

O'Donnell C J, Rao D S, Battese G E. 2008. Metafrontier frameworks for the study of firm-level efficiencies and technology ratios. Empirical Economics, 34（2）: 231-255.

Oh D, Lee J. 2010. A metafrontier approach for measuring Malmquist productivity index. Empirical Economics, 38（1）: 47-64.

Olcay G A, Bulu M. 2017. Is measuring the knowledge creation of universities possible?: a review of university rankings. Technological Forecasting and Social Change, 123: 153-160.

Oum T H, Waters W G, Yu C. 1999. A survey of productivity and efficiency measurement in rail transport. Journal of Transport Economics and Policy, 33（1）: 9-42.

Palfreyman D, Tapper T. 2009. What Is An Elite or Leading Global University? //Palfreyman D, Tapper T. Structuring Mass Higher Education: The Role of Elite Institutions. London: Routledge.

Park S M. 1996. Research, teaching, and service: why shouldn't women's work count?. The Journal of Higher Education, 67（1）: 46-84.

Parteka A, Wolszczak-Derlacz J. 2013. Dynamics of productivity in higher education: cross-European evidence based on bootstrapped Malmquist indices. Journal of Productivity Analysis, 40（1）: 67-72.

Investigation on the functions and development performance of higher education institutions in China

Rayeni M M, Saljooghi F H. 2010. Network data envelopment analysis model for estimating efficiency and productivity in universities. Journal of Computer Science, 6 (11): 1252-1257.

REF. 2014. Why is it such a big deal. Guardian. http://www. theguardian. com/higher- education- network/2014/ dec/17/ref-2014- why- is- it- such- a- big- deal[2015-10-25].

Rosenmayer T. 2014. Using data envelopment analysis: a case of universities. Review of Economic Perspectives, 14 (1): 34-54.

Rousseau S, Rousseau R. 1997. Data envelopment analysis as a tool for constructing scientometric indicators. Scientometrics, 40 (1): 45-56.

Ruiz J L, Segura J V, Sirvent I. 2015. Benchmarking and target setting with expert preferences: an application to the evaluation of educational performance of Spanish universities. European Journal of Operational Research, 242 (2): 594-605.

Sagarra M, Mar- Molinero C, Agasisti T. 2017. Exploring the efficiency of Mexican universities: integrating data envelopment analysis and multidimensional scaling. Omega: The International Journal of Management Science, 67: 123-133.

Salmi J. 2009. The Challenge of Establishing World Class Universities. Washington D. C. : The World Bank.

Schmoch U, Schubert T. 2009. Sustainability of incentives for excellent research: the German case. Scientometrics, 81 (1): 195-218.

Schubert T. 2009. Empirical observations on new public management to increase efficiency in public research—Boon or bane? . Research Policy, 38 (8): 1225-1234.

Schubert T. 2014. Are there scale economies in scientific production? On the topic of locally increasing returns to scale. Scientometrics, 99 (2): 393-408.

Schubert T, Yang G L. 2016. Institutional change and the optimal size of universities. Scientometrics, 108 (3): 1129-1153.

Shattock M. 2017. The 'world class' university and international ranking systems: what are the policy implications for governments and institutions? . Policy Reviews in Higher Education, 1 (1): 4-21.

Shephard R W. 1970. Theory of Cost and Production Functions. Princeton, New Jersey: Princeton University Press.

Shin J C. 2009. Building world-class research university: the Brain Korea 21 project. Higher Education, 58 (5): 669-688.

Sickles R C, Zelenyuk V. 2019. Measurement of productivity and efficiency. Cambridge: Cambridge University Press.

Simar L, Wilson P. 2002. Non-parametric tests of returns to scale. European Journal of Operational Research, 139 (1): 115-132.

Song J. 2018. Creating world-class universities in China: strategies and impacts at a renowned research university. Higher Education, 75（4）: 729-742.

Song Y, Schubert T, Liu H, et al. 2019. Measuring scientific productivity in China using Malmquist Productivity Index. Journal of Data and Information Science, 4（1）: 32-59.

Souto-Otero M, Enders J. 2017. International Students' and Employers' use of rankings: a cross-national analysis. Studies in Higher Education, 42（4）: 783-810.

Stromquist N P. 2007. Internationalization as a response to globalization: radical shifts in university environments. Higher Education, 53（1）, 81-105.

Taylor B, Harris G. 2004. Relative efficiency among South African universities: a data envelopment analysis. Higher Education, 47（1）: 73-89.

Thanassoulis E, Kortelainen M, Johnes G J. 2011. Costs and efficiency of higher education institutions in england: a dea analysis. The Journal of the Operational Research Society, 62（7）: 1282-1297.

Tone K, Tsutsui M. 2009. Network DEA: a slacks-based measure approach. European Journal of Operational Research, 197（1）: 243-252.

Tran C, Dollery B. 2021. What exogenous factors generate municipal inefficiency? An empirical investigation of the determinants of input excess in local government. Public Performance & Management Review, 44（3）: 657-681.

van Vught F. 2011. Responding to the EU Innovation Strategy: the Need for Institutional Profiling in European Higher Education and Research// Enders J, de Boer H F, Westerheijden D F. Reform in Higher Education in Europe. Rotterdam: Sense Publishers.

Venditti M, Reale E, Leydesdorff L. 2011. The disclosure of university research for societal demand: a non-market perspective on the third mission. Science and Public Policy, （6）: 1-3.

Wolszczak-Derlacz J. 2017. An evaluation and explanation of（in）efficiency in higher education institutions in Europe and the U. S. with the application of two-stage semi-parametric DEA. Research Policy, 46（9）: 1595-1605.

Wolszczak-Derlacz J. 2018. Assessment of TFP in European and American higher education institutions-application of Malmquist indices. Technological and Economic Development of Economy, 24（2）: 467-488.

Wolszczak-Derlacz J, Parteka A. 2011. Efficiency of European public higher education institutions: a two-stage multicountry approach. Scientometrics, 89（3）: 887-917.

Worthington A C, Lee B L. 2008. Efficiency, technology and productivity in Australian universities, 1998 – 2003. Economics of Education Review, 27: 285-298.

Wu J, Zhang G, Zhu Q, et al. 2020. An efficiency analysis of higher education institutions in China from a regional perspective considering the external environmental impact. Scientometrics, 122（1）: 57-70.

Yaisawarng S, Ng Y C. 2014. The impact of higher education reform on research performance of Chinese universities. China Economic Review, 31: 94-105.

Investigation on the functions and development performance of higher education institutions in China

Yang R. 2000. Tensions between the global and the local: a comparative illustration of the reorganisation of China's higher education in the 1950s and 1990s. Higher Education, 39 (3): 319-337.

Yang G L, Fukuyama H, Song Y Y. 2018. Measuring the inefficiency of Chinese research universities based on a two-stage network DEA model. Journal of Informetrics, 12 (1): 10-30.

Yang G L, Rousseau R, Yang L Y, et al. 2014. A study on directional returns to scale. Journal of Informetrics, 8 (3): 628-641.

Yang R, Welch A. 2012. A world-class university in China? The case of Tsinghua. Higher Education, 63 (5): 645-666.

Yonezawa A. 2006. Japanese Flagship Universities at A Crossroads// Furushiro N. Final Report of Developing Evaluation Criteria to Assess the Internationalization of Universities. Kwansei: Osaka University.

Yudkevich M. 2013. Leading universities in Russia: from teaching to research excellence. Journal of International Higher Education, 6 (3): 113-116.

Zhang D Q, Banker R D, Li X X, et al. 2011. Performance impact of research policy at the Chinese Academy of Sciences. Research Policy, 40: 875-885.

Zhang H, Patton D, Kenney M. 2013. Building global-class universities: assessing the impact of the 985 Project. Research Policy, 42 (3): 765.

Zhu C, Zayim-Kurtay M. 2018. University governance and academic leadership: perceptions of European and Chinese university staff and perceived need for capacity building. European Journal of Higher Education, 8 (4): 435-452.

Zong X, Zhang W. 2019. Establishing world-class universities in China: deploying a quasi-experimental design to evaluate the net effects of Project 985. Studies in Higher Education, 44 (3): 417-431.

同时期的产出距离函数反映了效率变化，可以通过求解以下基于产出的径向 DEA 模型来确定：

$$\left[D^t(x_0^t, y_0^t)\right]^{-1} = \max\ \theta$$

$$\text{s. t.}\ \begin{cases} \sum\limits_{j \in T_k^t} \lambda_j x_{mj}^t \leqslant x_{m0}^t \\ \sum\limits_{j \in T_k^t} \lambda_j y_{sj}^t \leqslant \theta y_{s0}^t, \quad \lambda_j \geqslant 0 \\ \sum\limits_{j \in T_k^t} \lambda_j = 1 \end{cases} \qquad (\text{A-1})$$

类似地，通过求解以下 DEA 模型，得到跨期产出距离函数：

$$\left[D^k(x_0^t, y_0^t)\right]^{-1} = \max\ \theta$$

$$\text{s. t.}\ \begin{cases} \sum\limits_{j \in T_k} \lambda_j x_{mj}^t \leqslant x_{m0}^t \\ \sum\limits_{j \in T_k} \lambda_j y_{sj}^t \leqslant \theta y_{s0}^t, \quad \lambda_j \geqslant 0 \\ \sum\limits_{j \in T_k} \lambda_j = 1 \end{cases} \qquad (\text{A-2})$$

同样，也可以根据以下模型确定全局产出距离函数：

$$\left[D^G(x_0^t, y_0^t)\right]^{-1} = \max\ \theta$$

$$\text{s. t.}\ \begin{cases} \sum\limits_{j \in T^G} \lambda_j x_{mj}^t \leqslant x_{m0}^t \\ \sum\limits_{j \in T^G} \lambda_j y_{sj}^t \leqslant \theta y_{s0}^t, \quad \lambda_j \geqslant 0 \\ \sum\limits_{j \in T^G} \lambda_j = 1 \end{cases} \qquad (\text{A-3})$$

附录2　所选大学名单

序号	大学名称	所在国家	组别
1	牛津大学	英国	欧洲
2	剑桥大学	英国	欧洲
3	帝国理工学院	英国	欧洲
4	伦敦大学学院	英国	欧洲
5	伦敦政治经济学院	英国	欧洲
6	卡罗林斯卡学院	瑞典	欧洲
7	爱丁堡大学	英国	欧洲
8	慕尼黑大学	德国	欧洲
9	伦敦国王学院	英国	欧洲
10	曼彻斯特大学	英国	欧洲
11	鲁汶大学	比利时	欧洲
12	海德堡大学	德国	欧洲
13	布里斯托尔大学	英国	欧洲
14	慕尼黑工业大学	德国	欧洲
15	瓦格宁根大学	荷兰	欧洲
16	莱顿大学	荷兰	欧洲
17	代尔夫特理工大学	荷兰	欧洲
18	乌得勒支大学	荷兰	欧洲
19	阿姆斯特丹大学	荷兰	欧洲
20	柏林自由大学	德国	欧洲
21	柏林洪堡大学	德国	欧洲
22	鹿特丹伊拉斯姆斯大学	荷兰	欧洲
23	哥廷根大学	德国	欧洲
24	杜伦大学	英国	欧洲
25	隆德大学	瑞典	欧洲
26	格拉斯哥大学	英国	欧洲
27	柏林工业大学	德国	欧洲
28	格罗宁根大学	荷兰	欧洲
29	乌普萨拉大学	瑞典	欧洲
30	华威大学	英国	欧洲

序号	大学名称	所在国家	组别
31	谢菲尔德大学	英国	欧洲
32	约克大学	英国	欧洲
33	曼海姆大学	德国	欧洲
34	马斯特里赫特大学	荷兰	欧洲
35	根特大学	比利时	欧洲
36	南安普顿大学	英国	欧洲
37	埃伯哈德·卡尔斯大学	德国	欧洲
38	圣安德鲁斯大学	英国	欧洲
39	弗赖堡大学	德国	欧洲
40	萨塞克斯大学	英国	欧洲
41	伦敦玛丽女王大学	英国	欧洲
42	亚琛工业大学	德国	欧洲
43	拉德堡德大学	荷兰	欧洲
44	斯德哥尔摩大学	瑞典	欧洲
45	伯明翰大学	英国	欧洲
46	埃克塞特大学	英国	欧洲
47	波恩大学	德国	欧洲
48	兰卡斯特大学	英国	欧洲
49	利兹大学	英国	欧洲
50	埃因霍芬理工大学	荷兰	欧洲
51	清华大学	中国	中国
52	北京大学	中国	中国
53	浙江大学	中国	中国
54	复旦大学	中国	中国
55	南京大学	中国	中国
56	上海交通大学	中国	中国
57	中山大学	中国	中国
58	武汉大学	中国	中国
59	华中科技大学	中国	中国
60	南开大学	中国	中国

序号	大学名称	所在国家	组别
61	同济大学	中国	中国
62	华东师范大学	中国	中国
63	湖南大学	中国	中国
64	中国人民大学	中国	中国
65	山东大学	中国	中国
66	华南理工大学	中国	中国
67	东南大学	中国	中国
68	天津大学	中国	中国
69	西安交通大学	中国	中国
70	厦门大学	中国	中国
71	中南大学	中国	中国
72	中国农业大学	中国	中国
73	大连理工大学	中国	中国
74	华东理工大学	中国	中国
75	华中农业大学	中国	中国
76	南京农业大学	中国	中国
77	东北师范大学	中国	中国
78	四川大学	中国	中国
79	北京交通大学	中国	中国
80	中国药科大学	中国	中国
81	重庆大学	中国	中国
82	吉林大学	中国	中国
83	东北大学	中国	中国
84	西北农林科技大学	中国	中国
85	中国海洋大学	中国	中国
86	武汉理工大学	中国	中国
87	华北电力大学	中国	中国
88	西南交通大学	中国	中国
89	陕西师范大学	中国	中国
90	电子科技大学	中国	中国

Investigation on the functions and development performance of higher education institutions in China

附录 3 两组大学的描述性统计

变量	组别	年份	均值	标准差	最小值	最大值	中位数
经常性支出总额/10^6 欧元	CN	2011	224.49	164.78	7.97	774.79	188.28
		2012	259.03	190.84	4.33	919.66	242.09
		2013	283.00	209.57	23.18	1033.48	238.99
		2014	286.92	216.32	25.23	1037.70	224.28
		2015	380.94	285.96	23.64	1439.57	323.77
	EU	2011	431.69	218.99	92.29	1331.12	418.10
		2012	460.02	236.89	96.13	1 440.80	447.12
		2013	477.63	250.79	103.39	1 502.73	468.38
		2014	504.59	272.66	106.70	1 605.33	481.21
		2015	543.85	300.92	107.85	1 793.65	522.15
学术人员/人	CN	2011	6311.98	5 289.89	248.00	21 798.00	3 795.00
		2012	6249.28	5 039.12	412.00	17 879.00	3 874.00
		2013	6389.85	5 093.03	413.00	18 671.00	4 129.50
		2014	6690.20	5 300.22	417.00	19 529.00	4 194.00
		2015	6613.90	5 147.26	439.00	19 013.00	4 421.00
	EU	2011	2 736.30	1 382.10	844.00	5 811.00	2 444.16
		2012	2 823.81	1 433.89	875.00	5 998.90	2 487.60
		2013	2 986.59	1 555.92	956.00	6 979.83	2 602.88
		2014	3 089.32	1 616.20	1 024.00	7 083.84	2 690.00
		2015	3 146.05	1 634.96	973.00	7 085.86	2 750.00
学生/人	CN	2011	9 527.08	3 304.53	3 818.00	17 715.00	8 305.50
		2012	9 639.80	3 194.05	3 835.00	17 875.00	8 422.50
		2013（Ⅰ）	9 883.88	3 187.43	3 929.00	17 955.00	8 796.00
		2013（Ⅱ）	8 768.68	3 013.51	3 996.00	17 569.00	8 102.50
		2014	8 599.10	2 916.12	4 160.00	16 520.00	7 827.50
		2015	8 815.70	2 866.19	4 193.00	16 972.00	8 023.50
	EU	2011	19 949.54	8 017.39	7 753.35	40 408.00	19 493.38
		2012	20 621.07	8 006.03	8 266.71	42 849.00	20 132.00
		2013	21 748.78	9 047.02	8 125.00	50 114.00	21 726.50
		2014	22 457.84	9 166.42	8 418.00	50 446.00	22 069.50
		2015	23 084.53	9 070.06	8 482.00	50 382.00	23 320.00

续表

变量	组别	年份	均值	标准差	最小值	最大值	中位数
出版物/部	CN	2011	2 063.83	1 452.30	419.00	5 903.00	1 679.00
		2012	2 374.53	1 656.95	500.00	6 604.00	1 983.00
		2013	2 765.15	1 931.81	613.00	7 572.00	2 201.00
		2014	3 162.68	2 121.97	726.00	8 503.00	2 512.50
		2015	3 555.53	2 349.29	800.00	9 400.00	2 724.00
	EU	2011	3 578.94	1 842.31	354.00	8 931.00	3 380.50
		2012	3 815.62	1 965.67	356.00	9 389.00	3 539.50
		2013	4 053.52	2 117.67	384.00	10 494.00	3 897.00
		2014	4 163.82	2 144.11	373.00	10 747.00	3 922.00
		2015	4 366.84	2 282.40	439.00	11 496.00	4 203.00
引文	CN	2011	1.03	0.17	0.74	1.51	1.05
		2012	1.08	0.16	0.79	1.35	1.10
		2013	1.09	0.14	0.83	1.43	1.10
		2014	1.11	0.12	0.85	1.39	1.12
		2015	1.16	0.15	0.92	1.45	1.13
	EU	2011	1.58	0.16	1.21	1.99	1.57
		2012	1.72	0.20	1.39	2.35	1.66
		2013	1.65	0.16	1.22	2.00	1.67
		2014	1.67	0.19	1.25	2.14	1.67
		2015	1.78	0.22	1.17	2.15	1.81

注：指标"学生"的数据来源分为两部分，在2013年重叠，所以这里提供了两个数据来源对应的描述性统计数据。为了便于区分，在括号中使用Ⅰ和Ⅱ来识别数据源

Investigation on the functions and development performance of higher education institutions in China

附录4 两组大学的元前沿生产率及其分解

DMU	2011~2012 年				2012~2013 年				2013~2014 年				2014~2015 年			
	EC	BPC	TGC	MMPI	EC	BPC	TGC	MMPI	EC	BPC	TGC	MMPI	EC	BPC	TGC	MMPI
1	1.0000	1.0724	1.0191	1.0929	1.0000	1.0301	0.9708	1.0000	1.0000	1.0081	1.0000	1.0081	1.0000	1.0000	1.0000	1.0000
2	0.9970	1.1108	1.0307	1.1415	0.8669	1.0924	0.9619	0.9110	1.0779	0.9094	1.0000	0.9802	0.9655	1.1010	1.0000	1.0629
3	0.9493	1.0572	1.0034	1.0070	1.0067	1.0407	0.9888	1.0358	1.1050	0.9441	1.0011	1.0443	1.0000	1.0893	0.9989	1.0881
4	1.0000	1.0000	1.0000	1.0000	1.0000	1.0537	0.9948	1.0482	1.0000	0.9660	1.0000	0.9660	1.0000	1.0352	1.0000	1.0352
5	1.0846	1.0000	1.7903	1.9417	1.0000	0.9090	0.8383	0.7620	0.9850	0.9572	0.8436	0.7954	1.0030	1.0144	1.1452	1.1652
6	0.9545	1.0411	1.0429	1.0364	1.1167	1.0082	1.0087	1.1356	1.0661	0.9516	1.0066	1.0212	1.0000	1.1013	0.9934	1.0941
7	1.5674	1.1706	0.9545	1.7513	0.6530	0.8178	1.0768	0.5750	1.5314	0.7521	1.0000	1.1517	0.6400	1.6260	1.0000	1.0407
8	0.9352	1.3997	1.0818	1.4161	1.0992	1.0196	0.9995	1.1202	1.1948	0.9984	1.0000	1.1929	0.9029	1.0986	1.0000	0.9919
9	0.8355	1.2985	1.0519	1.1412	1.1354	0.9481	1.0224	1.1007	1.0610	1.0643	1.0000	1.1292	0.9503	1.0899	1.0000	1.0358
10	0.8600	1.0599	1.0004	0.9119	0.8628	1.2072	1.0119	1.0540	0.9016	1.0697	1.0000	0.9645	1.1540	0.9796	1.0000	1.1304
11	1.0000	1.0244	1.0075	1.0321	1.0000	1.4025	0.9648	1.3532	1.0000	1.0000	1.0000	1.0000	1.0000	1.0000	1.0000	1.0000
12	1.3228	0.8986	1.3145	1.5625	1.0000	1.0844	0.9222	1.0000	1.0000	1.0197	0.9955	1.0151	1.0000	1.1390	1.0057	1.1455
13	0.9595	1.1310	1.1429	1.2403	1.1907	0.7580	0.9371	0.8458	0.7769	1.2209	0.9691	0.9191	1.0663	1.1257	1.0206	1.2250
14	1.0174	1.0516	1.0182	1.0893	1.0366	1.0705	1.0464	1.1612	1.3059	0.8468	1.0000	1.1059	1.0685	1.0494	1.0000	1.1213
15	0.8542	1.1693	0.9751	0.9739	1.1256	0.9389	1.0317	1.0903	1.0672	0.9797	0.9776	1.0221	1.0152	1.0400	1.1383	1.2019
16	0.8520	1.2601	1.0223	1.0976	0.9577	0.9989	1.0013	0.9579	1.0098	0.9741	1.0075	0.9910	0.9867	1.0343	1.0103	1.0310
17	1.0055	1.0373	1.0189	1.0628	1.0055	0.9871	1.0186	1.0109	1.0401	0.9724	1.0184	1.0299	1.0088	1.0154	1.0249	1.0498
18	1.0352	1.0770	0.9962	1.1107	1.0000	1.0627	0.9772	1.0384	1.0000	0.9880	1.0000	0.9880	0.9780	1.0090	1.0000	0.9868
19	1.0000	1.0383	0.9940	1.0320	1.0000	0.9969	1.0031	1.0000	1.0000	1.0267	0.9908	1.0173	1.0000	1.0000	1.0000	1.0000
20	1.0269	1.0325	1.0386	1.1013	0.9391	1.0401	1.0036	0.9803	1.0983	0.9722	1.0000	1.0678	1.0051	1.0658	1.0000	1.0713
21	1.0000	1.0020	1.0204	1.0225	1.0000	1.0000	1.0000	1.0000	1.0000	0.9290	1.0000	0.9290	1.0000	1.0764	1.0000	1.0764
22	1.0000	0.9919	1.0668	1.0582	1.0000	1.0051	0.9949	1.0000	1.0000	0.9990	0.9838	0.9828	1.0000	1.0111	1.0196	1.0309
23	0.9519	1.0712	1.2265	1.2506	1.0243	1.0215	0.8463	0.8855	1.3510	0.7825	1.0822	1.1441	1.1231	1.1623	1.0862	1.4179
24	0.9156	1.0685	0.9057	0.8861	1.0215	0.9662	1.0886	1.0745	1.0222	0.9744	0.9430	0.9393	0.9262	1.0324	1.0425	0.9968
25	0.9066	1.0830	1.0095	0.9912	0.9608	1.0231	1.0007	0.9837	1.0272	0.9996	1.0000	1.0267	0.9853	1.0149	1.0000	1.0000
26	0.8644	1.1165	1.0244	0.9886	1.0785	0.8966	1.0240	0.9901	0.8959	1.0744	0.9620	0.9260	0.9459	1.0179	1.0202	0.9822
27	0.9929	1.0226	1.0527	1.0690	0.9911	1.0511	1.0108	1.0530	1.0826	0.9590	1.0171	1.0560	1.1459	0.9140	1.0279	1.0766

续表

DMU	2011～2012 年				2012～2013 年				2013～2014 年				2014～2015 年			
	EC	BPC	TGC	MMPI	EC	BPC	TGC	MMPI	EC	BPC	TGC	MMPI	EC	BPC	TGC	MMPI
28	0.9461	1.0955	1.0123	1.0492	0.9976	1.0137	1.0007	1.0120	1.0226	1.0132	1.0000	1.0361	1.0512	0.9844	1.0116	1.0468
29	0.8260	1.1614	1.0098	0.9688	1.0344	0.9936	1.0286	1.0571	0.9958	0.9799	1.0000	0.9759	1.0250	0.9912	1.0244	1.0408
30	0.8872	1.0796	1.0069	0.9644	0.9662	0.9823	1.0407	0.9877	0.8950	0.9763	0.9813	0.8574	0.9765	1.0223	1.0236	1.0219
31	0.8920	1.0607	1.0068	0.9525	1.0016	0.9967	1.0142	1.0125	0.9886	0.9556	1.0007	0.9453	0.9421	1.0218	1.0116	0.9739
32	0.7650	1.1698	0.8155	0.7298	1.0614	0.9281	1.1362	1.1193	0.9458	1.0153	0.8629	0.8286	1.0313	1.0306	1.2608	1.3399
33	1.0000	1.0000	0.9250	0.9250	1.0000	0.9600	0.8930	0.8573	1.0000	1.0073	1.0433	1.0509	1.0000	1.0341	1.0650	1.1013
34	1.0526	1.0317	1.1253	1.2220	1.0270	0.9697	0.8903	0.8866	1.0828	0.9564	0.9883	1.0235	0.9636	1.0227	1.0861	1.0703
35	1.0000	1.0773	1.0096	1.0876	1.0000	1.1962	0.9905	1.1848	1.0000	0.9990	1.0000	0.9990	1.0000	1.0010	1.0000	1.0010
36	0.9279	1.0532	1.0143	0.9912	1.0372	0.9817	1.0341	1.0530	1.0265	0.9281	1.0283	0.9797	0.9696	1.0649	1.0204	1.0536
37	1.0029	1.0089	1.0884	1.1014	1.1584	0.8887	1.1327	1.1661	1.1848	0.7946	0.9064	0.8534	0.9081	1.0176	1.0591	0.9787
38	1.0031	0.9775	1.2560	1.2315	1.0246	0.9607	0.9086	0.8943	1.0000	1.0000	0.9913	0.9913	1.0000	0.9925	1.0815	1.0734
39	0.9858	1.0071	1.0094	1.0021	1.1625	0.8805	1.0570	1.0819	1.1646	0.8192	0.9291	0.8864	0.9493	1.0143	0.9464	0.9112
40	1.0000	1.0000	1.2557	1.2557	0.9840	0.9299	0.7858	0.7190	1.0163	1.0754	1.1837	1.2937	1.0000	0.9660	1.0352	1.0000
41	1.1885	1.0081	1.2946	1.5512	0.8985	0.9375	0.8467	0.7132	1.0169	0.9863	1.0879	1.0912	1.0000	1.0288	1.0261	1.0557
42	1.0482	1.0532	1.0394	1.1474	1.0088	1.0730	1.0379	1.1234	1.0998	0.8915	1.0154	0.9956	1.1144	0.9590	1.0067	1.0759
43	0.9431	1.0340	1.0202	0.9948	1.0138	0.9989	1.0301	1.0433	1.1390	0.8957	1.0026	1.0228	0.9052	1.1020	1.0050	1.0025
44	1.0000	1.1325	1.0244	1.1601	1.0000	1.0000	1.0000	1.0000	1.0000	1.0000	1.0000	1.0000	1.0000	0.9360	1.0000	0.9360
45	0.9041	1.0980	1.0162	1.0088	1.0774	0.9906	1.0271	1.0962	0.9920	0.9500	1.0000	0.9425	1.0241	1.0204	1.0223	1.0683
46	0.8400	1.1097	1.0120	0.9433	1.0835	0.9067	1.0703	1.0515	0.9478	1.0523	0.9630	0.9605	0.9522	1.0287	1.0405	1.0192
47	1.0594	1.0890	1.1505	1.3273	1.1644	0.8981	0.9918	1.0372	1.2359	0.9599	1.0072	1.1948	0.9852	1.0166	0.9953	0.9969
48	1.0030	0.9840	1.1351	1.1202	0.9770	0.9474	0.8426	0.7799	0.9980	0.9822	1.1541	1.1312	0.8738	1.0235	0.9645	0.8627
49	0.8101	1.1237	0.9922	0.9032	1.0098	1.0002	1.0137	1.0238	0.9984	0.9718	0.9960	0.9664	0.9659	1.0018	1.0101	0.9774
50	1.0885	0.9809	1.1544	1.2326	1.0431	0.9603	0.9018	0.9033	1.0214	0.9520	1.0100	0.9821	0.9641	1.0217	1.1051	1.0885
51	1.0000	1.3845	1.3017	1.8022	1.0000	1.2180	1.1568	1.4090	1.0000	0.9770	1.0568	1.0324	1.0000	1.0235	0.9693	0.9921
52	1.0000	1.0000	1.0000	1.0000	1.0000	1.0000	0.8370	0.8370	1.0000	1.0000	1.0000	1.0000	1.0000	1.0000	1.0000	1.0000
53	1.0000	1.3468	0.8584	1.1561	1.0000	1.1976	1.1814	1.4148	1.0000	1.2546	0.9616	1.2065	1.0000	1.1338	0.8430	0.9558
54	1.2030	0.9493	0.9396	1.0730	1.2963	1.2551	0.8781	1.4286	1.2222	1.1117	0.9208	1.2512	1.0727	1.0081	0.9900	1.0706

Investigation on the functions and development performance of higher education institutions in China

DMU	2011~2012 年				2012~2013 年				2013~2014 年				2014~2015 年			
	EC	BPC	TGC	MMPI	EC	BPC	TGC	MMPI	EC	BPC	TGC	MMPI	EC	BPC	TGC	MMPI
55	0.9448	1.0376	0.9525	0.9337	1.1606	1.1004	0.9699	1.2387	1.5943	1.1186	1.0553	1.8821	0.9803	0.9416	0.9151	0.8447
56	1.0100	1.0828	1.0764	1.1772	1.1610	0.8761	0.9761	0.9928	0.8459	1.2195	1.0075	1.0393	0.8401	1.1624	1.0171	0.9931
57	1.2009	1.0867	0.8530	1.1132	1.5856	0.7891	0.8941	1.1186	1.0947	0.8882	1.0665	1.0369	0.9515	1.0760	0.8136	0.8329
58	1.2987	0.9943	0.8645	1.1164	1.0000	1.1223	1.2027	1.3498	1.0000	1.0000	0.8484	0.8484	1.0000	1.0000	1.1144	1.1144
59	1.2500	1.0776	0.9219	1.2418	1.2227	0.9902	0.8661	1.0487	1.1118	1.0918	0.9673	1.1743	1.0930	1.1014	0.9364	1.1272
60	1.1002	0.9548	0.9696	1.0185	1.1479	1.0474	0.8037	0.9663	0.8757	1.0832	1.0432	0.9896	1.0284	0.8949	0.9948	0.9156
61	1.0000	0.9240	0.8855	0.8182	1.0000	1.0823	1.0267	1.1111	1.0000	0.9370	1.1017	1.0323	1.0000	1.0672	0.9297	0.9922
62	0.8260	0.8802	0.9835	0.7151	1.2107	0.7826	0.9543	0.9041	0.7190	1.1447	1.0412	0.8569	0.7719	1.2258	0.8272	0.7828
63	0.8230	1.1961	0.9674	0.9523	1.0389	1.1859	1.0428	1.2847	1.1392	1.1154	1.1156	1.4176	0.8101	0.9817	0.9797	0.7791
64	1.1061	0.9742	1.0009	1.0785	1.0647	1.0895	0.9039	1.0485	1.0516	1.1022	1.1048	1.2805	1.0143	0.9777	0.9300	0.9223
65	1.0000	1.1620	1.1961	1.3898	1.0000	1.2788	0.9620	1.2302	1.0000	1.2277	1.0741	1.3187	1.0000	1.0246	1.0167	1.0417
66	0.8456	0.9845	0.9327	0.7765	0.9884	1.0650	0.9884	1.0404	1.0762	1.0690	0.9989	1.1492	0.9578	0.9501	0.9496	0.8641
67	0.9624	1.0101	0.9085	0.8832	1.0593	1.0733	1.0170	1.1563	1.1503	1.0565	1.0103	1.2277	0.9311	0.9630	0.9153	0.8207
68	1.0000	0.9620	0.9574	0.9210	1.0000	1.0395	0.9917	1.0309	1.0000	1.0417	0.9869	1.0281	1.0000	1.0000	1.0417	1.0417
69	1.1808	0.9823	0.9257	1.0737	1.2632	0.9167	1.0082	1.1674	0.7704	1.2136	1.2522	1.1708	1.0878	0.8949	0.8899	0.8663
70	3.6815	0.6039	1.0196	2.2667	0.6002	1.2801	0.9500	0.7299	1.0000	1.3132	0.9226	1.2115	0.8639	1.0728	0.8878	0.8228
71	2.0476	0.9709	0.8542	1.6982	0.9499	0.9804	0.9826	0.9151	1.0282	1.0413	0.9846	1.0542	0.8590	1.1719	0.8690	0.8747
72	1.0000	1.0996	1.0124	1.1133	1.0000	1.1765	1.1274	1.3263	1.0000	1.2920	0.8571	1.1074	1.0000	1.0000	0.8659	0.8659
73	1.0000	1.0000	0.9945	0.9945	1.0000	0.9190	0.9975	0.9167	0.8740	1.0746	1.1098	1.0424	0.8593	0.9989	0.9432	0.8096
74	1.0000	1.0000	0.7615	0.7615	1.0000	1.0000	1.1227	1.1227	0.9978	1.1046	0.9893	1.0903	1.0905	0.9740	1.0821	1.1494
75	1.0256	1.1481	0.9695	1.1415	0.9806	1.0375	0.9504	0.9669	1.3107	1.1313	0.9674	1.4346	0.8664	0.9943	0.9219	0.7941
76	1.0000	0.9290	1.0051	0.9338	0.9850	0.9977	1.0199	1.0024	0.8560	1.0190	1.3662	1.1917	1.1933	1.0060	0.7265	0.8721
77	1.0331	1.1757	0.8446	1.0258	1.0000	1.0905	1.1419	1.2453	1.0000	1.0215	1.1870	1.2125	1.0000	1.0000	1.0495	1.0495
78	1.0000	0.9680	0.5739	0.5556	1.0000	1.0331	0.9164	0.9467	1.0000	1.0000	0.9818	0.9818	1.0000	0.9640	0.8933	0.8611
79	1.0950	1.0341	0.9915	1.1227	1.7494	0.5949	0.9569	0.9960	0.8306	1.4756	0.9175	1.1245	0.7065	1.6566	0.9609	1.1246
80	1.1235	0.8882	0.9298	0.9279	1.4859	0.9280	0.9281	1.2798	1.0000	1.2729	1.0559	1.3440	1.0000	1.1403	0.9303	1.0607
81	1.2003	0.9054	0.9435	1.0254	1.3324	1.0165	1.1420	1.5467	1.0705	1.0889	1.0160	1.1843	1.0132	1.0020	0.8982	0.9119

续表

DMU	2011~2012 年				2012~2013 年				2013~2014 年				2014~2015 年			
	EC	BPC	TGC	MMPI	EC	BPC	TGC	MMPI	EC	BPC	TGC	MMPI	EC	BPC	TGC	MMPI
82	1.0000	1.1881	0.9811	1.1657	1.0000	1.0695	1.2542	1.3414	1.0000	1.0417	1.2323	1.2837	1.0000	1.0000	0.7640	0.7640
83	1.4851	0.7413	0.8137	0.8958	1.0050	1.2621	0.7945	1.0078	0.8200	1.3645	1.3917	1.5572	1.1061	0.9414	0.7624	0.7938
84	1.0000	0.9683	0.9642	0.9337	1.0000	1.3624	1.0444	1.4228	1.0000	1.0000	1.0251	1.0251	1.0000	1.0000	0.9889	0.9889
85	1.0000	1.0399	0.9386	0.9761	0.7680	1.0661	1.1076	0.9069	1.1136	1.0965	1.0715	1.3083	1.0000	1.0000	1.0984	1.0984
86	1.0909	0.8475	0.9620	0.8894	0.4049	1.1668	1.4037	0.6632	1.1252	0.9116	0.9936	1.0192	1.0736	0.8712	0.8956	0.8377
87	1.1281	1.0261	1.0448	1.2094	1.6949	1.1153	0.6692	1.2650	1.0168	1.0610	0.9874	1.0651	1.0183	0.9747	0.8689	0.8624
88	1.0442	0.9296	0.9515	0.9236	1.2269	1.1720	1.0009	1.4393	1.0826	1.0915	1.0477	1.2381	0.9362	0.8978	0.8270	0.6952
89	1.1391	1.0414	1.0049	1.1921	1.3459	1.1005	1.0335	1.5308	0.9525	1.1011	0.9829	1.0308	1.0478	0.9797	0.9106	0.9348
90	0.4320	1.7218	1.0109	0.7519	1.6906	0.5987	0.9097	0.9208	1.2932	0.8463	1.0033	1.0980	0.8854	1.0958	0.7715	0.7485

Investigation on the functions and development performance of higher education institutions in China